Entre Passos e Rastros

Coleção Estudos
Dirigida por J. Guinsburg

Equipe de realização – Revisão: Carolina Lemos e Eloísa Graziela Franco de Oliveira;
Sobrecapa: Sérgio Kon; Produção: Ricardo W. Neves, Heda Maria Lopes e Raquel
Fernandes Abranches.

*Livro publicado sob os auspícios e com o apoio
da Associação Universitária de Cultura Judaica.*

Berta Waldman

ENTRE PASSOS E RASTROS
PRESENÇA JUDAICA NA LITERATURA BRASILEIRA
CONTEMPORÂNEA

Dados Internacionais de Catalogação na Publicação (CIP)
(Câmara Brasileira do Livro, SP, Brasil)

Waldman, Berta
    Entre passos e rastros : presença judaica na
literatura brasileira contemporânea / Berta
Waldman. -- São Paulo : Perspectivas : FAPESP :
Associação Universitária de Cultura Judaica,
2003. -- (Estudos ; 191)

    Bibliografia.
    ISBN 85-273-0337-X (Perspectiva)
    ISBN 85-86956-13-9 (Fapesp)

    1. Judaismo e literatura – Brasil 2. Literatura
brasileira – História e crítica I. Título.
II. Título: Presença judaica na literatura
brasileira contemporânea. III. Série.

03-0753   CDD-869.98924081

Índices para catálogo sistemático:
1. Literatura brasileira : Presença judaica :
        História e crítica 869.98924081
2. Presença judaica : Literatura brasileira :
        História e crítica 869.98924081

Direitos reservados à
EDITORA PERSPECTIVA S.A.
Av. Brigadeiro Luís Antônio, 3025
01401-000 – São Paulo – SP – Brasil
Telefax: (0--11) 3885-8388
www.editoraperspectiva.com.br
2002

Entre o mar e a folhagem,
Entre o sossego e o arvoredo,
Entre o ser noite e haver aragem
Passa um segredo.

Fernando Pessoa, *Cancioneiro.*

Para minha filha
que vive em mim e me move.

Para meu pai
que gostava de me ver
em letra impressa

e

para minha mãe
que me acompanha até hoje.

Sumário

Agradecimentos XIII

Introdução XV

Parte I: POR LINHAS TORTAS

  1. A Retórica do Silêncio em Clarice Lispector 3
  2. O Estrangeiro em Clarice Lispector 15
  3. A Letra e a Lei 35
  4. Xeque Mate: O Rei, o Cavalo e a Barata em *A Paixão Segundo G. H.* 47
  5. Duas Mulherzinhas 59

Parte II: NOTURNO SUBURBANO

  1. Samuel Rawet em Companhia 69
  2. O Ponto Cego: Uma Visão do Judaísmo em *Abama* 79
  3. Ahasverus: O Judeu Errante e a Errância dos Sentidos 89

Parte III: MOTE E GLOSAS

  1. Recortes 103
    1.1. A Cabala no Amazonas 104
    1.2. Xingu, um Bom Retiro 106
    1.3. Um Contista Ubíquo 113
    1.4. A Terra Prometida em Porto Alegre 119
    1.5. Capitaneando Sonhos 121

XII   ENTRE PASSOS E RASTROS

    1.6. Um Prisma ao Revés 125

Parte IV: POR LINHAS MÚLTIPLAS

1. Pequenos Vencedores & Grandes Náufragos 133
2. O que Foi que Ele Disse? 141
3. Sobre Romãs, Maçãs e Outros Frutos 153

    3.1. Entre Lilases, Jacas e Romãs 154
    3.2. Comer a Romã/Contar a Romã 158

4. Entre Braços e Pernas: Prostitutas Estrangeiras na Literatura
    Brasileira do Século XX 169

    4.1. Menos Sexo/Mais-valia 172
    4.2. O Sexo da Sereia 179
    4.3. Sexo em Japonês 184
    4.4. Cruzando Caminhos 187

Referências Bibliográficas dos Autores e Obras Analisados ... 191

    Obras de Clarice Lispector 191
    Obras de Samuel Rawet 191
    Obras de Moacyr Scliar 192
    Obras de Moacir Amâncio 192
    Outros Autores e Obras 192

Referências Bibliográficas dos Autores e Obras Citados 193

Agradecimentos

Na elaboração deste trabalho contei com o auxílio de muita gente: com umas conversei; de outras, ouvi sugestões; algumas me ajudaram a resolver questões práticas; outras, leram e comentaram meus textos; outras, ainda, acompanharam-me de longe. A todas agradeço igualmente. Destaco nominalmente alguns: Mauro Mendes Dias, Cláudia Lemos, Nancy Rozenchan, Vilma Arêas, Maria Luiza Tucci Carneiro, Jeffrey Lesser, Ada Waldman Dimantas, Regina Igel, Aron Kremer, Marta Francisca Topel, Rifka Berezin, Eliana Langer, Enrique Mandelbaum, Yara Frateschi Vieira, Lilián Schutz, Nair Kremer, Modesto Carone, Hélio de Seixas Guimarães, Annie Dymetman, Jorge Schwartz, Nelson Vieira.

Agradeço ao CNPq que apoiou a pesquisa.

Introdução

> *Precisamos descobrir o Brasil! [...]*
> *Nenhum Brasil existe.*
>
> CARLOS DRUMMOND DE ANDRADE, "Hino
> Nacional", *Brejo das Almas.*
>
> *Trata-se, ao enunciar o que foi dito, de*
> *tornar a dizer o que nunca foi pronunciado.*
>
> MICHEL FOUCAULT

Esta introdução deve ser lida como um posfácio, porque foi elaborada a partir das análises e interpretações que se seguem a ela e como efeito delas*. Foi a posteriori que entendi as diferenças básicas entre os textos analisados, suas especificidades e pontos de intersecção. O passo seguinte, a tentativa de teorizar e cercar os textos das respectivas referências históricas e dos traços analógicos com diferentes obras e autores da literatura judaica, se antecipado ou retirado da ordem, pareceria conter as chaves explicativas das análises transformadas então em meras ilustrações, e a leitura do texto literário, em forma de "re-conhecimento".

---

* Este livro é uma versão revista e aumentada do trabalho apresentado para obtenção do título de livre-docência, em 21 de novembro de 2001, junto ao Programa de Língua Hebraica, Literatura e Cultura Judaicas, Departamento de Letras Orientais, da Universidade de São Paulo (USP).

São ainda os ensaios da coletânea que definem o caráter não totalizante de minha leitura. Primeiro, porque não arrolo todos os textos contemporâneos da literatura brasileira onde há um viés judaico. Segundo, porque não estudo a obra completa dos autores escolhidos. Terceiro, porque é da natureza das análises textuais serem incompletas e precárias.

Para realizá-las, armei um foco analítico interessado em captar certas articulações que tornam visíveis aspectos da construção de obras selecionadas da literatura brasileira contemporânea que se apresentam vulneráveis à inscrição nelas do heterogêneo, do desconhecido, do "estrangeiro", somando, assim, a um módulo "nacional" uma voz dissonante.

A alusão ao "estrangeiro" reduz-se, no caso, à interferência da tradição judaica em nossa literatura, com os limites temporais definidos pelo fluxo migratório que data de fins do século XIX até meados do século XX, quando tantos imigrantes de variada proveniência aportaram no Brasil incumbidos de substituir o escravo recém-liberto. Os imigrantes funcionavam como braço de trabalho barato submetido à força do poder hegemônico que os acolhia, mas também os condicionava a um lugar delimitado, numa tentativa de controlar o curso das transformações a que as figuras complexas de diferença e alteridade deveriam se submeter. Entretanto, determinar a forma de um espaço onde se aloja um objeto, assim como fazem os rios e as cidades, materialmente organizados por obstáculos que os encerram e os ignoram, não funciona com pessoas. Essas, felizmente, extrapolam ou podem extrapolar o lugar que lhes destinam.

Desde os princípios do século XX, as autoridades federais brasileiras mantinham-se como controladoras dos surtos imigratórios e de povoamento com o objetivo de evitar conflitos verticais. Interessava-lhes manter no campo e na cidade homens disciplinados, trabalhadores incorporados de forma orgânica ao sistema de produção[1]. O trabalho tornou-se a medida de avaliação social e racial, tendo sido esse critério readaptado no governo autoritário de Getúlio Vargas, nos anos 1930 e 1940. Levantados os "mais produtivos" e a "raça forte", médicos eugenistas e higienistas passam a identificar grupos parasitários, usando de um saber técnico para detectar os focos de disfunção social e racial, tentando dominar os movimentos aleatórios, punir as revoltas e alijar os "males" que atormentam o corpo social.

Ao mesmo tempo em que se rebaixava a figura do negro, do judeu e do japonês, o europeu ariano e católico despontava como opção de mão-de-obra produtiva. Racismo e nacionalismo sustentaram o dis-

---

1. Essas informações e as que seguem compõem o trabalho de Maria Luiza Tucci Carneiro, "Cumplicidade Secreta: O Governo Brasileiro diante da Questão dos Refugiados Judeus (1933-1948)".

INTRODUÇÃO XVII

curso da exclusão que caracterizou o Estado Novo, discurso que vinha sendo gestado a partir do final do século XIX, quando vários decretos-leis e comissões foram acionados com vistas a conferir legitimidade ao projeto que transformou a imigração em problema político[2].

Os judeus foram enquadrados nos estereótipos dos "inassimiláveis", tornando-se inadequados ao projeto de construção da brasilidade. Os argumentos utilizados foram vários. Ora por serem portadores de uma religião não passível de amálgama, vale dizer, por serem "inconvertíveis"; ora por serem "usurários" e, portanto, desprovidos de consciência solidária; ora por serem "parasitas sociais", vivendo do comércio que os transformava em usurpadores do trabalhador e do povo brasileiro; ora por estarem ligados à exploração do lenocínio, uma "chaga social"; ora por serem comunistas subversivos, transformando-se em "ameaça ao poder constituído"; ora por serem parte do capitalismo internacional e, portanto, "materialistas e gananciosos"; ora por serem apátridas transformavam-se em agentes a serviço de qualquer país e responsáveis pela "disseminação de ideologias estrangeiras". Em suma, indesejáveis em todos os sentidos porque rotulados como opositores do progresso e do engrandecimento da pátria brasileira[3]. O integralismo reforçou ainda mais o perfil negativo do judeu, com base na tese de "regeneração nacional", exibindo motivação ideológica para forçar a limitação dos contingentes indesejados, estabelecendo-se, dessa forma, uma diferenciação entre europeus legitimados e não-legitimados como sujeitos do processo imigratório.

A circular secreta de número 1129[4], que proibia a imigração de semitas e o estabelecimento do "sistema de cotas", prejudicou a entrada no país de vários grupos, porém o mais atingido foi o de judeus-alemães que estavam, naquele momento, sendo perseguidos pelo nazismo. É interessante frisar a observação de Helena Lewin voltada às transformações pelas quais passam as referências ao judeu: de grupo religioso é transformado em categoria racial, e, posteriormente, em nacionalidade sem país de origem conforme classificação do DOPS (Delegacia de Ordem Política e Social):

[...] o atual Serviço de Estrangeiros é apenas um aparelho burocrático [...] É necessário um serviço permanente de observações e sindicâncias sobre as atividades de elementos alienígenas, a maioria dos quais indesejáveis às coletividades de origem e que por isso

2. Cf. ensaio já citado da historiadora Maria Luiza Tucci Carneiro e também o de Leonardo Senkman, "Los Judios y la Construcción de la Modernidad Latinoamericana: Continuidad, Discontinuidad, Conflictos. Notas sobre el Caso Brasileño", no qual o autor analisa, da perspectiva histórico-cultural e dos estudos comparados, a integração e a assimilação das comunidades judaicas no Brasil e na Argentina.

3. Ver, a propósito, o trabalho de Helena Lewin "DOPS: O Instrumental da Repressão Política".

4. Maria Luiza Tucci Carneiro, *O Anti-Semitismo na Era Vargas*.

XVIII   ENTRE PASSOS E RASTROS

aflui para o nosso solo, na esperança de encontrar campo fácil às suas ambições, não muitas vezes honestas e confessáveis e quasi sempre inúteis, si não prejudiciais ao nosso País. Que interessa a nós essa onda de intelectuais, mais ou menos suspeitos e infecundos, que a tragédia da Europa vomitou em nosso território? [...] Essa população semita, vinda não se sabe como e de onde, se instalou em Copacabana, Flamengo e Catete, invertendo seus escassos capitais em negócios escusos e clandestinos, sonegando impostos, minando a sociedade brasileira pela tentação do luxo, mediante a facilidade de venda à prestação[5].

A incorporação dos imigrantes ao Brasil mexeu com a composição geral do país, pondo em pauta de reavaliação o conceito de nação homogênea com base na mestiçagem formada pela herança ibérica, africana e indígena – imagem que as comemorações dos quinhentos anos do Descobrimento, recentemente, ainda procuraram confirmar. Sabe-se, essa identidade é uma ilusão, e o projeto homogêneo de nação não se sustenta, porque esconde um corpo fragmentado, em que uns têm mais direitos que outros, e grupos étnicos continuam à margem sem se integrarem (é o caso dos índios, por exemplo), maquiando as desigualdades e a reprodução de posições culturais desiguais resultante da dominação entre grupos[6].

Como analisar as vozes que falam de lugares culturais no mínimo duplos? Foi graças à noção de etnicidade desenvolvida pela antropologia e à importância alcançada pelos estudos étnicos particularmente nos Estados Unidos, que começaram a surgir pesquisas sobre o caráter multiétnico do Brasil, país formado por cerca de duzentos grupos, cada qual com sua cultura peculiar. Desse modo, à medida que o conceito de raça foi perdendo credibilidade, o de etnia vem sendo aplicado nos estudos literários e culturais, sempre com a perspectiva de que o espaço multiétnico põe em contato diálogos antagônicos (dialogia) e sujeitos cindidos, numa sociedade em constante mutação, cujas fronteiras culturais se transformam permanentemente[7].

Mas à literatura interessa a escrita que decorre desse processo. A premissa básica é a de que a cena violenta da emigração transferir-se-ia também para a linguagem, tornando impossível ao escritor deslocado

---

5. Citado do trabalho de Helena Lewin, *op. cit.* Trata-se de um Relatório de Atividades, assinado pelo Capitão Felisberto Baptista Teixeira, Delegado Especial de Segurança Política e Social da Polícia Civil do Distrito Federal, 1940. Arquivo DOPS.

6. A respeito do assunto, porém em ângulo geral, afirma García Canclini, "Si bien el patrimonio sirve para unificar a cada nación, las desigualdades en su formación y apropiación exigen estudiarlo también como espacio de lucha material y simbólica entre las clases, las etnias y los grupos". Cf. Nelson Vieira, "Hibridismo e Alteridade: Estratégias para Repensar a História Literária".

7. O conceito de etnia é relativamente novo na teoria antropológica. Até a década de 1960, esse conceito baseava-se na cultura. Apesar das múltiplas abordagens existentes, todas elas tentavam compreender os grupos étnicos a partir de um prisma essencialista, ancorado na convicção da existência de atributos primordiais que distinguiriam as diferentes unidades socioculturais. A grande virada no estudo da etnicidade

INTRODUÇÃO XIX

sentir-se "em casa", lançado que é ao "lugar de alterações itinerantes", conforme expressão do historiador francês Michel de Certeau[8]. O interesse da crítica literária mais recente pelo estudo dessa linguagem deslocada, "diaspórica", é uma boa oportunidade, para aqueles que trabalham na área de estudos judaicos, de engajar-se num debate de âmbito mais amplo, no qual esses estudos ocupariam lugar de destaque, dada a proverbial história de exílio e errâncias do povo judeu. Há, no entanto, uma marca apriorística na avalanche de estudos que vêm sendo realizados, a meu ver negativa, pois fica estabelecida a positividade da diáspora, transformada em virtude, ganho cultural, atitude crítica contra autoritarismos em diferentes níveis, o que não corresponde à modulação dos textos aqui estudados, quase sempre disfóricos, marcados tantas vezes pela palavra ferida.

Estrangeiros e imigrantes aparecem na literatura brasileira de formas distintas. Os estrangeiros vêm ao Brasil principalmente entre 1850 e 1910, com a abertura ao capital internacional, dado o surto desenvolvimentista infra-estrutural, com aplicações nos transportes, comunicações, aparelhamento urbano, e uma grande demanda de pessoal qualificado inexistente no país. Por isso, promove-se a vinda de estrangeiros, que configurarão um padrão de referência, dada a superioridade de formação que os distingue. Assim, eles merecerão um tratamento literário distinto daquele que receberá o imigrante. Veja-se, à guisa de exemplo, o romance *Inocência* (1872), de Visconde de Taunay, no qual um naturalista alemão bem equipado, Meyer, disputa com outros pretendentes o amor de Inocência. Já os imigrantes serão sempre apresentados como instrumentos desumanizados, ao mesmo tempo reduzidos a braço-de-trabalho e semeadores do embranquecimento da população brasileira, contribuindo para apagar as marcas de sua origem[9].

---

ocorreu em meados dos anos 1960, com a publicação do livro do antropólogo Fredrik Barth, *Los Grupos Étnicos y sus Fronteras: La Organización Social de las Diferencias Culturales*. No texto introdutório o autor explicita os princípios básicos para a definição do que conhecemos por grupos étnicos. O primeiro ponto destacado por Barth relativiza a distinção dos grupos étnicos a partir da cultura em nome de sua forma particular de organização num determinado sistema social. Em outras palavras, a organização social de cada grupo étnico estabelece os seus limites ou as suas fronteiras, demarcando o seu papel na hierarquia da sociedade geral, possibilitando a construção de sua identidade étnica. Para maiores informações, ver o texto mencionado de Barth.

8. Veja-se, a propósito, o ensaio de Rosana Kohl Bines, "Escrita Diaspórica (?) na Obra de Samuel Rawet". Nesse ensaio, a autora avalia de que modo a diáspora, incorporada à trama do texto, se transforma em alegoria da dispersão da identidade, do sentido, de noções de verdade e de origem, sendo a disseminação de significantes textuais a ela vinculados concebida, ainda, como um modelo crítico a contrapelo dos discursos nacionalistas, ancorados numa correspondência estreita e tantas vezes explosiva entre língua, pátria e raça.

9. As interpretações da formação sociocultural do Brasil no século XX têm duas

XX ENTRE PASSOS E RASTROS

Pode-se considerar que eles começam a ganhar visibilidade entre 1910 e 1940, com a publicação de diferentes jornais e revistas, principalmente no Rio de Janeiro e São Paulo, que traziam matérias em macarrônico, sendo o autor mais conhecido do período Alexandre Ribeiro Marcondes, autor de Juó Bananere que, por sua vez, escreveu *La Divina Increnca*, paródia da *Divina Comédia*, de Dante[10].

Se até certo momento o imigrante é representado por um escritor da terra, que o enxerga *de fora* de sua condição (é o caso de *Brás, Bexiga e Barra Funda*, de Antônio Alcântara Machado), desenhando-o com os traços de uma visão muitas vezes oficial e tipificada, autores eles próprios imigrantes começam a surgir em meados do século XX, estendendo sua produção até a atualidade, substituídos por filhos e netos que sustentam ainda uma literatura de dupla face. O *ainda* alude à perspectiva nebulosa quanto ao futuro de uma literatura que registra aspectos de outra cultura que, com o passar das gerações, vai se tornando cada vez mais longínqua. Se o movimento das massas prosseguir, e essa é uma forte característica do mundo globalizado, a literatura voltada à imigração irá tomando, com certeza, novas feições[11].

Quando se pensa a conjugação do ser judeu e do ser brasileiro, vê-se que são termos que não caminham juntos. Cada um deles carrega um conjunto de referentes ligados a realidades históricas, políticas, sociais e afetivas diferentes. Mas é possível, e a literatura o faz, escavar os entrelugares, o ponto de intersecção de identidades, línguas, culturas, tradições, que evita a polaridade de binários, forjando uma terceira posição que reconhece as duas outras, mas flui em trilho próprio[12].

---

grandes linhas de força. Por um lado estão aqueles que enfatizam o caráter integrador da miscigenação, o sincretismo cultural, a porosidade social, em suma, uma sociedade aberta e tolerante, cujas origens remontam à particularidade da colonização lusitana, com predomínio de intenso intercâmbio sexual com as populações negras e nativas. No outro lado, temos a versão que enfatiza as características racistas da estrutura social brasileira, na qual o negro não só ocupa os extratos mais pobres como sofre discriminação racial, tendo diminuídas suas chances de mobilidade social. O racismo particular do brasileiro seria a ideologia do branqueamento, graças à qual o negro, através da mistura, passa a ser parte do mundo branco. Essa ideologia seria um desenvolvimento específico do moderno racismo europeu de fins do século XIX. Cf. de Bernardo Sorj, "Sociabilidade Brasileira e Identidade Judaica".

10. Veja-se, a propósito, o ensaio de Carlos Eduardo Schmidt Capela: "Representações de Migrantes e Imigrantes: O Caso de Juó Bananére". Cf., ainda, de Jean-Jacques Marchand (org.), *La Letteratura dell'Emigrazione (Gli Scrittori di Lingua Italiana nel Mondo)*.

11. Remeto o leitor para o livro do sociólogo Octavio Ianni, *Enigmas da Modernidade-Mundo*, principalmente para o capítulo IV, "Transculturação", pp. 91-120.

12. Cf., em Homi Bhabha, *The Location of Culture*, o conceito de híbrido como um processo de negociação, um entrelugar, um interstício, que abre a possibilidade de uma cultura considerar a diferença independente de uma hierarquia imposta.

INTRODUÇÃO   XXI

Entretanto, como situar a interferência judaica na nossa literatura? Afinal, todos os textos examinados são escritos em português e todos os escritores referidos são indubitavelmente brasileiros, mesmo aqueles efetivamente imigrantes, como é o caso de Clarice Lispector, Samuel Rawet, Lúcia Aizim e Jacó Guinsburg. Ninguém argumentaria, por exemplo, que as novelas de Samuel Rawet são judaicas. É sem dúvida insuficiente afirmar que a presença de elementos judaicos na literatura brasileira se deve ao fato de os autores serem judeus. Serão judaicos apenas os textos que tematizam a condição judaica? Nesse caso, trazendo para a discussão um exemplo da língua alemã, os textos de Kafka não são judaicos porque não há neles temas judaicos? Não será essa também a situação das obras de Clarice Lispector? Seriam mais judaicos os textos de Moacyr Scliar que tematizam a condição dos judeus em Porto Alegre do que outros que passam ao largo dessa temática? Quais são, pois, os critérios para considerar judaicos os textos ficcionais em língua portuguesa?[13]

Os ensaios que enformam esta coletânea buscaram possíveis respostas a essas questões, e não posso dizer que as encontrei. Mas tenho algumas hipóteses.

Seria importante, a meu ver, distinguir nos textos um duplo movimento: o processo de criar referência e o de apontar para o referente.

No primeiro caso, está em jogo o movimento de um legado cultural que se inscreve *sem ser determinado*. O próprio autor desconhece as regras desse jogo; ele é o depositário de uma inscrição que o transcende e se expõe no nível da linguagem, pedindo, de certo modo, para ser lida, e assim passar a existir.

Já remeter a um referente judaico é apontar para uma organização de matiz judaico, quer seja ela vinculada à tradição, à religião, à vida comunitária etc.[14]

O assujeitar-se à organização simbólica, no primeiro caso, traduz uma situação na qual não se vive jamais inteiramente no presente, sendo este pressionado pelo passado.

Sabe-se que a memória do passado foi sempre um componente central da experiência judaica, e a referência à memória coletiva não é uma metáfora, mas uma realidade social transmitida e sustentada através de esforços conscientes e de instituições responsáveis pela organização do grupo[15].

---

13. Hana Wirth-Nesher, *What is Jewish Literature?*, levanta perguntas similares, questionando distinções mais ambiciosas como, por exemplo, a existência de uma imaginação judaica. O livro reúne ensaios de diferentes autores que tomam posição diante da questão.

14. Cf. Edward H. Friedman, "Theory in the Margin: Latin American Literature and Jewish Subject", pp. 21-31.

15. É graças a esses esforços empreendidos tanto pelo grupo familiar como pelas

Maurice Halbwachs, em *La mémoire collective*, sustenta que a memória não é questão estritamente individual, existindo também uma memória compartilhada, grupal e coletiva, que nada tem a ver com a história lida e aprendida nos livros. Para esse autor, a história começa onde termina a tradição, onde morre a memória coletiva.

Para Pierre Nora[16] e K. Pomian[17], das Écoles des Annales, a memória e a história mantêm relações radicalmente diferentes com o passado; enquanto na primeira o passado continua no presente sob forma reatualizada, a segunda rompe com o passado, reconstituindo-o através dos vestígios que dele sobraram.

Segundo Yerushalmi[18], a história nunca foi a guardiã da memória judaica, o que se confirma na escassa produção historiográfica de judeus, iniciada com o movimento da *Hascalá*[19] no século XIX, oriundo da Filosofia das Luzes, que tem seu eixo em farta produção de obras históricas completamente desvinculadas do padrão de memória. Na história do judaísmo, o século XIX inaugura uma cisão entre memória e história. É graças à memória que o passado flutuante pede passagem e se deposita de diferentes modos no texto literário. Invocá-la implica reinaugurar o pacto do povo de Israel e seu Deus e "repetir um caminho que nunca foi trilhado"[20], nas palavras do *Talmud*. Assim, os ecos do passado são também ecos de um porvir[21].

Estendendo a questão da memória para a língua, instrumento fundante da literatura, vale lembrar que até a Primeira Guerra Mundial o hebraico era um idioma quase exclusivamente escrito. Os judeus liam e escreviam hebraico, mas falavam o ídiche, o ladino, hakitia, árabe, ou a língua do país onde viviam na diáspora: alemão, russo, polonês, italia-

---

instituições comunitárias que o membro de um grupo étnico se percebe a si mesmo como pertencente a esse grupo, tendo, ao mesmo tempo, de ser visto como "um de nós", pelos outros membros do grupo. Abraçar o judaísmo nem sempre é condição suficiente para ser considerado "um de nós" pelas autoridades que legitimam a pertença ao grupo judeu. O processo é mais complexo: o sujeito tem de se auto-identificar numa categoria, ser identificado pelos membros como um par e, por último, ser considerado pelos não-membros como "um deles". Portanto, o conceito de etnicidade é situacional e relacional. É no interior desse processo que se transmitem os traços diacríticos de uma identidade grupal e pessoal. Cf. Fredrik Barth, nota 7, *supra*.

16. Cf. Pierre Nora, *Les lieux de la mémoire*.

17. Cf. Krzysztof Pomian, "De l'histoire, partie de la mémoire, à la mémoire, objet de l'histoire".

18. Cf. Yossef Hayim Yerushalmi, *Zakhor: Jewish History and Jewish Memory*.

19. Iluminismo judaico, liderado por Moses Mendelssohn.

20. Cf. Marc-Alain Ouakin, *Le livre brûle: lire le Talmude*. Citado do livro de Betty B. Fuks, *Freud e a Judeidade: A Vocação do Exílio*, p. 136.

21. Betty B. Fuks, *op. cit.*, p. 136, observa como nas *agadot* (lendas talmúdicas), os rabinos e eruditos hebreus faziam coexistir presente e passado com o intuito de interpretar com o olhar de sua geração a história do povo judeu. Se na *Bíblia* o tempo obedece a uma ordem cronológica, a *Agadá* engendra outro tempo, no qual Adão instrui o filho na Torá e Moisés senta-se num banco de sinagoga da Idade Média.

INTRODUÇÃO

XXIII

no, tcheco etc. Assim, quanto do ídiche não se calcou na moderna literatura hebraica nascida antes mesmo que o hebraico tivesse ressurgido como língua de comunicação? E vice-versa, quanto do hebraico não se amalgamou na formação do ídiche? Quão calcado foi o hebraico litúrgico durante a Idade de Ouro da poesia medieval espanhola? Como o caso não é propriamente de tradução, mas de memória, os ecos de um idioma matricial se imiscuem no outro idioma e apontam para uma cena no passado que conta, pela simples presença das marcas lingüísticas, uma história submersa. É o caso do ídiche em português, ou do hebraico em português, presentes na ficção de Jacó Guinsburg, imigrante cuja primeira língua foi o ídiche, tendo sido o hebraico aprendido, e assim também a língua portuguesa, da qual o autor demonstra pleno domínio. Se as ressonâncias entre idiomas têm trânsito livre e inscrevem um ritmo e um tom particular em seu texto, elas encontrarão obstáculos na expressão de Samuel Rawet. Embora sua língua materna também fosse o ídiche, vale lembrar que Rawet aportou no Brasil com sete anos, escrever em português foi para ele uma escolha natural, assim como para Jacó Guinsburg. Mas como fazer com que essa língua imprimisse uma experiência simultaneamente brasileira e judaica? O fato de ter erigido para si um modelo de escrita – a de José Lins do Rego – da qual fica bem distanciado, e de se debater no interior de sua condição de judeu sentida como obstáculo para sua plena integração na sociedade brasileira, não elimina de sua escrita uma dicção que a crítica costuma identificar como estrangeira, mantendo o escritor num patamar de imigrante do qual ele certamente teria gostado de sair. A linguagem sincopada, proferida a fórceps, e o texto fragmentário são sinais que podem remeter à sua condição particular de estrangeiro. A publicação de *Contos do Imigrante* não passa despercebida a Jacó Guinsburg que reconhece imediatamente suas qualidades, assinalando o "surgimento *de jure* da literatura de imigração em nossas letras"[22]. Quanto a Rawet, ele reagirá ao texto de Guinsburg de forma curiosa:

Da repercussão (de *Contos do Imigrante*) não posso me queixar. Tive, claro, conhecimento de artigos que arrasaram o livro, diziam que "aquilo" não era conto, que não era isso, não era aquilo. Mas confesso que o que me chocou mais – porque eu não estava preparado – foram os artigos que elogiavam o livro. Principalmente um artigo de Jacó Guinsburg, publicado em *Paratodos*, acho que em 1958. Os elogios me deixaram meio desconcertado, eu não estava mais vinculado a ele e, frustrado em relação ao teatro, me entregara furiosamente à vida profissional. Eu não freqüentava mais os clubes da colônia, meu contato com ela era relativo. Não houve portanto repercussão dentro da colônia. Fiquei apenas conhecido como contista, um autor que está começando, mais nada, apenas isto[23].

22. Jacó Guinsburg, "Os Imigrantes de Samuel Rawet".
23. Flávio Moreira da Costa, "Depoimento de Samuel Rawet".

XXIV ENTRE PASSOS E RASTROS

Rawet teria se chocado com a crítica positiva de Guinsburg a seu livro porque era positiva ou porque era escrita por um judeu? Se não houve repercussão do livro na colônia, Guinsburg não pertenceria à colônia já que ele dá destaque ao livro? Ou será que o ensaísta sim pertence à colônia e critica positivamente o livro, e é isso que causa espanto a Rawet? Difícil saber. Mas o que se sabe é que ele, a certa altura de sua vida, vai indispor-se publicamente com a colônia judaica, com a família, com todos os judeus e declarará

[...] a quem interessar possa, meu desvinculamento completo e total de qualquer aspecto relacionado com a palavra *judeu*, familiar ou não [...] porque *judeu* significa para mim o que há de mais baixo, mais sórdido, mais criminoso, no comportamento deste animal de duas patas que anda na vertical[24].

O relacionamento conflituoso do autor com o judaísmo é evidente, mas ele precisa ser matizado, pois quando se lê sua ficção as personagens vítimas de exclusão, os rejeitados e silenciados, são judeus merecedores da simpatia do autor.

Por outro lado, Rawet tratou, ainda que obliquamente, da relação particular do escritor imigrante tanto com o idioma português (que não é sua língua materna), como com a apreensão da realidade brasileira, distinta do nativo, pois ela é sempre mediatizada, necessitando, de certa forma, de "interpretação". O autor manifesta essa impressão, com certeza sentida na própria pele, quando se refere ao texto de Clarice Lispector:

Estou pensando em fazer um trabalho sobre a Clarice [...] Acho a Clarice uma figura excepcional, por uma série de motivos. O título do trabalho é Aventura de uma consciência judaica em Clarice Lispector. Essa abordagem de linguagem que vem sendo feita em torno dela, não me parece muito apropriada. Estão estudando a linguagem como se ela fosse intencional. Mas o que ocorre com Clarice é um tipo de consciência particular que ela tem. Um modo específico e completamente diferente de ver a realidade. Com a ambiência que ela teve até a fase de adulto, tudo isso forma uma consciência particular. E determina *A Paixão Segundo G. H.*, *A Maçã no Escuro*. A relação de Clarice com a realidade não é a mesma, por exemplo, de José Lins do Rego. Não pode ser. José Lins tem uma relação com a realidade imediata. Um cajueiro é um cajueiro. Uma fazenda é uma fazenda. Para Clarice, muitas vezes, não é imediatamente um cajueiro. Ela tem que trabalhar interiormente até chegar ao cajueiro como cajueiro, na realidade brasileira, é claro[25].

Nascida em 1920, na Ucrânia, aos dois meses Clarice Lispector chega com a família ao Brasil, em Maceió, para depois mudar-se para o Recife, e, em seguida, para o Rio de Janeiro onde completará sua formação e se casará. Num movimento que contraria a observação de

24. Samuel Rawet, "Kafka e a Mineralidade Judaica ou a Tonga da Mironga do Kabuletê".
25. Cf. entrevista de Rawet a Ronaldo Conde, "A Necessidade de Escrever Contos".

INTRODUÇÃO   XXV

Rawet, ela escreve: "A minha primeira língua foi o português. Se eu falo russo? Não, não, absolutamente... [...] eu tenho a língua presa". A escritora comete, aqui, uma imprecisão. A primeira língua que ouviu foi o ídiche, pois seus pais não provinham de uma capital européia e sim de um *shtetl* [26], onde os judeus falavam esse idioma e não o russo. Se sua primeira língua falada foi o português, é difícil saber, mas tudo indica que, como seus pais eram falantes do ídiche, a menina tenha sido iniciada em dois sistemas lingüísticos simultaneamente. Um deles ela calou. Ela não se refere ao ídiche, embora esse fosse o idioma usado em sua casa. Consta que seu pai lia jornais nessa língua, e ela própria freqüentou a escola israelita em Recife – o Colégio Hebreu Ídiche Brasileiro –, onde teria aprendido o hebraico e o ídiche, trajetória comum aos filhos dos imigrantes judeus no Brasil. Essa língua silenciada (presa?) aparece de forma encoberta numa referência indireta da escritora a seu pai, na crônica "Persona"[27]: "[...] Quando elogiavam demais alguém, ele resumia sóbrio e calmo: é, ele é uma pessoa".

A designação "pessoa" como qualificação superlativa é tradução direta do ídiche: *Er is a mensch* (ele é uma pessoa)[28].

Ser brasileira e fazer parte da literatura brasileira são eleições de Lispector repetidas em diferentes contextos. Ironicamente, a "língua presa" assinalará sua pronúncia identificada como estrangeira.

Enquanto estudante da faculdade de direito, por volta de 1940, Lispector trabalhou como redatora na Agência Nacional, iniciando uma atividade jornalística que durará por toda sua vida. É importante lembrar que ela se fixa nesse emprego durante o Estado Novo, tendo esse órgão oficial de informação sido criado por Getúlio Vargas, em 1934, subordinado ao Ministério da Justiça e Negócios Interiores. Ele será o futuro Departamento de Imprensa e Propaganda (DIP), subordinado diretamente à Presidência da República. Ela trabalhava ali com futuros romancistas de renome (Lúcio Cardoso, entre eles) e colegas jornalistas, num período em que um contingente apreciável de intelectuais e artistas prestava diversos tipos de colaboração à política cultural do regime Vargas, além de múltiplas formas de assessoria em assuntos de sua competência e interesse[29].

---

26. Povoado onde viviam os judeus do leste europeu, falantes do ídiche.

27. Clarice Lispector, *A Descoberta do Mundo*, p. 99.

28. É curioso observar que, embora o vocábulo em ídiche tenha se originado do alemão – *der Mensch* – o sentido superlativo é próprio do ídiche.

29. A questão dos intelectuais filiados ao regime autoritário que remunerava seus serviços está muito bem apresentada e analisada no livro de Sérgio Miceli, *Intelectuais e Classe Dirigente no Brasil (1920-1945)*. Já a informação da atividade jornalística da escritora junto à Agência Nacional, futuro DIP, foi extraída do livro de Nádia Battela Gotlib, *Clarice: Uma Vida que se Conta*.

XXVI ENTRE PASSOS E RASTROS

É importante lembrar que nesse mesmo período o nazi-fascismo recrudescia na Europa, Hitler já estava no poder, as leis raciais vigiam, os campos de concentração estavam funcionando, havia um deslocamento geral de massas e os judeus, em particular, com seus passaportes marcados, tropeçavam em dificuldades para entrar no país, ou porque eram comunistas, ou, simplesmente, porque eram judeus, embora esses impedimentos também valessem para outras etnias (negros, japoneses, hindus), assim como para outras adesões ideológicas, como os anarquistas. Ainda durante esse período, mais exatamente em 1943, Lasar Segall faz uma exposição no Rio de Janeiro e sua pintura é qualificada, à maneira nazista, de "arte degenerada", provocando uma onda anti-semita nos jornais da época. Esses dados estão sendo evocados para indicar que era um problema complexo ser judeu nesse período, o que se confirma na carta escrita por André Carrazonni, diretor da empresa *A Noite*, onde Clarice trabalhava como redatora, ao sr. Osvaldo Aranha, então Ministro das Relações Exteriores. A carta ressalta suas qualidades de inteligência, de profissional competente e principalmente sua perfeita integração nos hábitos brasileiros. O autor da carta reforça, em tom enfático, o último atributo: o de sua brasilidade.

> Foi com surpresa que a soube estrangeira, tal a sua maneira de ser, tão nossa que a torna legítima filha do Brasil. Realmente, a nacionalidade, nesse caso, constitui um acaso. Clarice veio para o Brasil com meses de idade. Aqui aprendeu a ler e a escrever. Aqui formou o seu espírito, como verdadeira brasileira.

Ao final da carta reafirma-se o vínculo de Clarice com o Brasil, a moça "em tudo e por tudo nossa patrícia, filha do nosso clima sentimental e moral"[30]. A que deveria servir tal apresentação? Teria a ver com seu próximo casamento com um diplomata brasileiro? É difícil conciliar a descrição do destino de cada um com o significado que ele adquire no processo histórico. E qual é esse significado?

Numa entrevista de 1976 dada a Edilberto Coutinho[31], Clarice tenta, outra vez, se desvencilhar de seu judaísmo: "Sou judia, você sabe. Mas não acredito nessa besteira de judeu ser o povo eleito de Deus. Não é coisa nenhuma. Os alemães é que devem ser, porque fizeram o que fizeram. Que grande eleição foi essa, para os judeus? Eu, enfim, sou brasileira, pronto e ponto". Aí, ela articula disjuntivamente o ser brasileira e judia, preterindo esta condição em nome daquela, sem conseguir, no entanto, apagá-la.

---

30. A referência à carta e sua citação foram extraídas do livro de Nádia Battella Gotlib, *op. cit.*, pp. 165-166.

31. Edilberto Coutinho, "Uma Mulher Chamada Clarice Lispector", em *Criaturas de Papel: Temas de Literatura & Sexo & Folclore & Carnaval & Televisão & Outros Temas da Vida*, pp. 165-170.

INTRODUÇÃO   XXVII

Contrariamente à sua disposição, uma referência judaica – mais abstrata – inscreve-se em seu texto, conforme analiso nos trabalhos aqui incluídos. Há neles uma busca reiterada (da coisa? do real? do impalpável? do impronunciável? de Deus?) que conduz a linguagem a seus limites expressivos, atestando, contra a presunção do entendimento, que há um resto que não é designável, nem representável. Nesse sentido, a escritura segundo Lispector, permanece, talvez inconscientemente, fiel à interdição bíblica judaica, de delimitar o que não tem limite, de representar o absoluto. O grande "tema" da obra da escritora é, a meu ver, o movimento de sua linguagem, que retoma a tradição dos comentários exegéticos presos ao Pentateuco, e que remetem ao desejo de se achegar à divindade: tarefa de antemão fadada ao fracasso, dada a particularidade de ser o Deus judaico uma inscrição na linguagem, onde deve ser buscado, mas não apreendido, obrigando aquele que o busca a retornar sempre. A abertura para uma interpretação multiplicadora – eis a herança judaica por excelência, e a ela o texto de Lispector não fica incólume.

Também a linguagem de Bernardo Ajzenberg, brasileiro, paulistano, terceira geração de imigrantes, prende-se nas voltas de um circuito exegético pretérito, quando precipita para primeiro plano as Variações Goldberg, peça musical de Bach ouvida e referida à exaustão em seu romance *Variações Goldman*, ligados ambos – música e ficção – ao romance de Thomas Bernhard, *O Náufrago*, foco semeador dos subtemas interpretação e tradução amplamente debatidos. Desse modo, quase não deixa espaço para o cromo relatado pelo narrador de forma jocosa integrado por judeus ortodoxos deslocados numa mesa de bar em Higienópolis, discutindo, a cada dia, as interpretações múltiplas do texto sagrado. O que está quase fora da moldura do romance (os judeus no bar) acaba, em minha leitura e contrariamente às intenções do escritor, por ser mais abrangente que as dobras musicais, a interpretação e a tradução, criando uma referência judaica no texto, ele próprio girando em vórtice, em falso, paródia de um mundo onde Deus anda desacreditado.

No romance *A Hora da Estrela*, Clarice Lispector procede intertextualmente, isto é, seu texto, através do nome da protagonista, Macabéa, inscreve imediatamente dois planos escriturais paralelos, sendo o matricial o *Livro dos Macabeus*, considerado apócrifo pelos judeus. A alusão à matriz externa provocada pelo nome da protagonista faz com que os textos dialoguem, levando-nos a ressignificá-los, o que coloca o romance de Lispector no eixo dos comentários modernos e laicos do texto sagrado. Mas aí, o texto clariciano aponta para um outro referente textual, há uma intencionalidade nesse trabalho de composição que visa a gerar sentidos, ao contrário do movimento da linguagem nos textos de Ajzenberg e de Lispector em sua obra de modo geral, excetuando esse aspecto no último romance.

XXVIII ENTRE PASSOS E RASTROS

Pode-se dizer que (quase) todos os textos analisados se movem intertextualmente, tomando como matriz as sagradas escrituras. Ainda que com resultados paródicos de rebaixamento evidente, esse retorno alude à presença do Livro como lastro de união. A cada geração os sentidos do texto sagrado mudam porque a inserção histórica do leitor é outra, mas o texto permanece e vertebra um povo em torno dele.

Samuel Rawet retomará a figura bíblica do profeta no conto "O Profeta"[32]. Mas aquele que deveria se fazer ouvir por seu povo é mostrado sem voz nem audiência, sofrendo exclusão da própria família e comunidade religiosa surdas aos relatos de um sobrevivente da *Shoah*[33]. Os novos judeus aburguesados e enriquecidos não se sentem bem ao se confrontarem com os fantasmas de seu passado. Odeiam esse passado que lhes recorda histórias de sofrimento e perseguições cujo lastro ainda carregam. Rawet utilizará nomes descolados da Bíblia que não serão mais portados por judeus, e sim por sujeitos que vivem à margem da sociedade brasileira, criando com esse artifício, num plano mais abstrato, a equivalência entre todos os marginais, quer sejam eles judeus, brasileiros, homossexuais, pobres ou doentes terminais. Sempre à procura de seu lugar, em movimento, essas personagens periféricas culminam no intertexto com o judeu errante, Ahasverus, em sua novela *Viagem de Ahasverus à Terra Alheia em Busca de um Passado que não Existe porque é Futuro e de um Futuro que já Passou porque Sonhado*, que narra as várias metamorfoses do legendário judeu errante fadado a deambular eternamente através dos tempos, lugares e línguas. Numa prosa inquieta que estilhaça e multiplica continuamente os sentidos, o autor empreende o exercício do estranhamento e a frustração por não poder plantar raízes na terra, na língua, na forma da personagem que insiste em se transformar.

Esse impulso desagregador presente na linguagem estende-se à vida do escritor, subtraindo-lhe a via do diálogo, o sentido de comunidade. Será problemática a relação do autor com sua sombra judaica; também problemática será a fuga empreendida de si e o rastro que deixará atrás. Rawet incorporará traços judaicos negativos, tornando-se progressivamente paranóico, isolando-se de tudo e de todos; encontrado morto em seu apartamento em Sobradinho (cidade-satélite de Brasília), em 25 de agosto de 1984, foi enterrado inicialmente como indigente.

O autor que num maior arco de tempo e mais programaticamente trabalhará com a história da imigração, com a tradição judaica e com o intertexto bíblico é o gaúcho Moacyr Scliar. Narrador hábil, ele retoma a trilha dos contadores de histórias em ídiche, orientando seu ima-

32. Em *Contos do Imigrante*.
33. *Shoah*, em hebraico "catástrofe", outro termo para referir-se ao Holocausto.

INTRODUÇÃO   XXIX

ginário para uma cultura judaica popular a que se soma a fidelidade a
uma tradição regional (Rio Grande do Sul) e nacional (Brasil).

O Bom Fim – bairro judeu de Porto Alegre – é apresentado já no
primeiro romance – *A Guerra no Bom Fim* – como um gueto[34] que
reúne judeus da classe média baixa vivendo uma vida, de início, calcada no *shtetl*. Aí, a fantasia predomina. O *golem*[35], misturado aos
heróis das revistas em quadrinhos – o Super-Homem, Batman etc. –
investe contra o inimigo alemão anti-semita.

O impacto da industrialização e da urbanização nas pequenas lo-
calidades judaicas européias levou as populações a se deslocarem do
campo para a cidade. Na cidade, passam a se dedicar ao comércio e à
pequena indústria reunindo-se em gueto. Assim, o gueto substitui o
shtetl tanto na Europa como no Brasil. Mas as gerações se sucedem,
os judeus adaptam-se à nova terra e o transcurso da vida e da história
vai lentamente apagando os limites dessa geografia circunscrita. A
urbanização do bairro, o aburguesamento da segunda geração de judeus, a integração a um estilo de vida brasileiro, a ambigüidade em
relação aos vínculos afrouxados com a cultura e as tradições judaicas
demandam a saída do confinamento. Filhos e netos de imigrantes ab-
sorvem, à sua revelia, traços da tradição de que querem se afastar,
tornando-a má consciência, peso e fonte de culpa. Para Raquel (*Os
Deuses de Raquel*) "ser judia" é praticamente estar cometendo um
pecado. Guedali (*O Centauro no Jardim*) não consegue estruturar-se
sem renunciar a sua condição de judeu e centauro, infligindo-se a auto-
mutilação como forma de apagar suas marcas.

A apresentação da imigração como processo de assimilação à
cultura hegemônica que atinge a segunda geração de imigrantes é tema
recorrente na literatura ídiche e hebraica de fins do século XIX e princípio do século XX. O romance de Scholem Aleichem, *Tevie, o Leitei-
ro*[36], famoso por sua versão na comédia musical *O Violinista no Telha-
do*, descreve o efeito trágico e mesmo patético que o processo de
assimilação provoca no pai preso à tradição abandonada pelas filhas.
O mesmo tema pode ser encontrado em Sholem Ash, Isaac Bashevis
Singer, assim como em contos e romances hebraicos de autores como
Micha Yossef Berditschevsky, Yossef Chaim Brenner, o que indica

---

34. Gueto: a denominação dos bairros judaicos em diferentes épocas e em diferentes países europeus.

35. *Golem* é um autômato de forma humana, criado sobrenaturalmente por meios
mágicos, principalmente pelo uso dos Santos Nomes. Desde o século XV, sob influência
da crença na alquimia, o *golem* torna-se, nas lendas judaicas, uma criatura mais real que
simbólica, que desempenha as tarefas que seu criador lhe impõe, podendo também oca-
sionar a destruição. Atribuiu-se ao Rabi Elias de Chelm (século XVI) o poder de criar
um *golem*, atribuição estendida mais tarde ao Rabi Juda Löv ben Bezalel, de Praga
(*Maharal*).

36. O título original é *Tevye, der Milchiger*, publicado em partes a partir de 1894.

XXX ENTRE PASSOS E RASTROS

uma tendência de uma parcela de judeus de todos os quadrantes a se fixarem nos lugares em que vivem e imprimirem uma nova direção a suas vidas.

Quando esse lugar é o Brasil, a fulgurante imagem de uma nova Canaã assombra o imaginário coletivo de uma população desinformada, que necessitava deixar seu lugar de origem ou pela reincidência dos *pogroms*[37], ou pela pobreza crescente que assolava sua terra. Aqui chegados, marginalizados, vivendo alguns na miséria, acabam se conformando com a nova vida, como ocorre com o personagem Ferenz (*Os Deuses de Raquel*) e o Sr. Guinsburg, pai de Mayer Guinsburg (*O Exército de um Homem Só*), ou se rebelando, como se verá em seguida.

Cobrindo um período que vai da Primeira Guerra Mundial até nossos dias, Scliar acompanha os passos das gerações que se seguiram à dos imigrantes e aponta sua paulatina participação na estratificação social da cidade de Porto Alegre, seu enriquecimento graças ao desempenho no comércio e nas profissões liberais, deixando cada vez mais para trás a isca que serviu de chamariz para a imigração: a promessa de uma vida melhor. Nesse projeto idealizado, pais e avós trabalhariam a terra, em áreas cedidas pelo governo brasileiro, creditadas aos judeus pelos Rothschilds e pelo Barão Hirsch – judeu rico da Europa Central, filho e neto de banqueiros da corte bávara, através da ICA (Jewish Colonization Association). A fixação nas colônias agrícolas Philipson (1904) e Quatro Irmãos (1912), destinadas aos primeiros imigrantes em regiões parcamente habitadas, tinha como finalidade povoar o extremo Sul do país e garantir, no quadro de uma política demográfica de aumento de oferta de mão-de-obra, interesses rurais e agrários[38].

A frustração desse projeto reaparece repetidas vezes nos livros de Scliar, mas é graças a seu fracasso que se organiza o bairro do Bom Fim em Porto Alegre, já que os judeus fogem do campo e vão para os centros urbanos, conforme tendência manifesta historicamente. Nele, reproduz-se o código de vida européia, mas um movimento de insubmissão floresce, ora ecoando a Revolução de Outubro russa, ora retomando a idéia de redenção messiânica.

---

37. *Pogrom*: agressão violenta e organizada que inclui saque e morte perpetrada contra as comunidades judaicas da Rússia e da Polônia.

38. O projeto de colonização da ICA iniciou-se pelo Canadá e a Argentina – países com premente necessidade de mão-de-obra na agricultura. Em cerca de 300 mil hectares – Santa Fé, Entre Rios, província de Buenos Aires – foram estabelecidas dezessete colônias. Posteriormente, a colonização foi estendida ao Rio Grande do Sul. O sucesso da empresa variou. Como os obstáculos eram imensos, muitos resolveram deixar as colônias, fixando-se em centros urbanos. Cf. Moacyr Scliar, *Caminhos da Esperança (A Presença Judaica no Rio Grande do Sul)*.

INTRODUÇÃO   XXXI

No primeiro caso, a "Nova Birobidjan"[39] reedita a Terra da Promissão a ser construída sobre os alicerces da utopia de um socialismo que promete abundância e lazer, sem repressão política, fantasia que se mostra inalcançável em *O Exército de um Homem Só*, ainda que tingida de ousadia, heroísmo, como também de miséria, fraqueza e melancolia.

A idéia de salvação também arregimentará a ação do messias (do hebraico *mashiah*), que significa "ungido", "consagrado" e, por extensão, "redentor" e "salvador do povo de Israel". Com a destruição dos reinos de Judá e de Israel e o exílio na Babilônia (586 a.C.), a história dos hebreus como país independente praticamente termina. Como decorrência, elaborou-se a idéia de um salvador político e social que tinha que ser concebido com o aspecto de um novo rei (o Messias), comandante de exército e libertador nacional.

Scliar colocará Sabatai Tzvi, o falso messias, e seu profeta e apóstolo Natã de Gaza, que abalaram a comunidade judaico-polonesa do século XVII, a bordo do Zemlia, no ano de 1906. Eles são trazidos para o cenário de penúria e banditismo das colônias agrícolas no Rio Grande do Sul (no conto "A Balada do Falso Messias"), mesclando-se com malfeitores do lugar, como Chico Diabo, realçando o contraste entre o destino mítico e a refração do real em cumpri-lo. O autor cria a contra-imagem do Messias num bufão sem qualquer transcendência. Entretanto, ainda que simulacro de messias, o protagonista desperta o anseio ancestral e residual dos judeus de volta à Terra Prometida[40].

Esse desejo manifesta-se em diferentes obras de Scliar, como n'*Os Voluntários*, no qual Benjamin é uma personagem dividida entre o apego à história judaica que dita a volta a Jerusalém e as imposições limitadoras e opressivas da realidade material. Descendente de talmudistas e judeus ortodoxos para os quais a aspiração messiânica de voltar a Sião era transmitida de geração a geração e lembrada nas orações diárias, na leitura dos Salmos e nas comemorações festivas, o movimento de Benjamin é o de seguir a tradição; entretanto, os seus próprios pais frustram, por razões pragmáticas, a intenção do filho, que acaba encontrando para si uma forma de escape na construção de uma Jerusalém fantástica e literária, baseada em romances de cavalaria e histórias bíblicas lidas em criança, em que todas suas expectativas se realizam.

---

39. Entre as diversas tentativas isoladas de promover a fixação dos judeus, a União Soviética propõe a criação da região autônoma de Birobidjan, para o desenvolvimento independente da nação judaica. O projeto não vinga.

40. O pacto de Deus com o patriarca Abraão e sua descendência inaugura a eleição de Israel. Esse pacto encontra-se em Gn 15 e 17 e promete ao ancestral hebreu uma posteridade numerosa e a terra de Canaã para sua prole. A aliança abrâmica também prevê um sinal no corpo – a circuncisão.

XXXII ENTRE PASSOS E RASTROS

Figura quixotesca, Benjamin amplia essa característica a ponto de contaminar seus companheiros que partem para Jerusalém num velho rebocador, empreitada predisposta desde sempre ao fracasso.

Esse quixotismo da personagem vai ao encontro de um rico manancial de contos fantásticos presente na tradição judaica a partir das lendas agádicas, passando pela gesta ídiche, gênero que por largo tempo atendeu às necessidades populares na demanda do imaginário e do entretenimento; passa também pelas histórias hassídicas no século XVIII, nas quais o ato mágico de narrar atingiu seu esplendor, em alguns países da Europa Oriental (Polônia e Ucrânia), reforçado na literatura ídiche do século XIX e começo do XX, quando o fantástico e o grotesco, freqüentemente postos a serviço da alegoria, criam um universo de ambigüidade e angústia.

Moacyr Scliar engrossa as fileiras da literatura fantástica em língua portuguesa ao mesmo tempo em que se une à tradição judaica a que se vincula a pintura de um Chagall, com suas figuras voadoras.

Retomando o fio de *Os Voluntários*, nota-se que ele não tem fecho, alavancando o leitor para seu princípio e reafirmando uma vez mais a estrutura de voltas e retorno tão característica dos textos de Scliar.

Se a obediência a um padrão judaico de ficção faz parte das intenções desse autor (ainda que nem todas suas obras sigam esse padrão), e é aí que o texto aponta para seu referente, essas voltas infindáveis, que atam tanto a estrutura dos contos e romances como também o movimento das personagens, escapam de suas intenções. Elas iconizam o apelo de retorno a Jerusalém, a confirmação do pacto entre Deus e o homem e também o movimento de leitura exegética dos textos sagrados, em que se inscreve o inominável que na sua inapreensibilidade impulsiona à releitura e à ressignificação. O apelo do retorno a Jerusalém termina com a fundação efetiva do Estado de Israel? Os judeus estão sempre retornando, presos ao bordão *Lashaná habaá bIrushalaim Habenuiá* (O ano que vem em Jerusalém reconstruída), tentando sair de um não-lugar, o exílio, para a terra da redenção coletiva de todo um povo. A Jerusalém aludida, no entanto, é etérea e simbólica, distinta dessa que concentra o conflito entre árabes e judeus até o dia de hoje, ainda que o comprometimento com o Estado de Israel, mesmo que negativo, seja próprio do judeu; é interessante observar que tanto Scliar como Jacó Guinsburg se refiram a ele criticamente.

No que tange à poesia, a figuração do judaísmo é distinta nos textos de Lúcia Aizim e Moacir Amâncio. No primeiro caso, ela é temática: o compromisso com a construção de imagens primordiais, vinculadas tanto ao judaísmo como ao Brasil, releva composições híbridas, alimentadas tanto por um retorno à tradição ancestral, como pela participação da vida do dia-a-dia.

Já a poesia de Moacir Amâncio aponta para a própria linguagem. O exílio feito de deslocamentos geográficos não forma parte de sua

INTRODUÇÃO   XXXIII

experiência e não se constitui como tema. É o estranhamento da e na linguagem o lugar do exílio em sua poesia. A inscrição do idioma hebraico, um dos suportes de sua poética, marca o lugar em que se arquiva o sagrado, o legado dos mortos e da história do povo judeu.

Se se quiser chegar a um denominador comum de todos os textos analisados[41], ele será, com certeza, a circularidade neles manifesta. É a leitura e a interpretação potencializadas dos motivos bíblicos a geradora das *voltas* infinitas em que autor e leitor acompanham a espiral de situações repetidas, acontecimentos reproduzidos.

A circularidade integra um modo de contar que fica entre o comentário e a crítica. De um lado, os textos estão atados à tradição judaica que tem seu esteio em Deus. De outro, apontam para sua falta. É nesse ponto dilemático que as composições se sustentam. Além disso, elas introduzem em português uma tradição estranha ao país, naturalizando-a, de certo modo, sem com isso subtraí-la de seu lugar original. Criar num idioma é também ser criado por ele. Ou como diria José Paulo Paes, numa feliz inversão: "O poema é autor do poeta". É nesse fogo cruzado que se inscrevem os textos analisados.

Não posso deixar de mencionar o crédito a três autores e três livros que me anteciparam nos estudos de autores judeus na literatura brasileira contemporânea. O de Gilda Salem Szklo, *O Bom Fim do Shtetl: Moacyr Scliar*, analisa a obra deste autor, destacando aspectos temáticos, a presença de figuras emblemáticas do judaísmo, a configuração da tradição a partir de um olhar contemporâneo. O de Nelson Vieira, *Jewish Voices in Brazilian Literature: A Prophetic Discourse of Alterity*, analisa a obra de Samuel Rawet, Clarice Lispector e Moacyr Scliar, avaliando em que consiste o discurso da diferença e da alteridade na obra desses autores. Já Regina Igel, em *Imigrantes Judeus/ Escritores Brasileiros: O Componente Judaico na Literatura Brasileira* faz uma pesquisa radical de todos os escritores judeus no Brasil, analisando suas respectivas obras. Aos três meu débito é grande, ainda que não os cite devidamente no corpo dos trabalhos. Talvez porque meu texto tome um rumo distinto e a referência a eles pudesse parecer extemporânea. Mas estou certa de que como essas leituras fazem parte de meu repertório, elas interferiram na maneira de eu ler as obras aqui apresentadas.

---

41. Escapa dessa classificação o romance de Hilário Tácito, *Madame Pommery*, e o conto de Valêncio Xavier, "A Prostituta Japonesa", que justamente não são judaicos. A escolha desses textos na composição do ensaio "Entre Braços e Pernas", que trata das prostitutas estrangeiras na literatura brasileira contemporânea, cria um contrabalanço com o romance de Scliar *(O Ciclo das Águas)*, mas também aponta uma tendência a abrir o estudo para a análise da presença de outras etnias nessa literatura.

Parte I

Por Linhas Tortas

1. A Retórica do Silêncio em Clarice Lispector

> *As sereias entretanto têm uma arma ainda*
> *mais temível que o canto: o seu silêncio.*
>
> FRANZ KAFKA, *O Silêncio das Sereias.*

1. Em *A Madona do Futuro*, novela de Henry James de 1873, o autor apresenta-nos o impacto de uma experiência que marca para sempre a vida de Teobaldo, seu protagonista, um norte-americano que um dia viaja a Florença e não consegue mais voltar a seu país, preso que fica pelo encantamento miraculoso da Madonna della Seggiola, de Rafael.

A partir do momento do encontro definitivo, o protagonista começa a equipar-se para vir a pintar a sua madona, decidido a jamais se deixar expressar pela imperfeição. É a um turista encontrado casualmente, também norte-americano, que Teobaldo expõe o seu labor de anos ininterruptos e afirma que o genuíno artista está sempre trabalhando, toma posse de tudo o que encontra, aprendendo segredos preciosos em cada objeto que se define na luz, vivendo um processo permanente de exaltação do olhar. E seu trabalho é duplamente árduo porque, como norte-americano, ele se sente deserdado da arte, condenado a ser superficial: "Um americano, para chegar à excelência, tem que aprender dez vezes mais do que um europeu. O que nos falta é o senso do profundo. Não temos nem gosto, nem tato, nem força"[1].

---

1. *Imagens*, nº 6, jan./abr., 1996, p. 18, trad. Arthur Nestrovsky.

4 ENTRE PASSOS E RASTROS

Num segundo momento, Teobaldo apresenta ao turista a mulher eleita para ser sua modelo, a "divina Serafina", "a mais linda, a mais doce, a mais natural que jamais floresceu nesta grande terra da Itália"[2].

A surpresa do turista se dá quando ele não vê o que Teobaldo vê e declara ao artista que ele havia perdido o seu tempo e que a mulher apresentada estava velha demais para uma madona.

Teobaldo some perplexo, e só vai ser reencontrado, já moribundo, uma semana depois, quando o turista o visita e o vê diante de uma tela envelhecida, um tanto rachada, e em branco.

Essa novela de Henry James pode ser analisada a partir de diferentes ângulos, mas o que me interessa aqui é sublinhar o paradigma do silêncio em que ela se insere, situado antes mesmo da criação. Paralisado por seu modelo, Teobaldo prepara-se para uma tarefa sempre adiada, encenando uma falência determinada por sua incapacidade de se lançar numa zona de risco, onde, afastado do idealismo, ele se defrontasse, na sua própria medida, com o incondicionado e o inexplicável.

Quase cem anos depois, a relação entre o velho e o novo continente sofre uma inversão no comentário do polêmico músico norte-americano John Cage, quando afirma do alto de sua iconoclastia que "a música européia poderia ser melhorada com um pouco de silêncio"[3]. Reagindo contra o conceito de música predeterminada (Boulez e Stockhausen), ele cria, a partir de 1950, a "música indeterminada", passando a desenvolver a sua teoria da indeterminação em música, tomando como base o *I Ching*, o clássico livro chinês de oráculos. Mediante operações do acaso, o músico promove vários "happenings", como o 4'33" (1952), em que um pianista entra no palco, toma a postura de quem vai tocar, e não toca nada. A música é feita pela tosse, o riso e os protestos do público, incapaz de agüentar quatro minutos e trinta e três segundos de silêncio.

O silêncio sempre interessou a John Cage, sendo até mesmo o título de seu primeiro livro (*Silence*), mas ele não o concebe como o contrário do som, e sim como seu complemento: "nenhum som teme o silêncio que o ex-tingue e não há silêncio que não seja grávido de som"[4].

Entre o romancista e o músico, um outro tipo de silêncio se instaura no quadro *Branco sobre Branco*, do pintor russo Kasimir Maliêvich (1878-1935). Este, por querer aludir à absoluta subjetividade, meta inalcançável pela via da representação mimética, abole objetos, figuras humanas e não-humanas, paisagens, para deixar a

---

2. *Idem*, p. 23.
3. Ver prefácio de Augusto de Campos ao livro *John Cage*, p. XII.
4. *Idem*, p. XIII.

tela no estágio do vazio branco, de modo a potenciar todos os sentidos possíveis.

Longe do patamar idealista da novela de James, do lugar construído para o sentimento do quadro de Maliêvich e da abolição do som musical em nome dos ruídos produzidos aleatoriamente, o silêncio, na obra de Clarice Lispector, vai-se elaborando paulatinamente à sombra da palavra. Considerando sua obra como um todo, nota-se que a autora opera na verticalidade, isto é, seus textos parecem contar sempre a mesma história, não podendo, por isso, ser divididos em fases, numa perspectiva de progressão. O que os move é uma compulsão que os faz dobrar sobre si mesmos, numa tentativa sempre frustrada de capturar algo que ainda não foi dito. Nesse sentido, a obra de C. L. pode ser vista como inconclusa, marcando, antes de tudo, uma busca de algo a que não se chega: "Eu escrevo por intermédio de palavras que ocultam outras – as verdadeiras. É que as verdadeiras não podem ser denominadas. Mesmo que eu não saiba quais são as 'verdadeiras palavras', eu estou sempre aludindo a elas"[5].

Essa zona encoberta que lateja no texto e que está na origem da criação é referida em diferentes momentos da obra de Clarice Lispector, mas de modo particular em seu livro publicado postumamente *Um Sopro de Vida*, um diálogo desarticulado entre um autor e sua personagem, Ângela Pralini, no qual esse afirma:

> Há um silêncio total dentro de mim. Assusto-me. Como explicar que esse silêncio é aquele que chamo de o Desconhecido. Tenho medo Dele. Não porque pudesse Ele infantilmente me castigar (castigo é coisa de homens). É um medo que vem do que me ultrapassa. E que é eu também. Porque é grande a minha grandeza[6].

Aí, o silêncio é identificado com o desconhecido, com aquilo que ultrapassa aquele que enuncia, mas que ainda é ele, fazendo-se uma clara alusão tanto ao inconsciente, quanto a Deus, ambos amplamente mencionados na obra da autora, este, como o inominável e o intangível, e o inconsciente como "aquele que não sabe", como o lugar dos "sonhos que são o modo mais profundo de olhar".

O silêncio, na obra de C. L., é tanto um tema com o qual seus personagens estão sempre às voltas, como uma atmosfera a marcar o espaço interno dessas mesmas personagens, como também algo que está no horizonte do processo de criação da autora, que sinaliza para ele quando, por exemplo, diz sobre *Um Sopro de Vida* que é "um livro que fala baixo", um "livro silencioso", ou quando qualifica outro romance, *A Hora da Estrela*, como "um silêncio". Mas as tentativas de contornar o silêncio podem ser registradas nas diferentes modalidades

---

5. Clarice Lispector, *Um Sopro de Vida*, p. 72.
6. *Idem*, p. 129.

6   ENTRE PASSOS E RASTROS

de textos que a autora desenvolveu. Há uma crônica incluída no livro *Onde Estivestes de Noite* que leva o título "Silêncio". Ela foi escrita durante o período em que a autora viveu em Berna, Suíça. Representado em tom melancólico e áspero, o silêncio ao qual aí se alude dura sem intermitências e dá a sensação, para o leitor, de alguém que segue por uma ponte que, de repente, interrompe, e deixa o caminhante suspenso no ar, sem a lembrança dos passos já realizados. Diz a narradora num esforço de indiciá-lo: "É um silêncio que não dorme: é insone: imóvel mas insone; e sem fantasmas"[7].

Vazio e sem promessa, esse silêncio não deixa provas nem rastros e é insuportável, porque para vivenciá-lo temos de nos situar na origem, no começo soterrado pelo tempo e que retém o sentido da vida. Como está além de nossa possibilidade viver esse silêncio de forma pura e absoluta, o texto nos conduz para as modalidades nas quais ele se torna reconhecível no cotidiano. De repente,

> Ao atravessar a rua no meio das buzinas dos carros. Entre uma gargalhada fantasmagórica e outra. Depois de uma palavra dita. Às vezes no próprio coração da palavra. Os ouvidos se assombram, o olhar se esgazeia – ei-lo. E dessa vez ele é fantasma[8].

Ele está aí, como sombra projetada daquilo que existe e tem presença no cotidiano, entre uma buzina e outra, suspenso no avesso de uma nota musical, no rastro daquilo que a palavra não alcança dizer, porque a palavra repousa sobre uma lacuna que oculta um vazio branco do qual, entretanto, ela depende. É esse duplo do som, do ruído, da imagem gráfica, que se desdobrará e se dimensionará de diferentes maneiras na obra de Clarice Lispector, vinculado sempre a vestígios de presença que não se consumam.

O que está em jogo em sua escritura não se situa no nível fatual do que "é" no espaço e no tempo, mas do que dá a ser – se eclipsando.

Mas é esse clima de princípio-base, alicerce, raiz, que vinca a obra de C. L. como dotada de uma vocação para o abismo, uma atmosfera de *Gênesis*, um sabor de arqueologia[9]:

> Ele [Martim] teve um sentimento de encontro: pareceu-lhe que no grande silêncio ele estava sendo saudado por um terreno da era terciária, quando o mundo com suas madrugadas nada tinha a ver com uma pessoa e quando, o que uma pessoa poderia fazer, era olhar. O que ele fez. É verdade que seus olhos custaram a entender aquela coisa que nada mais do que: acontecia. Que mal acontecia. Apenas acontecia. O homem estava "descortinando"[10].

7. Clarice Lispector, *Onde Estivestes de Noite*, p. 103.
8. *Idem*, p. 104.
9. Ver, a propósito, o ensaio de José Américo Pessanha, "Clarice Lispector: O Itinerário da Paixão".
10. Clarice Lispector, *A Maçã no Escuro*, p. 23.

A RETÓRICA DO SILÊNCIO EM CLARICE LISPECTOR 7

Dessa manobra interior voltada para a origem está animada a obra de C. L., que procura ser esse olhar perscrutador que, nas madrugadas do mundo, descortina o começo, "que mal acontecia". Daí resulta o não-intelectualismo da maioria das personagens, de vida psicológica rudimentar, os "pobres de espírito". Resulta também a voluntária redução psicológica buscada por outros, como Martim, levando, ainda, na obstinação pelo começo, à radical paixão segundo G. H.

2. *A Maçã no Escuro*, romance escrito em 1954, mas publicado só em 1961, apresenta um trabalho de construção: ele deve dar forma a uma vida de homem, a partir de uma perda originária da forma e da linguagem humanas.

A história começa situando o tempo "numa noite de março", mas esse registro não tem maior importância, porque o tempo é interior.

O protagonista é um homem: Martim. Tendo cometido um crime, ele foge da cidade e chega a uma fazenda, cuja proprietária é Vitória, mulher solteira, de meia-idade. Moram com ela uma prima, Ermelinda, moça e viúva, e uma cozinheira mulata. A chegada de Martim perturba o ritmo de vida das mulheres, que passa de pacato a tenso, porque sua presença põe em relevo os problemas pessoais de cada uma. Martim acaba possuindo a mulata, torna-se amante de Ermelinda, e também Vitória se apaixona pelo estranho. Mas a forma de amor de Vitória está calcada na tortura, no suplício que impõe a ele, destinando-lhe tarefas cada vez mais cansativas, e que impõe a si, obrigando-se à renúncia. É ela quem, por orgulho ou por medo de si, acaba denunciando-o à polícia. É na fazenda, em meio aos trabalhos humildes, no contato com a terra e com os animais, meditando sobre o crime e a própria vida, que Martim refaz um aprendizado a que a prisão põe termo.

Quando o livro começa, o leitor aos poucos se dá conta e de maneira confusa de que Martim assassinou, ou tentou assassinar a mulher. Mas o crime não tem maior importância – seus móveis não interessam, nem interessa saber, de fato, se houve ou não um crime. Isso porque se trata de um crime abstrato, simbolizado como uma forma de alcançar o desvencilhamento de uma situação tida como negativa. O crime é conduzido, pois, não como um obstáculo, uma derrota, um delito, mas como um gesto livre a partir do qual o protagonista poderá construir com as próprias mãos o seu destino.

Desatado de todo e qualquer compromisso, do convívio familiar, e destruída a ordem estabelecida, caberá ao protagonista a construção de uma nova ordem. Para isso, abdicará inclusive da palavra e do pensamento, de modo a refazer sua vida do ponto zero. É a partir de um estado de carência, tanto material (o estado de pobreza voluntária em que passa a viver) quanto espiritual (a falta do pensamento e da palavra), que o protagonista deverá alcançar o descortino do mundo e a

8 ENTRE PASSOS E RASTROS

compreensão do que seja o homem. A compreensão, no caso, não se fará a partir do pensamento organizado, mas através de uma visão instantânea do núcleo da existência.

O mundo da linguagem, contudo, não é fácil de recriar. Lentamente, Martim procura as primeiras e impronunciadas palavras. Mas falha sempre e acaba, aliviado, por desistir de escrever. Diante dos guardas que vêm prendê-lo, o protagonista reconhece que tentou uma aventura impossível. Será reabsorvido pela linguagem comum, e seu ato se chamará *crime*. Incapaz de recriar a linguagem e, por meio dela, o mundo, Martim acaba atolado, paradoxalmente, no clichê e no lugar-comum, como se pode ver no diálogo entre o fantasma de seu pai e ele próprio, no fecho do livro. Assim, a peregrinação do protagonista imita o formato da maçã, porque se trata de uma peregrinação em círculo.

Martim, com seu crime, havia ousado o ato total, assim como G. H. tinha querido realizar o ato total. Mas o que eles descobrem enquanto heróis já faz parte de um trabalho de deseroicização: eles são falhos e limitados. Para chegar aí foi preciso que a palavra se rendesse ao silêncio do qual ela tira sua força e vida. "É exatamente através do malogro da voz que se vai pela primeira vez ouvir a própria mudez e a dos outros e a das coisas, e aceitá-la como a possível linguagem"[11].

3. Também em *A Paixão Segundo G. H.* a personagem nomeada apenas pelas iniciais G. H. vai submeter-se a uma desaprendizagem das coisas humanas. Editado em 1964, é o primeiro romance de Clarice na primeira pessoa. Nele, a personagem narradora conta uma experiência tormentosa a um interlocutor imaginário (tu). Esse recurso que visa a cindir o tom monológico é, antes, uma estratégia criada para sustentar a possibilidade narrativa, já que o romance não alcança em nenhum momento o estágio de diálogo efetivo.

O romance começa e termina com seis travessões. Entre eles, a narrativa que aponta para uma busca (as palavras iniciais são: "estou procurando, estou procurando"), mas que se dobra para o retorno, se bem que o ponto de chegada não se cole propriamente ao ponto de partida. O texto inicia quando a personagem está retornando do distanciamento prolongado que a tinha isolado de sua experiência de vida anterior, quando já se tinha desfeito a ruptura que a tinha separado do mundo e que vai ser narrada.

Mas quem é G. H.?

"Esse ela, G. H. no couro das valises, era eu..."[12]

G. H. é alguém sem nome, que vive na cobertura de um edifício elegante, de classe média alta, e embaralha seu cotidiano ao passar por

---

11. Clarice Lispector, *A Paixão Segundo G. H.*, 5ª ed., Rio de Janeiro, José Olympio, 1977, p. 33. Todas as citações a esse livro neste capítulo provêm da edição citada.

12. *Idem*, p. 43.

A RETÓRICA DO SILÊNCIO EM CLARICE LISPECTOR 9

uma experiência que a desloca de sua posição de classe e também de sua posição subjetiva. O cenário dessa experiência é o quarto da empregada recém-saída do emprego, e que se encontra perfeitamente arrumado, quebrando a expectativa da patroa que havia se dirigido ao local para limpá-lo. A novidade é o desenho em tamanho natural, com contorno feito a carvão de um homem nu, uma mulher nua e um cão. As figuras pareciam, a seus olhos, múmias, e a patroa entrevê no mural uma mensagem para ela. Ao se sentir cabendo no desenho mudo, G. H. passa a *estar* realmente no quarto, porém perdida já que deixa de ser a mulher que se enxergava no olhar cúmplice de seus pares.

Além do desenho que abala a estrutura da personagem, emerge uma barata do interior do guarda-roupa da empregada. Em pânico, G. H. esmaga o inseto que agoniza e olha, entre fascinada e enojada, sua vítima que também a olha, desencadeando-se a todo vapor um processo em que G. H. se vê sendo vista, esvaziada de sua vida pessoal.

[...] o que eu via era a vida me olhando. Como chamar de outro modo aquilo horrível e cru, matéria-prima e plasma seco, que ali estava, enquanto eu recuava para dentro de mim em náusea seca, eu caindo séculos e séculos dentro de uma lama – era lama, e nem sequer lama já seca mas lama ainda úmida e ainda viva, era uma lama onde se remexiam com lentidão insuportável as raízes de minha identidade[13].

Entre a vontade de conservar sua individualidade humana e a compulsão de seguir por uma trilha que a levaria ao inumano onde se perderia, G. H. debate-se dolorosamente, até ceder à atração dessa realidade impessoal que a integra à exterioridade da matéria viva. Assim, o papel que a barata desempenha é o de desmoronar o sistema dentro do qual a narradora vivia. Mas o processo se interrompe porque a protagonista sente um acesso de nojo incoercível que a impede de prosseguir por essa trilha: "E, como quem volta de uma viagem, voltei a me sentar quieta na cama. Eu que pensara que a maior prova de transmutação de mim em mim mesma seria botar na boca a massa branca da barata"[14].

Tal como ocorre com Martim, em *A Maçã no Escuro*, G. H. volta para o sistema que tinha transgredido. Mas ela traz consigo a dimensão de seus limites, a experiência feita de sofrimentos, necessária para atingir aquilo que no romance chama de "neutro".

O neutro é inexplicável e vivo, procura me entender: assim como o protoplasma e o sêmen e a proteína são de um neutro vivo. E eu estava toda nova, como uma recém-iniciada. Era como se eu estivesse estado com o paladar viciado por sal e açúcar, e com a alma viciada por alegrias e dores – e nunca tivesse sentido o gosto primeiro. E agora sentia o gosto do nada. Velozmente eu me desviciava, e o gosto era novo como o do leite

---

13. *Idem*, p. 57.
14. *Idem*, pp. 168-169.

10 ENTRE PASSOS E RASTROS

materno que só tem gosto para boca de criança. Com o desmoronamento de minha civilização e de minha humanidade – o que me era um sofrimento de grande saudade – com a perda da humanidade, eu passava orgiacamente a sentir o gosto da identidade das coisas[15].

O neutro é, então, a pura identidade, na qual se anula a diferença entre sujeito e objeto, ambos compenetrados numa visão recíproca, sem transcendência. Aí, um é para si mesmo aquilo que se espelha no olhar do outro. Cada um é agente e paciente ao mesmo tempo, isto é, uma existência é a existência do outro que ele já é em si mesmo. Daí o regime reflexivo forçado que a narradora empresta aos verbos *ser* e *existir*, e a dupla reflexividade do verbo *olhar*: "O mundo se me olha. Tudo olha para tudo, tudo vive o outro; neste deserto as coisas sabem as coisas"[16]; "A vida se me é e eu não entendo o que digo"[17].

Eis-nos chegados ao limite extremo da introspecção e da linguagem, já confinando com o inexpressivo que G. H. busca, e a partir do qual nada mais se poderá dizer. A identidade pura, a plenitude do ser, é o silêncio inenarrável. Mas como perseguir o silêncio se o romance como linguagem articulada não pode silenciar? O conflito entre o fluxo da linguagem e a atração do silêncio pode ser visto na desagregação crescente da linguagem do romance, a ponto de, no final, G. H., enredada em suas próprias palavras, não mais entender o que diz: "[...] e eu não entendo o que digo. E então adoro"[18].

Quem tem por alvo o silêncio é G. H., que passa por um processo de despojamento do *eu*, a que tem a revelação do neutro. Mas nesse romance em primeira pessoa, o sujeito dessa experiência é o mesmo sujeito que narra. Assim, a narração que acompanha o processo de despojamento e que tende a se anular juntamente com este constitui o ato desse mesmo *eu*, que somente pela narração consegue se reconquistar. Desse modo, a narrativa é o espaço agônico do sujeito e do sentido, espaço onde o sujeito se procura e se perde, se reencontra para tornar a se perder. O processo é um circuito fechado que termina para recomeçar. Esse processo, aliás, já vem anunciado na própria maneira como se articulam os capítulos, na qual cada um deles retoma a última fala do anterior. E também no enclausuramento do romance entre os travessões.

G. H., ao contrário de Martim, não chega a construir uma vida exterior, encontrando-se fora das relações humanas. Sua vinculação com o mundo se faz por meio da escritura do romance. Ela se encontra, assim, logo de entrada, presa ao silêncio. Ela não fala, escreve. E é a escrita que será conduzida a um impasse pela atração que o silêncio exerce sobre ela.

15. *Idem*, p. 120.
16. *Idem*, p. 90.
17. *Idem*, p. 215.
18. *Idem*, p. 182.

A RETÓRICA DO SILÊNCIO EM CLARICE LISPECTOR 11

4. O heroísmo, nos textos de C. L., tem uma relação estreita com a palavra, com o fato de querer falar, de querer compreender. O herói é aquele que sai do mundo das coisas criadas, das criaturas, e passa para o lado da criação. A narradora de *Água Viva* repete insistentemente que ela escreve "por profundamente querer falar".

Se é verdade que a compreensão nasce do impulso de dar forma, do trabalho de construção, às vezes C. L. sente que seu texto a ultrapassa, e ela não o entende em absoluto. É o caso do texto considerado pela autora como o mais misterioso e incompreensível entre aqueles que ela criou, e, por isso mesmo, quando convidada a participar do Congresso Mundial de Bruxaria, em Bogotá, Colômbia, em 1976, ela simplesmente o leu. Trata-se de "O Ovo e a Galinha"[19], texto exemplar para se observar a eficácia autoral no exercício de driblar o silêncio, através do nomadismo ininterrupto de produção de sentidos.

O ovo é imagem recorrente na obra de C. L. Ele simboliza a fertilidade, a origem da vida e também sua precariedade. No texto, evidencia-se sua natureza de signo móvel que desdiz um sentido no mesmo momento que o evoca.

"De manhã na cozinha sobre a mesa vejo o ovo." Nada mais natural do que um ovo, de manhã, na cozinha sobre a mesa. No entanto, os fenômenos naturais, para a autora, é que são os mais mágicos. A partir do primeiro enunciado do texto, postos no mesmo campo aquele que vê e o objeto visto, tem-se que as duas partes vêem e são vistas e encontram-se entrelaçadas num jogo ininterrupto de reversibilidades, até o momento em que, numa inversão, tem-se "o ovo me vê".

Como o ovo e o sujeito são signos vacantes de sentido, neles todos os sentidos cabem[20]. Assim, o ovo "é astro extinto", "como a luz da estrela já morta, o ovo propriamente dito não existe mais", é "coisa suspensa" e também "uma exteriorização". É interior, "a alma da galinha" tanto quanto "um projétil parado". "É um dom", "um triângulo que tanto rolou no espaço que foi se ovalando", "um jarro etrusco", "um desenho na areia".

O ovo é simultaneamente geral e particular. Interior (alma ou clara/gema) e exterior (corpo ou casca). Tempo e eternidade, "ovo por enquanto será sempre revolucionário".

Assim também aquela que enuncia, será ora pessoa que quebra os ovos para a refeição matinal das crianças, ora a não-pessoa das assertivas filosóficas. Ora está no tempo, a manhã em que vê o ovo e depois o quebra na frigideira, ora fora dele: "Quando eu era antiga fui depositária do ovo. Quando morri, tiraram de mim o ovo com cuidado". A partir de uma pessoa posta de manhã na cozinha, chega-se a um *eu*,

---

19. Em Clarice Lispector, *A Legião Estrangeira*.
20. Cf. Regina Lúcia Pontieri, *Clarice Lispector: Uma Poética do Olhar*. Especialmente o capítulo final, "Olho o Ovo", a que essas minhas observações devem muito.

puro signo, "que se desenha enquanto se atende ao telefone, mera tentativa de buscar forma mais adequada".

Mas a galinha também "continua sendo redesenhada"; para ela também "ainda não se achou a forma mais adequada". Por isso, "enquanto meu vizinho atende ao telefone ele redesenha com lápis distraído a galinha".

Esboçam-se, assim, dois movimentos paralelos e opostos, movimentos espelhados, enfim: um aponta para a abstração, tornando pessoa, ovo e galinha meros nomes, seres de linguagem. Outro, aponta para o concreto, transformando a mal esboçada presença pessoal na dona de casa que só entende de ovo quebrado, pois precisa da gema e da clara como alimento. "[...] fora de cada ovo particular, fora de cada ovo que se come, o ovo não existe." O ovo é, finalmente, numa referência metaficcional, o texto que se está gestando, diante dos olhos do leitor.

Não obstante a errância permanente do sentido que não teme o paradoxo nem o *nonsense*, há uma dimensão de silêncio que sustenta o movimento e que aponta para o caráter de incompletude da linguagem, já que todo dizer traça uma relação fundamental com o não-dizer[21]. O que a linguagem lembra é que algo sempre deve ser esquecido, ausentar-se, para que algo possa tornar-se presente. Por mais que o texto em questão se mostre em movimento de sentidos, há sempre um "resto", que não se presentifica, deixando preservada uma área de silêncio, que, no entanto, significa. Por isso a autora insiste em ser lida também e principalmente nas entrelinhas: "Mas já que se há de escrever, que ao menos não se esmaguem com palavras as entrelinhas. O que escrevo está sem entrelinhas? Se assim for, estou perdida"[22].

5. Ao valorizar o espaço em branco, o não-dito, a pausa, o silêncio, C. L. admite o fracasso da linguagem e o impasse em que se encontra a ficção quando pretende expressar o que não tem nome: a "vida crua", o "núcleo de vida", o "neutro". Comprimida, à beira do nada, inenarrável, a ficção de C. L. é dubitativa e errática por natureza. Auto-reflexiva, a linguagem indaga o tempo todo sobre o que se sente e sobre a forma de dizê-lo.

Assim como Martim e G. H. fracassam em seu propósito de heroicização, também a escritura de Clarice incorpora o fracasso, quando pretende aproximar-se da nebulosidade do que não tem nome. Também ela recua. E, à deriva, experimentando, tateia, tentando aproximar-se da "coisa", da "vida crua". Como não há regras para alcançar o que pretende, essa linguagem corre sem guia e sem forma. Mas como uma frase, ou uma cadeia de frases, poderia tornar presente aquilo que não pode ser determinado? *A Paixão Segundo G. H.* se abre com esse dilema.

---

21. Cf. Eni P. Orlandi, *As Formas do Silêncio/No Movimento dos Sentidos*, p. 12.
22. *Um Sopro de Vida*, p. 93.

A RETÓRICA DO SILÊNCIO EM CLARICE LISPECTOR

Aquilo de que se vive e por não ter nome só a mudez pronuncia – é disso que me aproximo através da grande largueza de deixar de me ser. Não porque eu então encontre o nome e torne concreto o impalpável – mas porque designo o impalpável como impalpável [...][23]

Então, a escritura de Clarice não nomeia o inominável, não designa o indeterminável como se fosse um objeto do mundo, um fato determinado, ao contrário: através do esforço e do malogro de sua linguagem, ela faz sentir que algo escapa e resta não determinado, não apresentado, ela inscreve uma ausência, alude ao que se evola[24].

Essa escritura que procede de uma estética do fracasso, da falência da forma, subverte os limites reconhecidos entre literatura e não-literatura, entre o que é e o que não é escrever.

6. Para finalizar, chamo a atenção às observações de Jean Lyotard[25] acerca de judaísmo desenvolvida em *Moisés e o Monoteísmo*, de Freud[26], referentes à idéia de que a lei mosaica operou na cultura um retraimento do visível ao legível-audível. As palavras de um poeta ajudam a ilustrar essa proposição:

A seu povo, Deus manda escutar: "Escuta Israel". Mas escutar o quê? Escuta as palavras do teu Deus; mas Deus está ausente e suas palavras sem voz, pela distância cortada de seus sons. Escuta o silêncio, pois é nesse silêncio que Deus fala à sua criatura [...] O interdito original confere à não-representação seu caráter sagrado. A língua de Deus é a língua da ausência[27].

O retraimento do visível deveu-se à proibição de representar a imagem de Deus, questão que será trabalhada nos textos seguintes. Mas é graças a essa interdição que o judaísmo passa a ser a expressão de um olho que se fecha para que a palavra seja ouvida. Não se vê um texto, mas lêem-se as letras, ou, o que dá no mesmo, "ouve-se" a errância das letras que se combinam infinitamente diante do silêncio de Deus.

A meu ver, o texto de Clarice Lispector, ainda que à revelia, está concernido a essa tradição que se desenvolve a partir de um silêncio, de uma ausência.

---

23. *A Paixão Segundo G. H.*, p. 73.
24. Cf. Plínio W. Prado Jr., "O Impronunciável", pp. 21-30.
25. Jean-François Lyotard, "Figure forclose".
26. Jean-François Lyotard, *Moises y la Religión Monoteísta*.
27. Edmond Jabès, "Judaïsme et écriture".

2. O Estrangeiro em Clarice Lispector

1. "No Raiar de Clarice Lispector"[1] é o texto que Antonio Candido publica, em 1944, logo após o lançamento do primeiro romance de Clarice Lispector, *Perto do Coração Selvagem*. Nele, o crítico destaca *Macunaíma*; de Mário de Andrade e *Memórias Sentimentais de João Miramar*, de Oswald de Andrade como as obras máximas de seu tempo, colocando perto delas, ainda que em outro patamar, a produção de Ciro dos Anjos e a de Graciliano Ramos.

Passando para um plano mais abstrato, o crítico pondera algumas condições necessárias para se produzirem obras literárias de qualidade. Diz ele:

[...] numa literatura, enquanto não se estabelecer um movimento de pensar efetivamente o material verbal, enquanto não se passar da afetividade e da observação para a síntese de ambos, que se processa na inteligência, – não será possível encará-la do ângulo das produções feitas para permanecer. Enquanto não for pensada convenientemente, uma língua não estará apta para coisa alguma de definitivo, nem dará azo a nada mais sólido do que a literatura periférica, ou seja, a que dá voltas em torno de um problema essencial sem conseguir pôr a mão nele. Para que a literatura brasileira se torne grande, é preciso que o pensamento afine a língua e a língua sugira o pensamento por ela afinado. Uma corrente dupla, de que saem as obras primas e sem a qual dificilmente se chega a uma visão profunda e vasta dentro da literatura[2].

---

1. Em Antonio Candido, *Vários Escritos*.
2. *Idem*, p. 126.

16 ENTRE PASSOS E RASTROS

Depois de tornar a se referir a Mário e a Oswald de Andrade como dos raros escritores que estenderam o domínio da palavra sobre regiões mais complexas e inexprimíveis, Antonio Candido relata seu choque ao ler o romance de Clarice Lispector, escritora até aí completamente desconhecida para ele.

A contigüidade entre os modernistas e Clarice Lispector se tece sobre o solo analógico da linguagem. Também a autora, através de seu romance, haveria feito uma tentativa impressionante, ainda que em outra direção, de levar a nossa língua canhestra a domínios pouco explorados, "para o qual sentimos que a ficção não é um exercício ou uma aventura afetiva, mas um instrumento real do espírito, capaz de nos fazer penetrar em alguns dos labirintos mais retorcidos da mente"[3].

Classificando-o como *romance de aproximação*, pois seu campo é a subjetividade, embora seus processos rejeitem a idéia de análise, o ritmo de procura e de aprofundamento permitiram, segundo o crítico, uma tensão psicológica poucas vezes alcançada em nossa literatura contemporânea.

Saltando outras considerações traçadas por Antonio Candido, chamo a atenção para a iconização que ele observa entre o caráter dramático do entrecho e a necessidade de uma expressão sutil e tensa. Quando menciona a obsessão de Joana, a protagonista do romance, de atingir o *selvagem coração da vida*, estende-a ao romance como um todo, relacionando-os ao Suplício de Tântalo.

Símbolo do desejo incessante e jamais satisfeito, Tântalo é aquele que busca tocar o alvo sempre fugidio. Se é verdade que a personagem central persegue algo que não atinge, a linguagem que a conta perfaz esse mesmo movimento. É louvável que Antonio Candido o tenha destacado num ensaio publicado tão próximo do lançamento do romance, uma vez que esse traço se constituirá, a meu ver, num dos elementos fulcrais da obra de Clarice Lispector.

2. "Ela dava a impressão de andar no mundo como quem desembarca de noitinha numa cidade desconhecida onde há uma greve geral de transportes"[4], dizia de Clarice Lispector seu amigo, o escritor Antonio Callado.

A sensação de não estar de todo em parte alguma, o ar distante, uma intensidade que a atravessava e a isolava, além da língua presa (sabe-se lá onde), não são marcas suficientes para classificar a autora como estrangeira, classificação, aliás, de que ela se esquiva sempre. Nem o fato de ter nascido na Ucrânia faz dela uma estrangeira.

Quando Marieta e Pedro Lispector mais as filhas Elisa, Tânia e Clarice deixaram a terra natal, a Rússia estava sob o impacto da Pri-

3. *Idem*, p. 127.
4. *Apud* Nádia Battella Gotlib, *Clarice Lispector: Uma Vida que se Conta*.

O ESTRANGEIRO EM CLARICE LISPECTOR

meira Grande Guerra, e no rearranjo dos territórios, a Ucrânia passa, temporariamente, para o jugo alemão. Os ecos da Revolução de 1917 soavam em dupla direção: de um lado, os "vermelhos" tentavam vencer as dificuldades da fome; de outro, os "brancos" procuravam sufocar a revolução e promoviam *pogroms*, isto é, violentas perseguições aos judeus, com estupros, saques, assassinatos, pelos territórios que iam ocupando. Tendo sido obrigados a abandonar Moscou, dominada pelos comunistas, os "brancos" alojam-se na Ucrânia, tornando-a inóspita aos judeus.

Como a família Lispector contava com parentes no Brasil, a carta de "chamada" viabilizou a imigração, consumada com sua chegada a Maceió, capital de Alagoas, possivelmente em fevereiro de 1921. De Alagoas a família segue para o Recife, em 1924 e, mais tarde, o pai, já viúvo, irá com as filhas para o Rio de Janeiro.

A vinda da família Lispector ao Brasil, como se vê, não é um fato isolado, inscrevendo-se num registro histórico mais amplo, representado pelo fluxo migratório ocorrido a partir de fins do século XIX, constituído por judeus que fugiam de *pogroms* da Rússia tzarista, engrossado, mais tarde, até a primeira metade do século XX, por judeus oriundos da Europa Oriental, em direção à América principalmente[5].

"Nasci na Rússia, mas não sou russa, não", afirmava Clarice. Consta que seus pais, como outros judeus europeus, não falavam o idioma de seu país de origem, o russo, mas falava-se o ídiche em sua casa. É sua irmã Tânia que relata: "Meu pai tinha muita cultura bíblica. Celebrávamos três ou quatro datas do calendário judaico. Meu pai conhecia os rituais. Conhecia ídiche muito bem. E recebia jornal de New York, The Day, em ídiche"[6]. Consta, ainda, que o pai trabalhou como mascate, vendendo tecidos para roupas, dedicando-se, como tantos outros judeus imigrantes, ao comércio.

Fazendo eco com esses deslocamentos no espaço, as personagens de Clarice Lispector entregam-se também elas a uma mobilidade contínua e inesgotável manifestada em sucessivas viagens que marcam o destino de várias delas, sempre de partida: Joana, personagem de *Perto do Coração Selvagem*, inaugura, com a viagem a que se lança no final do romance, a busca inquietante que as demais personagens empreenderão, cada uma a sua maneira. Virgínia, personagem de *O Lustre*, abandonará o lugar onde nasceu para enfrentar a cidade grande. Lucrécia, personagem de *A Cidade Sitiada*, é movida pelo desejo de abandonar o subúrbio de São Geraldo. Martim, personagem de *A Maçã no Escuro*, tendo supostamente cometido um crime, foge da cidade e

---

5. Sobre imigração judaica no Brasil, ver, de Jeffrey Lesser, *O Brasil e a Questão Judaica (Imigração, Diplomacia e Preconceito)*.

6. *Apud* Nádia Battella Gotlib, *op. cit.*, p. 84. Além dessa citação, vários dados da biografia de Clarice Lispector foram extraídos da mesma obra.

chega a uma fazenda, onde transcorre o romance. Já Macabéa, de *A Hora da Estrela*, é alagoana e vem tentar a vida no Rio de Janeiro. A procura de inserção num lugar é própria às personagens e à autora, "[...] pensando bem não há um verdadeiro lugar para se viver. Tudo é terra dos outros, onde os outros estão contentes"[7]; passando também por sua escritura. Aí, fragmentos de textos, em diálogo interno, endogâmico, migram incessantemente, criando, a cada nova posição, significações diferentes[8].

3. Sérgio Buarque de Holanda afirma, em *Raízes do Brasil*, que nós, brasileiros, "somos uns desterrados em nossa terra"[9], chamando a atenção para as conseqüências da implantação da cultura européia no extenso território brasileiro, dotado de condições naturais se não adversas, largamente estranhas a essa tradição, sendo este, na visão do autor, o fato dominante e mais rico em conseqüências de nossa formação como povo. Se na matriz dessa formação há instituições, idéias e modos de convívio estranhos a nossa experiência original, uma outra forma de estranhamento se instalaria entre nós com o fluxo de levas migratórias aportadas no país em fins do século XIX até meados do século XX. Os desterrados passam a ser eles, os estrangeiros, empenhados em fortalecer os laços de pertença com a nova terra, ressignificando, assim, o *mote* de Sérgio Buarque de Holanda.

Essas considerações tornam-se necessárias para esclarecer meu intento que não é o de transformar Clarice Lispector em escritora étnica, circunscrevendo seu texto a uma espécie de *gueto literário*, mas sim o de estudar o costado judaico de sua ficção como uma expressão da cultura brasileira, que conta com a participação histórica dos judeus em sua expansão pelo continente americano[10].

Para tanto, proponho-me a rastrear no romance *A Hora da Estrela*, além de sua mais óbvia homenagem à cultura judaica e de uma certa inspiração no *Livro dos Macabeus*, uma estrutura inerente que permita uma possível identificação com o judaísmo. Em outras palavras, proponho-me a considerá-lo o lugar intertextual onde se resolvem, numa estrutura discursiva, complexos jogos de equilíbrio protagonizados por diferentes vozes procedentes de diversos registros e fontes.

---

7. Citado de Olga Borelli, *Clarice Lispector: Esboço para um Possível Retrato*, p. 111. Carta de Clarice à família, datada de 5 maio 1946.

8. Um exemplo dessa prática pode ser visto na reprodução de textos com o mesmo título em coletâneas diferentes (alguns textos de *Legião Estrangeira* estão publicados em *Felicidade Clandestina*) ou na reprodução de textos iguais com título diferente.

9. Sérgio Buarque de Holanda, *Raízes do Brasil*, p. 3.

10. Sabe-se que desde o Descobrimento a história judaica expande-se pelo continente americano, com registros de atividades literárias do período colonial referidas em processos inquisitoriais. A essa presença soma-se a outra mencionada no texto.

O ESTRANGEIRO EM CLARICE LISPECTOR

Que canais permitem a essas fontes imprimir sobre o judeu a sua marca indelével? A pergunta é instigante e estou longe de poder respondê-la. Mas, outra pergunta me ocorre: deveria o índio ler Lévi-Strauss ou consultar o computador do Museu do Homem para reconhecer-se em sua sociedade ou para escolher uma esposa? Esse saber faz parte de seu inconsciente, assim como, presumo eu, o inconsciente de um judeu recebe sua marca talmúdica desde as primeiras palavras que lhe dirige sua mãe. A pessoa dependente de uma determinada cultura não precisa conhecer explicitamente a sua estrutura para sofrer seus efeitos. Teria Clarice Lispector conhecido o *Talmud* ou a Torá? Provavelmente não, como não os conhece a grande maioria dos judeus em todos os tempos. Mas isso não é impedimento para que tais textos tivessem ocupado um lugar em seu espaço psíquico, passando a elemento de estruturação de sua linguagem[11]. É na emergência desse laço familiar, porém recalcado, que se situa, a meu ver, o estrangeiro em Clarice Lispector.

4. Ao atribuir à personagem de *A Hora da Estrela* o nome Macabéa, Clarice Lispector transpõe para seu texto elementos simbólicos de um registro matricial judaico[12]. A referência que se faz é ao *Livro dos Macabeus*, dois volumes não canônicos da Bíblia, considerados apócrifos pelos judeus. Ambos foram transmitidos em grego, mas o primeiro foi provavelmente traduzido de um original hebraico, que se perdeu.

O primeiro volume ocupa-se de um período mais amplo da guerra de libertação do que o segundo. Começa com a perseguição de Antíoco Epifanes, rei grego (175 a.C.), e vai até a morte de Simão (134 a.C.), o último dos filhos de Matatias. Depois de uma breve introdução acerca dos governos de Alexandre Magno e seus sucessores, o autor passa a mostrar como Antíoco Epifanes tenta introduzir à força os costumes gregos para os judeus. Durante a campanha para helenizar os judeus, o rei grego dessacralizou o Templo no Monte Sion, proibiu a leitura

---

11. No ensaio "Réflexions sur l'oubli" (pp. 11-12), Yosef H. Yerushalmi menciona, entre outros, o primeiro texto da *Mishná Avot* para exlicar a "Cadeia da Tradição" como um dos elementos responsáveis pela emulação da necessidade de *lembrar* inerente à cultura judaica. Essa "Cadeia" define-se como um movimento dual de recepção e de transmissão e forjaria, segundo ele, a *mnemne* do grupo, estabelecendo o *continuum* de sua memória, bem como o sentido de sua identidade e de sua destinação. Traduzido de maneira livre, eis o texto: "Moisés recebeu a Torá no Sinai e a transmitiu a Josué e Josué aos Anciãos e os Anciãos aos Profetas e os Profetas a transmitiram aos Homens da Grande Assembléia".

12. Ver, a propósito, "A Expressão Judaica na Obra de Clarice Lispector", de Nelson Vieira. E também seu livro *Jewish Voices in Brazilian Literature: A Prophetic Discourse of Alterity*, no qual o romance *A Hora da Estrela* é estudado em sua expressão judaica, assim como a obra da autora de modo geral.

20 ENTRE PASSOS E RASTROS

da Torá e a prática de ritos religiosos a fim de impor sua crença pagã. Como Jerusalém estava sob o domínio desse rei, aqueles que eram fiéis a Jeová foram perseguidos. Graças à revolta de Matatias, secundado por seus filhos – Judas Macabeu, Jônatas e Simão, a liberdade religiosa é recuperada, o país se torna independente e o povo volta a gozar de paz e tranqüilidade.

Já o segundo tomo não prossegue o primeiro. É antes um relato paralelo. Começa com dados relacionados ao tempo do monarca Antíoco Epifanes, e termina pouco antes da morte de Judas Macabeu.

Pode-se dizer que o tema dos dois *Livros dos Macabeus* é a resistência; assumindo o ponto de vista dos irmãos guerreiros, narra-se o conflito entre estes e seus opressores gregos. A alusão a uma matriz externa ao texto provocada pelo nome da protagonista direciona o olhar do leitor para dois planos escriturais paralelos que, de algum modo, dialogam, abrindo brechas para o deslizamento de sinais que sofrem mutações na passagem de um para outro, levando-nos a ressignificá-los.

Mas qual o vínculo que se pode estabelecer entre os guerreiros macabeus e a nordestina Macabéa perdida numa *cidade toda feita contra ela*?

Apesar de moldada ao fracasso desde sua apresentação, Macabéa é, como os macabeus, vítima da opressão dos poderosos, e, como eles, ela resiste. Sua resistência é sugerida desde o início, quando o narrador a identifica ao *capim*: "Ela era subterrânea e nunca tinha tido floração. Minto: ela era capim"[13].

Sendo o estrato mais resistente da vegetação, é o capim que, na sucessão ecológica, prepara o solo para o desenvolvimento dos demais estratos vegetais. É, portanto, na sua persistência, na determinação em sobreviver, que Macabéa se perfila ao lado dos heróis judeus, embora o capim também dê, enquanto parâmetro de comparação, a medida exígua e vã da personagem:

> Para tal exígua criatura chamada Macabéa a grande natureza se dava apenas em forma de capim de sarjeta – se lhe fosse dado o mar grosso ou picos altos de montanhas, sua alma, ainda mais virgem que o corpo, se alucinaria e explodir-se-lhe-ia o organismo, braços para cá, intestino para lá, cabeça rolando redonda oca a seus pés – como se desmonta um manequim de cera[14].

A relação que se faz entre os dois planos não é simples, pois a exclusão da protagonista das relações de produção, e sua decorrente exclusão sociocultural a elevam evidentemente como figura símbolo do exército de excluídos que compõe a população brasileira. Mas há uma situação específica em que se insere a protagonista que permite,

13. Clarice Lispector, *A Hora da Estrela*, p. 46.
14. *Idem*, p. 99.

O ESTRANGEIRO EM CLARICE LISPECTOR

a meu ver, iluminar na contraface do *Livro dos Macabeus* um judaísmo em crise.

Macabéa é apresentada, no início da narrativa, prestes a ser despedida do emprego. Quase analfabeta, ela desenvolve a duras penas o trabalho de datilógrafa. Fora de lugar, deslocada, copia lentamente letra por letra palavras que não alcança compreender (*designar* ou *desiguinar*?). Em outra instância do texto, o narrador Rodrigo S. M. é referido como datilógrafo, que desempenha bem sua função. "Sabendo [o narrador] no entanto que talvez eu tivesse que me apresentar de modo mais convincente às sociedades que muito reclamam de quem está neste instante mesmo batendo à máquina"[15].

Enquanto Macabéa tropeça no exercício de copiar às cegas palavras à máquina, alguém traça seu destino através da ação de datilografar. Se está identificado com a personagem no empenho da escrita, o narrador dela se afasta porque escreve o livro que conta seu silenciamento. Ao mesmo tempo volúvel e irônico, como quem olha do alto uma cena de escravidão, o narrador, repetidas vezes, se refere à sua criatura como a *datilógrafa*, realçando aquilo que ela falha ser:

Antes de ter surgido na minha vida essa *datilógrafa* [...][16]

Pois a *datilógrafa* não quer sair de meus ombros[17].

A *datilógrafa* vivia numa espécie de atordoado nimbo, entre céu e inferno, Nunca pensara em "eu sou eu"[18].

Perdida entre as palavras, querendo, porém, encontrar-se nelas, a protagonista ouve a programação da Rádio Relógio, pinçando, aí, fiapos que ela submete à ecolalia e transforma em perguntas incessantes. Mas como ela não consegue assimilar os sentidos que gotejam nas informações "culturais" homeopáticas, a programação radiofônica torna-se mediação falhada de inserção da personagem na cadeia do tempo e dos sentidos possíveis. Em seu empenho, a personagem repetirá o que escuta na Rádio, imobilizada por uma informação que não lhe serve para nada, e pela voz do outro que ela não rearticula.

– Você sabia que na Rádio Relógio disseram que um homem escreveu um livro chamado "Alice no País das Maravilhas" e que era também um matemático? Falaram também em "élgebra". O que quer dizer "élgebra"?[19]

– Eu gosto tanto de ouvir os pingos de minutos do tempo assim: tic-tac-tic-tac-tic-tac. A Rádio Relógio diz que dá a hora certa, cultura e anúncios. Que quer dizer cultura?[20]

15. *Idem*, p. 34.
16. *Idem*, p. 31, grifo meu.
17. *Idem*, p. 36, grifo meu.
18. *Idem*, p. 52, grifo meu.
19. *Idem*, p. 66.
20. *Idem*, p. 67.

O que quer dizer "eletrônico"? [...] O que quer dizer "renda per capita"?[21]

O que quer dizer rua Conde de Bonfim? O que é conde? É príncipe?[22]

Sem respostas, as perguntas ecoam um desgarramento fundo, espécie de alienação subjetiva que lança a personagem para fora do mundo e de si própria:

– Não sei bem o que sou, me acho um pouco... de quê?...Quer dizer não sei bem quem eu sou.
– Mas você sabe que se chama Macabéa, pelo menos isso?
– É verdade. Mas não sei o que está dentro do meu nome[23].

O inusitado do nome leva seu namorado Olímpico (referência à contraparte grega dos Macabeus no livro de origem) a associá-lo a doença de pele, enquanto Macabéa se apressa em informar-lhe que ela também preferiria portar um nome mais comum:

Eu também acho esquisito mas minha mãe botou ele por promessa a Nossa Senhora da Boa Morte se eu vingasse, até um ano de idade eu não era chamada porque não tinha nome, eu preferia continuar a nunca ser chamada em vez de ter um nome que ninguém tem mas parece que deu certo – parou um instante retomando o fôlego perdido e acrescentou desanimada e com pudor – pois como o senhor vê eu vinguei... pois é...[24]

Como se vê, seu nome mantém o sentido de resistência. Afinal, ela se chamaria Macabéa *se vingasse*. E vingou. Macabéa resiste também quando não se integra à cultura urbana do Rio de Janeiro, alimentando uma posição na confluência entre duas culturas, duas histórias. Assim, ela coleciona anúncios recortados de jornais velhos do escritório e os cola num álbum, imune à caducidade imediata do veículo e da propaganda, que são por ela refuncionalizados. Macabéa lê o anúncio do pote de creme para a pele como um pote com creme para ser comido às colheradas[25]. O cenário de plástico do apartamento da madama Carlota – a cartomante –, o brilho do cinema e das atrizes, com destaque para Marilyn Monroe, o automóvel amarelo que a tritura, formam um conjunto iconográfico caro à pop art[26] de uma cidade inconquistável. Mas, pensando a exclusão de Macabéa de um outro ângulo, pode-se observar que a ignorância com relação à origem bíblica de seu nome e a impos-

21. *Idem, ibidem.*
22. *Idem, ibidem.*
23. *Idem*, p. 73.
24. *Idem*, p. 60.
25. *Idem*, p. 54.
26. Cf. os ícones das cidades modernas na pop art, em artistas como Andy Warhol e Roy Lichtenstein, para os quais a propaganda, o automóvel, o avião, aviões e automóveis em colisão, artistas de cinema etc. têm lugar de destaque.

O ESTRANGEIRO EM CLARICE LISPECTOR

23

sibilidade de alcançar esse conhecimento também deslocam a protagonista para um lugar à deriva, pois a matriz do nome guarda a informação inacessível de uma pertença. Como uma forma descolada do fundo, a protagonista não tem pais ("dir-se-ia que havia brotado da terra do sertão em cogumelo logo mofado"[27]), não tem passado, salvo uma vaga tia que a criou a pancadas e de quem pouco se sabe, não tem uma história pessoal, fazendo eco, no romance, com uma ordem temporal inapreensível. Numa tentativa fugaz de colocá-la no prumo e dar-lhe um norte, o narrador esboça os caminhos por onde passa a personagem nomeando-os univocamente. Como diz o narrador "[...] ao escrever – que o nome real seja dado às coisas. Cada coisa é uma palavra. E quando não se a tem, inventa-se-a. Esse vosso Deus que nos mandou inventar"[28]. Assim, Macabéa vive sua vida ácida na rua *Acre*. Aplica seus dias de trabalho vão na rua do *Lavradio*. Em contrapartida, a faz contracenar com o namorado *Olímpico* que escorrega da pompa do monte grego, atropelado pelo sobrenome próprio daqueles que não têm pai – *de Jesus*, e com uma amiga, *Glória*, exuberante e reluzente aos olhos de Macabéa e Olímpico, mas pouco gloriosa aos olhos do leitor. Ao deixar o livro *Humilhados e Ofendidos* no campo de visão de Macabéa, o narrador acena-lhe com um espelho onde ela poderia contracenar com a própria imagem e se reconhecer. Mas coloca-o fora de seu alcance, pois ele pertence ao patrão, ficando a personagem perdida, à mercê do vazio da imagem no espelho, da fascinação que as grandes estrelas de cinema exercem sobre ela e com as quais ela busca uma identificação grotesca e inviável.

A palavra não mantém uma relação necessária com o que significa. Plurívoca e opaca, ela mente a Verdade e prolifera sentidos e interpretações.

Dizer a verdade é, pois, um projeto impossível, como propõe ironicamente o romance no momento em que Macabéa consulta a cartomante para que lhe preveja o futuro: "Macabéa ficou um pouco aturdida sem saber se atravessaria a rua pois sua vida já estava mudada. E mudada por palavras – desde Moisés se sabe que a palavra é divina"[29]. Mas o prognóstico feliz feito pela cartomante é desmentido imediatamente, no momento mesmo em que Macabéa atravessa a rua e é atropelada por um automóvel, e a palavra humana apresentada ao leitor com o peso da palavra de Deus mostra-se em baixa. Degradada, mesclada à magia divinatória, atualizada na palavra da cartomante, é oca e sem peso a voz de Deus.

Também é mecânica e vazia a palavra que Macabéa dirige a ele quando imbuída de uma suposta culpa, dela se livra rezando mecani-

27. *A Hora da Estrela*, p. 44.
28. *Idem*, p. 32.
29. *Idem*, p. 98.

camente três ave-marias: "Rezava mas sem Deus, ela não sabia quem era Ele e portanto ele não existia"[30].

O sincretismo, ponto de cruzamento de crenças, tradições e culturas, típico de um país como o Brasil, onde há uma contribuição multiétnica e multicultural, é flagrante no universo clariciano. Nesse caldo cultural, porém, as Escrituras têm lugar de destaque.

Sabe-se que a palavra ocupa um lugar central na tradição judaica. É a interdição da representação de Deus fora da escrita que atribui a esse registro simbólico a importância que ele tem. Se Deus persiste na palavra é ali que ele tem de ser procurado. Assim, a religião, a cultura, o pensamento judaicos desenvolveram-se a partir da inviabilidade de se achegar ao Pai por outro caminho que não fosse o da leitura e o da interpretação da lei que um dia Deus concedeu a Moisés e aos profetas.

Excluída da cadeia simbólica, a escrita barrada e a linguagem gaga fazem que a tradição esbarre em Macabéa que intercepta seu caminho, apontando para a desagregação.

É também sob o signo da desagregação que o romance *A Hora da Estrela* se apresenta para o leitor. Tematizando a crise da literatura como representação, uma outra história corre paralela à história de Macabéa. Nela avulta a figura do narrador que disputa para si o lugar de protagonista. Quebrando a linearidade da construção, o narrador aglutina seus questionamentos em torno da pergunta *por que escrevo?*[31] Tematizando metaficcionalmente o ato narrativo, ele fala de si no vácuo deixado pelo esboço da figuração de sua criatura: "É o seguinte: ela como uma cadela vazia era teleguiada exclusivamente por si mesma. Pois reduzira-se a si. Também eu, de fracasso em fracasso, me reduzi a mim mas pelo menos quero encontrar o mundo e seu Deus"[32].

O domínio da palavra e a habilidade em transcrevê-la, entretanto, não são condições suficientes para atribuir a Rodrigo S. M. o papel de sustentáculo de uma narrativa desabada, desmentindo o sentido de seu nome que vem do latim *rodriga* e significa *estaca*. Seu discurso descosido e desarticulado é contraponteado pelo de seu par anunciado desde a "Dedicatória do Autor (na Verdade Clarice Lispector)", que insistirá na posição de que a literatura se instala no tênue fio da ambigüidade, porque o estatuto da linguagem é o da produtividade infinita dos sentidos. E mais do que isso, a escritora proclama a falência da palavra quando se deseja alcançar o impronunciável: "O que não sei dizer, é mais importante do que o que eu digo... Cada vez escrevo com menos palavras. Meu livro melhor acontecerá quando eu de todo não escrever"[33].

---

30. *Idem*, p. 50.
31. Cf. a análise de *A Hora da Estrela* de autoria de Lúcia Helena, em *Nem Musa, nem Medusa (Itinerários da Escrita em Clarice Lispector)*.
32. *A Hora da Estrela*, p. 23.
33. Cf. Olga Borelli, *Clarice Lispector: Esboço para um Possível Retrato*, p. 85.

Na hipótese de Macabéa ser lida como o elo de uma cadeia partida, o romance que a conta também se mostra desarticulado. Tocados pela feiura e pequenez da protagonista, os grandes temas se amesquinham, embora o contrário também seja verdadeiro. As perguntas tolas e mal formuladas da personagem a respeito do que a palavra alcança dizer, por exemplo, são retomadas em outra instância da narrativa, transformando o pequeno e o grande em escalas relativas e intercambiantes que justificam a sinalização que se faz no livro à *Alice no País das Maravilhas*, de Lewis Carroll.

Se a alienação de Macabéa pode ser entendida também como a metáfora de um judaísmo em crise, de uma proscrição das Escrituras, é precisamente o ritual de sua imolação que desencadeia a possibilidade de outra escritura, a possibilidade de continuar escrevendo. Mas essa possibilidade exercitada põe em questão o próprio ato de escrever. Aí, como num jogo de espelhos, a alienação intransponível de Macabéa aponta para a impotência do narrador-datilógrafo que não consegue puxar o fio da narrativa de começo a fim, que aponta para o fracasso do outro narrador, *na verdade Clarice Lispector*, que admite a falência da forma e o impasse em que se encontra a ficção quando pretende expressar o que não tem nome.

Assim, sobrepostos em cadeia não ordenada, personagem, narrador e autora trazem para o corpo do texto os sinais de uma impossibilidade de continuar. O fato de essa ruptura sintonizar e expor um descaminho próprio da modernidade não elimina a virtualidade de o romance propiciar, pelo avesso, uma visão do judaísmo problematizada pela escritora.

Com uma obra ficcional das mais interessantes da literatura brasileira dos anos 1940 até hoje, Clarice Lispector, em *A Hora da Estrela*, põe em circulação uma característica das estrelas reais: a estrela que vemos já está em outro lugar quando alcançamos captar sua imagem[34]. É nesse campo deslizante que me propus a ler a refração dos Macabeus em Macabéa.

Está suposta nessa leitura de imagens especulares uma trama entre textos, que remete à tradição midráshica dos comentários bíblicos, onde as *Escrituras* demarcam um campo significante original, a partir do qual se abre um leque sem limites no campo do significado. Se se puder ampliar ao máximo o sentido de "impulso midráshico" de modo a fazê-lo integrar os comentários laicos, o romance *A Hora da Estrela* poderia ser considerado um *Midrash*[35] que, na segunda metade do século XX, põe em pé um cenário do passado, fazendo caminhar com

---

34. A imagem, utilizada em outra direção, é de Vilma Arêas, em seu instigante ensaio "Un Poco de Sangre (Observaciones sobre *A Hora da Estrela* de Clarice Lispector)".

35. *Midrash* – é o nome que se atribui aos comentários bíblicos.

novo alento os protagonistas de uma história que é vivida agora no Brasil. Entretanto, a distância temporal (e tudo que ela carrega) obriga a leitura a circular por pavimentos cujas pontes precisam ser construídas.

A história recente cria novas posições e contingências para seus protagonistas – os Macabeus – sumarizados numa única figura – Macabéa, que se apresenta desde o início com a marca do deslocamento, uma vez que migra do Nordeste para o Sudeste do país, de uma sociedade rural e arcaica para uma urbana e moderna, não cabendo no processo geral de modernização a que, na verdade, poucos têm acesso. Apresentada como um corpo estranho no Rio de Janeiro ("Como é que sei tudo o que vai se seguir e que ainda desconheço, já que nunca o vivi? É que numa rua do Rio de Janeiro peguei no ar de relance *o sentimento de perdição no rosto de uma nordestina*"[36]), a estranheza da personagem encorpa, quando a ela se soma sua correlação com a fonte bíblica. Trôpega, a trajetória de Macabéa conduz o leitor a um novo epílogo, diverso e oposto àquele impresso no *Livro dos Macabeus*.

Ressalvadas todas as transformações históricas que marcam a distância de um texto a outro, e não são poucas, há que se ressaltar algo precioso para o judaísmo que se perde no meio do caminho: a esperança, a crença numa possível redenção.

A voz mentirosa da cartomante que, no romance, assume a palavra divina, propõe, em falsete, um destino otimista para Macabéa:

– Macabéa! Tenho grandes notícias para lhe dar! Preste atenção, minha flor, porque é da maior importância o que vou lhe dizer. É coisa muito séria e muito alegre; sua vida vai mudar completamente! E digo mais: vai mudar a partir do momento em que você sair da minha casa! Você vai se sentir outra. Fique sabendo, minha florzinha, que até o seu namorado vai voltar e propor casamento, ele está arrependido! E seu chefe vai lhe avisar que pensou melhor e não vai mais lhe despedir!
Macabéa nunca tinha tido coragem de ter esperança.
[...]
– E tem mais! Um dinheiro grande vai lhe entrar porta adentro em horas da noite trazido por um homem estrangeiro. Você conhece algum estrangeiro?[37]

Mas não há mais vínculo entre esse deus indigno de confiança, que fala através da cartomante, e sua criatura. Assim, corta-se a pertença a todo um passado, pondo a perder um sentido projetado que inclui uma promessa em relação ao futuro. Sobra apenas o presente ralo, desgarrado, anunciado dia-a-dia pelos "galos que avisavam mais um repetido dia de cansaço"[38] e pela Rádio Relógio que pingava em

36. *A Hora da Estrela*, p. 26, grifos meus.
37. *Idem*, pp. 95-96.
38. *Idem*, p. 49.

O ESTRANGEIRO EM CLARICE LISPECTOR

som cada minuto do dia, presente sem amarras com um antes e um depois, configurado como o instante fragmentário impossibilitado de reabilitar uma totalidade perdida.

Essa imagem de desencanto lembra aquela que Walter Benjamin formula a partir do quadro *Angelus Novus* de Paul Klee; no qual, segundo sua interpretação, o anjo enxerga uma catástrofe, um amontoado de ruínas, nós vemos uma cadeia de acontecimentos. O anjo gostaria de poder acordar os mortos e juntar os cacos. Mas do paraíso sopra uma tempestade que se prende em suas asas e é tão forte que o anjo não consegue fechá-las. Assim, ele é empurrado para o futuro, ao qual volta as costas, enquanto o amontoado de ruínas à sua frente cresce. "O que chamamos de progresso é essa tempestade", diz Benjamin. Na Tese IX que integra essa passagem e é apresentada em *Sobre o Conceito de História*[39], o autor denomina "progresso", numa oposição irônica à doutrina social-democrata de progresso, à necessidade de continuar a avançar apesar da tristeza provocada pela visão das ruínas, em nome de uma fidelidade à história presente, porque é apenas através dela que o passado poderá, talvez, algum dia, alcançar o seu sentido.

No plano propriamente dramático, Macabéa pode ser vista como vítima de uma circunstância de desgarramento, elo partido em seu país de origem e também da cadeia da tradição judaica, cabendo-lhe como uma luva um dos títulos do romance *Quanto ao Futuro.*, que ela pronuncia minutos antes de sua morte e "que nenhum dos transeuntes entendeu", onde o ponto final intercepta todo o caminho, criando um estranhamento lingüístico pela frustração de continuidade inerente à expressão temporal.

No plano autoral, entretanto, escrever uma história em que o futuro se estanca significa dar-lhe continuidade, denotando que o passado quer ser resgatado, que ele aspira à sua reparação.

A experiência de leitura dos textos sagrados ensina que nenhuma interpretação jamais se esgota, o que arma a possibilidade renovada de se construirem pontes entre o passado e o presente. Na lembrança proustiana, a dimensão de infinito sobrepõe-se à limitação da memória individual, fazendo coincidir uma sensação perdida do passado com a evidência do presente, operando, assim, uma fusão entre um tempo e outro. Não é essa a noção de tempo que subjaz à leitura que proponho, pois a referência do passado, da tradição, não libera a obra do jugo do tempo presente, mas opera uma espécie de condensação que permite ao presente reativar um aspecto do passado, e retomar o fio de uma história inacabada para atribuir-lhe os sentidos possíveis. São esses sentidos que *A Hora da Estrela* explora nesse jogo intertextual que, ao manter viva a tradição inscrita no texto primevo (*Livro dos Macabeus*), também a transforma, tensionando a palavra que se renova.

---

39. Walter Benjamin, *Obras Escolhidas – Magia e Técnica, Arte e Política*, p. 226.

Como o diálogo intertextual é, antes de tudo, um diálogo entre o leitor e a sua memória de outros textos, conforme vão sendo evocados pelo ato da leitura, gostaria de registrar uma suspeita, uma intuição, impossível de ser confirmada. Pode ser que Clarice Lispector tenha entrado em contacto com o texto bíblico dos Macabeus através dos cantadores nordestinos que, para dar conta de uma prática poética repentista, baseada no improviso, se armam de um repertório, no qual a Bíblia Hebraica e o Novo Testamento têm um lugar importante. Como essa prática pertence ao âmbito da pura oralidade (apenas algumas pelejas são impressas), lanço a pista que fica à guisa de sugestão, porque faz pensar nos desdobramentos virtuais ou reais de trajeto de um texto bíblico que poderia ter chegado ao conhecimento de uma escritora judia, russa, brasileira, nordestina, tanto através da leitura e do contacto mediado pela família e pela escola judaica, que, como se sabe, a escritora freqüentou, como pela tradição cultural nordestina, de que a Bíblia faz parte[40]. Por outro lado, o romance *A Hora da Estrela* é atravessado pela presença da literatura de cordel, a partir de sua folha de rosto, que apresenta estampados os seus treze títulos, à maneira de um pastiche visual da exposição dos folhetos de cordel nas feiras livres[41], sendo um deles *História Lacrimogênea de Cordel*, que oferece ao leitor um registro possível de leitura: "Eu bem avisei que era literatura de cordel, embora eu me recuse a ter qualquer piedade"[42].

De qualquer modo, a escolha do tema indicia que somos prisioneiros das tradições que recalcamos. Nas palavras de Hanna Arendt[43],

[...] o fim de uma certa tradição não significa necessariamente que os conceitos tradicionais percam poder sobre as mentes dos homens. Pelo contrário, às vezes parece que este poder das relações e categorias cediças e puídas torna-se mais tirânico à medida que a tradição perde sua força viva e se distancia da memória de sua origem. Ela revela toda sua força coercitiva somente depois de seu fim, quando os homens nem ao menos se rebelam contra ela.

É curioso mencionar, a partir da fala de Lispector em resposta a uma entrevista já citada ("Sou judia, você sabe. [...] Eu, enfim, sou brasileira, pronto e ponto"[44]), que a autora alude diretamente à sua origem, mas faz um giro tal na construção da frase, que acaba se desvencilhando da primeira afirmação. Essa operação sugere que talvez a forma de Clarice Lispector operar com seu judaísmo é tentando se desenlaçar dele. Curio-

---

40. As pesquisadoras em literatura de cordel Marlyse Meyer e Márcia Abreu apóiam a plausibilidade da hipótese de que a história dos Macabeus *pode* estar circulando oralmente no Nordeste, através dos cantadores e repentistas.
41. Cf. Lúcia Helena, *Nem Musa nem Medusa*, p. 64.
42. *A Hora da Estrela*, p. 48.
43. Hannah Arendt, "O que é Tradição?".
44. "Sou judia, você sabe. Mas não acredito nessa besteira de judeu ser o povo eleito de Deus. Não é coisa nenhuma. Os alemães é que devem ser, porque fizeram o que

O ESTRANGEIRO EM CLARICE LISPECTOR

samente, seus textos têm a marca dessa mesma operação, deixando-se mover por deslocamentos. Dubitativa e errática, sua linguagem busca aproximar-se da nebulosidade do que não tem nome, do que não pode ser representado, o que a obriga a retomar, a retornar, perfazendo o movimento tão familiar aos comentadores exegetas das Escrituras enlaçados no vazio e na impronunciabilidade do nome de Deus.

5. A partir das pesquisas realizadas por Gershom Scholem com relação à mística judaica, pode-se ressaltar a posição exata do símbolo e do significante puro na tradição judaica. De acordo com esse autor, o elemento fundamental que distinguiria a cultura judaica das demais culturas com suporte religioso ou místico-religioso seria a posição central da ordem significante da linguagem, situada acima da ordem interpretativa ou de significado[45].

As publicações de Scholem demonstram claramente que todas as correntes da mística judaica têm um ponto em comum: a valorização sagrada da escritura como ordem simbólica, ou, mais precisamente, a valorização das Escrituras como campo significante original, a partir do qual se multiplica, ilimitadamente, o campo do significado.

O sentido último é sempre inalcançável porque, de fato, não há no judaísmo mais do que *uma* palavra revelada: Eu, a identidade única. "Eu sou aquele que sou" (Ex 1: 3), quer dizer, Eu sou Eu. Nessa projeção tautológica, em que o predicativo reproduz o sujeito, o Deus judaico fica entronizado como aquele de quem nada se sabe, e cujo poder reside em reunir, no único, um conjunto infinito de atributos. Assim sendo, o lugar de Deus (representado pelo tetragrama impronunciável YHWH) nas Escrituras é um campo de dispersão, pois sendo seus contornos imprecisos e fugidios, a aproximação que se empreende em relação a ele é sempre imperfeita e preterida. A reconstrução parcial inextricável de seu sentido último carreia uma idéia de futuro a que não se chega nunca.

Considere-se, ainda, que os nomes de Deus são múltiplos no judaísmo: *Shadai, El, Elohim, Makom, Yah*, e por fim a escrita ilegível do tetragrama, oferecendo-nos um exemplo mais que eloqüente da equivocidade da linguagem. Essa realidade inapreensível de Deus, excluído na ordem dos significados, suporta, portanto, uma cadeia quase infinita de significantes que sobre ela deslizam sem jamais fixá-la. A concepção de Deus aparece desde então como o próprio paradigma da linguagem. As virtudes singulares que os judeus tradicionais atribuíam à escritura derivam dessa intuição primeira.

---

fizeram. Que grande eleição foi essa, para os judeus? Eu, enfim, sou brasileira, pronto e ponto". *Apud* Edilberto Coutinho, "Uma Mulher Chamada Clarice Lispector", em *Criaturas de Papel...*, pp. 165-170.

45. G. Scholem, *Les grands courants de la mystique juive.*

30   ENTRE PASSOS E RASTROS

Além do mais, esse Deus que proíbe formalmente toda figuração pela imagem ou pela escultura admite sua representação por meio da escritura de seu nome – realçando mais ainda o prestígio dessa última – inclusive sua incorporação sob essa forma[46].

Os comentários e interpretações que procuram a chave de acesso à compreensão das Escrituras, no entanto, guardam em sua profundeza um último segredo: o elogio do silêncio. Alguns séculos antes de Wittgenstein, os rabis já se haviam apossado do princípio de que *é preciso calar o que não se pode dizer.*

6. Ora, todo o trabalho de linguagem que Clarice Lispector empreende em sua obra permanece, consciente ou inconscientemente, fiel à interdição bíblica de delimitar o que não tem limites, de representar o absoluto[47].

Não há propriamente misticismo nesse modo de a autora conceber sua escritura; o que há é uma não-presença a partir da qual e em direção à qual a escritura é acionada, pondo em relevo a falência da experiência. É a ela que a autora alude quando recorre à analogia do ardil da pesca: "Então escrever é o modo de quem tem a palavra como isca: a palavra pescando o que não é palavra. Quando essa não-palavra – a entrelinha – morde a isca, alguma coisa se escreveu"[48]. A não-palavra é essa coisa que é sempre outra, que atrai a escritura e que, cada vez que esta acredita alcançar, "eis que é ilusório, porque de novo continua inalcançável"[49].

É esse movimento de preterição que vincula a escritura de Clarice Lispector a um modo de ser judaico, assinalados ambos negativamente, no território do incompreensível, do inominável, do impalpável, do exílio do sentido.

Se desde seus primeiros textos Clarice Lispector revela-se uma escritora com um projeto narrativo singular, é em *Água Viva* que ele se evidencia como um desafio.

A trama da obra praticamente inexiste. Destaca-se um *eu* feminino que escreve a um *tu* masculino, num discurso fluido e ininterrupto. Quase em delírio o *eu* narrativo busca surpreender as relações entre a captação do instante e sua inserção na cadeia discursiva:

> O que te falo nunca é o que eu te falo e sim outra coisa. Capta essa coisa que me escapa e no entanto vivo dela e estou à tona de brilhante escuridão. Um instante me leva insensivelmente a outro e o tema atemático vai-se desenrolando sem plano mas geométrico como as figuras sucessivas num caleidoscópio[50].

---

46. Ver Gerard Haddad, *O Filho Ilegítimo*, p. 75.
47. Leia-se, a propósito, o ensaio de Plínio Prado Júnior, "O Impronunciável".
48. Clarice Lispector, *Água Viva*, p. 23.
49. *Idem*, p. 86.
50. *Idem*, p. 14.

O ESTRANGEIRO EM CLARICE LISPECTOR

A obra se escreve pautada pelo evento que é a ocorrência da próxima frase, a maravilha de sua vinda iminente e contudo inesperada. Debruçada sobre si mesma, a escritura se volta o tempo todo sobre o presente de sua própria apresentação, sobre o *instante já* em que a frase vem – restando, contudo, inapreensível. Há, aí, um fascínio pelo vazio instalado entre as linhas, por aquilo que deve ser esquecido para que algo possa se tornar presente.

"Agora é um instante. Já é outro agora. E outro"[51]. Mal a frase é anotada, seu impulso já é esquecido nas palavras que o fixam. O *já* escapa interminavelmente enquanto pontua uma escrita distanciada do padrão realista de construção e de legibilidade[52]. Não mais histórias baseadas em cronologias, personagens definidas e em ação, mas ruptura e alteração da pauta narrativa, que busca captar *a matéria-prima que fica atrás do pensamento*.

A desestabilização da narrativa constrói-se paralelamente à desestruturação de uma noção clássica de *sujeito*, que privilegia a consciência e o consciente como a mais decisiva esfera de categorização tanto do sujeito quanto da subjetividade. Ao sujeito unitário, centrado em si mesmo, visto como totalidade e origem de um saber absoluto – que projeta, da mesma forma absoluta, um sentido unitário aos objetos, Clarice Lispector contrapõe um sujeito instável, dessemelhante de si, em processo: "Um eu que pulsa já se forma. Há girassóis. Há trigo alto. Eu é"[53]; "Não me posso resumir porque não se pode somar uma cadeira e duas maçãs. Eu sou uma cadeira e duas maçãs. E não me somo"[54].

Assim, o sujeito em processo, a fluidez da forma e da significação substituem o modelo binário que opõe causa e efeito, origem e conseqüência, operando num limite que tem por horizonte o inominável, o *infinitamente outro*, o *Deus absconditus* da escritura segundo Clarice Lispector: "E quando está ao alcance eis que é ilusório porque de novo continua inalcançável"[55].

Retomando a imagem do Suplício de Tântalo utilizada por Antonio Candido já referida, nota-se que a obsessão de Joana de atingir o *selvagem coração da vida* equivale à obsessão, no plano da escritura, da autora em busca da *quarta dimensão da palavra*, do inominável. Esse é o mote que atravessa os seus textos e que a faz valorizar a expressividade do silêncio. "O que não sei dizer, afirma Clarice Lispector, é mais importante do que o que eu digo... Cada vez escrevo com me-

---

51. *Idem*, p. 30.
52. Ver, a propósito, o ensaio de Lúcia Helena, "Um Texto Fugitivo em *Água Viva*".
53. *Água Viva*, p. 38.
54. *Idem*, p. 75.
55. *Idem*, p. 74.

nos palavras. Meu livro melhor acontecerá quando eu de todo não escrever"[56].

Esse livro nunca é o que já está escrito, nem mesmo o que está se escrevendo, mas *outra coisa* que não se chega a dizer: ele é sempre para mais tarde. Esse futuro para o qual aponta, contudo, não é acalentado por um projeto realizável, estando inevitavelmente fadado ao fracasso: o não-livro será seu melhor livro.

Objeto lábil, se pensado radicalmente, esse *livro* não narra mas se dispõe de um modo tal que o que se deseja expressar apareça ao leitor. Qual o lugar que essa escritura figurada num não-livro abre para o leitor? O que o jogo entre os dois planos – linha e entrelinha, dito e não dito – sinaliza para ele? Certamente, que a multiplicidade simultânea dos sentidos, dos pontos de vista, das estruturas, deve ser observada como um espaço estendido fora das leis que proscrevem a contradição. Por outro lado, se a escrita de Lispector tem na mira o inominável, como determiná-lo pela palavra? E sem a intermediação da palavra como aludir a algo que resiste à simbolização? Essas questões sugerem que o leitor clariciano terá de empenhar-se em ler o não-dito no dito, e terá de fazer o percurso da forma ao informe, ciente de que palavras e frases ocultam um *vazio branco* do qual, entretanto, elas dependem.

7. Para Gershom Scholem, o comentário é a forma legítima de se chegar à verdade, que, por sua vez, só pode ser descoberta no texto. Uma característica dos textos, entretanto, é que essa verdade nunca é evidente, devendo sempre ser revelada através do comentário, o que equivale a dizer que há várias verdades no texto e elas podem ser lidas de maneiras diferentes, de acordo com o ponto de vista histórico, o método de análise e as pressuposições do intérprete. Essa dinâmica é característica de toda interpretação e sua prática data do estágio de formação do judaísmo pós-bíblico.

Que fulgurante intuição terá suscitado esse modo de ler tão singular?

Os judeus só se lançaram por esse caminho de leitura depois do exílio na Babilônia, no momento em que deixaram de usar o hebraico; portanto, depois de terem perdido sua língua e seu território. A construção do edifício interpretativo se fará assim sobre uma perda. E o livro que lhe servirá de base, também ele, como o livro de Clarice Lispector, será um não-livro, ou *un livre a venir*, dada sua labilidade. Nele, sempre haverá um abismo entre significante e significado, sendo que os significados serão estabelecidos de forma arbitrária e convencional pelas sucessivas comunidades de intérpretes.

---

56. Olga Borelli, *Clarice Lispector: Esboço para um Possível Retrato*, p. 85.

Se a verdade da revelação é inexplicável, ela sempre irá nos compelir a formular perguntas insistentes. Talvez seja esse o verdadeiro sentido da revelação original, despida do reconfortante ranço beato imposto pela religião institucionalizada.

A impressão de uma clivagem em todo acontecimento e em todo enunciado, de um *alhures*, de uma outra cena, tece com seu fio o modo de pensar e formular judaicos.

É esse modo que, me parece, subjaz ao texto dissonante e cacofônico de Clarice Lispector.

3. A Letra e a Lei

"Eu nunca pude pesquisar ou pensar senão num sentido, se me atrevo a dizê-lo, teológico – isto é, de acordo com a doutrina talmúdica dos quarenta e nove níveis de sentido de cada passagem da Torá"[1]. Essa afirmação de Walter Benjamin sublinha sua ligação não aos preceitos ou aos dogmas da religião judaica, mas a um modelo de leitura herdado do estudo dos textos sagrados. Na tradição teológica judaica, e especialmente na tradição talmúdica, a interpretação não pretende delimitar um sentido unívoco e definitivo; ao contrário, o respeito pela origem divina do texto impede sua cristalização e sua redução a um sentido único. Assim, o comentário tem antes por objetivo mostrar a profundidade ilimitada da palavra divina e preparar sua leitura infinita. Que Benjamin reivindique essa tradição religiosa no contexto de uma análise materialista dos textos literários é absolutamente notável: significa que a crítica materialista, para ele, não tem como meta estabelecer a verdade definitiva sobre uma obra ou sobre um autor, mas tornar possível a descoberta de novas camadas de sentido até então ignoradas.

De fato, é conhecido o lugar central que a *letra* ocupa na tradição mosaica. Os trabalhos de Gershom Scholem[2] indicam que todas as correntes da mística judaica têm em comum a valorização sagrada das Escrituras como campo significante original, a partir do qual se abre

---

1. *Apud* Jeanne Marie Gagnebin, *Walter Benjamin.*
2. Gershom Scholem, *Les origines de la Kaballe.*

um leque sem limites no campo do significado. Assim, as Escrituras são um ponto de partida para uma interminável excursão semântica. Essa peregrinação de sentidos, cuja figura geométrica poderia se cifrar numa espiral ascendente e inconclusa, tem como móvel a particularidade do Deus judaico. Como não pode ser representado através da imagem, sua existência e perpetuação se dá através de um registro simbólico: sua inscrição na Bíblia.

Ora, é a leitura e a interpretação que constróem a ponte de aproximação com um Deus que é letra e nome impronunciável (YHWH). Entretanto, essa aproximação nunca é definitiva porque ela esbarra na impossibilidade de decifrar a divindade de modo absoluto, o que obriga o homem a recomeçar continuadamente sua leitura e respectiva interpretação. *Midrash* (da raiz *drsh* que, no sentido bíblico, significa examinar, pesquisar)[3] é o nome que se atribui aos comentários da Bíblia. Esses comentários se fazem através de formulações que, muitas vezes, beiram o enigma, procurando subverter o conteúdo manifesto do texto. Essa prática pressupõe uma concepção intuitiva da linguagem entendida como construção – permitindo, até, que um mesmo texto possa ser interpretado de formas diametralmente opostas. A multiplicidade das leituras levará em conta as ambigüidades de uma escrita consonantal como é o hebraico, os anagramas e jogos de palavras que esse tipo de escrita propicia, a segmentação de textos que não utilizavam a pontuação vocalizadora, criando impasses interpretativos bastante ricos e interessantes.

O nome *Midrash* na literatura judaica do período do Segundo Templo era primeiro empregado no sentido de estudo, educação, sentido que permaneceu durante a Idade Média. Ainda no período do Segundo Templo, encontra-se na literatura da seita do Mar Morto a denominação de *Midrash* para certo método ou técnica especial de estudar a Bíblia, consistindo no estudo rigoroso dos versículos bíblicos. Assim, o termo estende-se à designação de um gênero literário, mas também a uma prática metodológica de estudo.

Vistas, com distância, essas interpretações de interpretações desenham uma linha que põe em movimento sentidos que não se agrupam nem se fixam numa "figura" única[4].

Essa linha em movimento também caracteriza, no plano mais abstrato, a obra de Clarice Lispector. Suas personagens deslocam-se no espaço, e também estão submetidas a deslocamentos dentro delas

---

3. Cf., a propósito, Rifka Berezin, "Projeções da *Bíblia* na Literatura Hebraica: O Midrash Moderno", pp. 187-201.

4. Como gênero, o desdobramento dos comentários multiplica-se por "impulsos midráshicos" até os dias de hoje, havendo aqueles que consideram poder-se incluir, para além dos textos vinculados à tradição, até mesmo os laicos (por exemplo, *José e seus Irmãos*, de Thomas Mann) como comentário midráshico da Bíblia.

A LETRA E A LEI

próprias. Há sempre um átimo, um instante, em que elas escapam de sua rotina, de seu papel social e deixam emergir um lado dissonante submerso. Também fragmentos, com maior ou menor ajuste e variação, transitam nômades pelas obras da autora. Seus romances ou textos mais longos estruturam-se por núcleos que se vão organizando e, em alguns casos, vão se desatando habilmente, num contínuo fluxo e refluxo de estruturação e desestruturação. Sem falar de outros elementos correlatos da tradição judaica, como os temas e motivos sempre recorrentes que acionam sua obra, ou o seu trabalho de linguagem, que tem na mira a "coisa", o "inominável", o que não pode ser determinado pela palavra, e que funcionam como dínamo dessa linha em movimento.

Na obra de Clarice Lispector avulta também a presença constante de referência ou citação bíblica[5]. A primeira tentação é a de atribuir essa forte presença a uma possível educação judaica da romancista. Mas, além da presença judaica, verifica-se também a cristã, além de crenças populares, o que sugere o seu empenho de integração no quadro particular das experiências religiosas brasileiras, marcado pelo sincretismo. Todavia, é certo que a Bíblia lhe serviu de base, e meu propósito, aqui, é verificar como, no que concerne à lei, a recorrência a essa fonte tem um peso na obra da autora.

Além das citações explícitas, como ocorre, por exemplo, em *A Via Crucis do Corpo*, em que o título remete ao espaço do martírio de Cristo, reforçado por epígrafes provenientes dos textos fundamentais das religiões judaica e cristã (*Salmos, Lamentações de Jeremias* etc.), ou em *A Hora da Estrela*, cujo nome da protagonista remete ao *Livro dos Macabeus*[6], há algumas obsessões que fazem eco ao texto bíblico, e dizem respeito a uma concepção de mundo e de realidade mobilizadora tanto do vegetal como do animal. Assim, Clarice Lispector confia à maçã, que algumas vezes é *A Maçã no Escuro*, a responsabilidade de assumir a forma simbólica primordial, graças à qual a relação homem/criação/criador pode se manifestar. A maçã, entretanto, não desvenda apenas a origem e a importância da norma, mas também e fundamentalmente a função da infração.

---

5. Cf. alguns textos que tratam das fontes judaicas na obra de Clarice Lispector. De Alfredo Margarido, "A Relação Animais-Bíblia na Obra de Clarice Lispector". De Amariles G. Hill, "Referencias Cristianas y Judaicas en *A Maçã no Escuro* e *A Paixão Segundo G. H.*", e de Antonio Maura, "Resonancias Hebraicas en la Obra de Clarice Lispector".

6. Os livros I e II dos Macabeus são apócrifos, isto é, não fazem parte do cânone dos livros de Bíblia Hebraica. O cânone judaico foi fixado aproximadamente no final do século I d.C., sendo incluídos somente livros escritos em hebraico (ou parcialmente em aramaico), considerados como datados em tempo não posterior a Esdras (século IV a.C.).

ENTRE PASSOS E RASTROS

Os animais, por seu lado, entram em sua obra como ingrediente de estruturação do mundo, e dividem-se em duas categorias que não se confundem: aqueles com os quais há identificação da narradora/autora e aqueles que repelem qualquer identificação.

> Às vezes eletrizo-me ao ver bicho. Estou agora ouvindo o grito ancestral dentro de mim: parece que não sei quem é mais a criatura, se eu ou o bicho. E confundo-me toda. Fico ao que parece com medo de encarar instintos abafados que diante do bicho sou obrigada a assumir[7].

A domesticação social do homem guarda um fundo instintivo cujas potencialidades são alertadas pela presença animal. Atender ao apelo das pulsões vitais de um modo categórico significaria pôr em risco a existência da espécie, mas não ouvir esse apelo seria renunciar a marca da animalidade. Entre os animais, aqueles passíveis de identificação são os domesticáveis (cavalo, cachorro), isto é, aqueles que podem ser integrados no sistema de valores do homem (palavra, trabalho etc.). Já os animais do segundo grupo são selvagens, repelem a domesticação, estão fora da língua e formam um bolsão de agressividade que perturba as relações do homem com o mundo (formigas, besouros, percevejos, sapos, barata).

"Eu fizera o ato proibido de tocar no que é imundo"[8]. Essa passagem do romance *A Paixão Segundo G. H.*, na qual o tom bíblico é transparente, aponta para uma proibição que atribui importância ao que é imundo, podendo arrastar o homem a uma zona de perigo. A normatização dos animais puros e impuros e as relações possíveis entre o homem e eles está inventariada em *Levítico* 11: 13, e é certo que a autora a conhecia, uma vez que algumas passagens desse livro aparecem citadas entre aspas, e outras vezes sem as aspas. Se em "A Quinta História"[9] há o empenho da narradora em repelir com todas as armas esse inseto do espaço doméstico, no romance, a narradora, apesar da repulsão e do horror que ele lhe provoca, identifica-se com sua miséria de ente vivo e solitário e o põe na boca, à maneira de uma hóstia. Nesse exato momento de comunhão, ela comete uma dupla transgressão, tanto em relação à tradição judaica, quanto em relação à cristã.

A idéia do animal impuro que deve ser repelido é reiterada numa narrativa que a autora destina à criança, em que se lê: "[...] por exemplo: tenho baratas. E são baratas muito feias e muito velhas que não fazem bem a ninguém. Pelo contrário, até roem a minha roupa que está no armário"[10]. Aí, as baratas, associadas a traças, devem ser repe-

---

7. *Água Viva*, p. 50.
8. *A Paixão Segundo G. H.*, p. 46 (todas as citações ao romance neste capítulo provêm da edição crítica coordenada por Benedito Nunes).
9. Clarice Lispector, "A Quinta História", *A Legião Estrangeira*.
10. Clarice Lispector, *A Mulher que Matou os Peixes*, p. 13.

A LETRA E A LEI

lidas e combatidas, pois não haverá mundo isento de impureza se o homem renunciar à eliminação dos animais portadores da força maculante. A lição teológica está contida, exatamente, no movimento de eliminação do animal, já que macular espaços, coisas e homens reduz o lugar da divindade e, portanto, da salvação. Convém lembrar que se a idéia atual de impuro está subsumida aos cuidados com a higiene e ao respeito às convenções que nos são próprias, a impureza é um critério usado por antropólogos para classificar as religiões em primitivas e modernas. No primeiro caso, as prescrições relativas ao sagrado e à impureza seriam inseparáveis; no segundo, as regras relativas à impureza desaparecem da religião, sendo relegadas à cozinha, ao chuveiro, aos serviços de saneamento, à medicina etc. A observância dos preceitos, positivos e negativos, tem a sua eficácia, porque pode trazer a prosperidade ou o perigo, assentando na noção de santidade divina que os homens devem alcançar em sua própria vida[11].

Mas, retornando à narrativa de Lispector, nota-se que ela contém um elemento perturbador: "tenho pena das baratas porque ninguém tem vontade de ser bom com elas"[12]. E prossegue: "Elas só são amadas por outras baratas", anunciando sua capacidade de amor. Assim, no próprio centro da impureza pode manifestar-se um sentimento puro, como o amor. Então, como agir? Seguir às cegas o imperativo bíblico ou colocá-lo em questão?

O caminho da escritora será o do questionamento dos preceitos e não o da obediência, embora muitos animais impuros sejam também trucidados ao longo de sua obra.

> Eu me sentia imunda como a Bíblia fala dos imundos. Por que foi que a Bíblia se ocupou tanto dos imundos, e fez uma lista dos animais imundos e proibidos? por que se, como os outros, também eles haviam sido criados? E por que o imundo era proibido? Eu fizera o ato proibido de tocar no imundo[13].

É radical, no romance *A Paixão Segundo G. H.*, a transgressão da autora, porque ela deslocará para o inseto ínfimo e impuro a imagem de Deus, fazendo que o pequeno e o finito contenham o infinito, que o impuro possa conter a pureza, e os fios que vinculam o pequeno e o grande confluam na comunhão do neutro, matéria comum a todos os seres, representada na massa pastosa da barata esmagada: "[...] quero o Deus naquilo que sai do ventre da barata – mesmo que isto, em meus antigos termos humanos, signifique o pior, e, em termos humanos, o infernal"[14].

---

11. Ver, a propósito, da antropóloga Mary Douglas, "As Abominações do Levítico".

12. *A Mulher que Matou os Peixes*, p. 15.

13. *A Paixão Segundo G. H.*, p. 46.

14. *Idem*, p. 54.

40 ENTRE PASSOS E RASTROS

A pergunta que fica é: será que a inflexão bíblica (que soa, às vezes, em falsete) presente no estilo de Lispector é uma armadilha, "maneira necessariamente sonsa de se apresentar uma visão profana, dessacralizada" da realidade, como quer Américo Pessanha?[15] ou será que se poderia pensar que, não obstante o desacordo constitutivo do modo de ser da autora que adelgaça a norma, opõe-se à escrita legitimada por uma tradição, ainda assim mantém-se um vínculo, um laço, que faz eco a essa tradição?

> Eu estava sabendo que o animal imundo da Bíblia é proibido porque o imundo é a raiz – pois há coisas criadas que nunca se enfeitaram, e conservaram-se iguais ao momento em que foram criadas, e somente elas continuaram a ser a raiz ainda toda completa. E porque são a raiz é que não se podia comê-las, o fruto do bem e do mal – comer a matéria viva me expulsaria de um paraíso de adornos e me levaria para sempre a andar com um cajado pelo deserto[16].

A proibição de tocar o animal imundo é associada, no texto acima, ao primeiro interdito do mito adâmico, quando o homem aspirando a tornar-se como Deus come o fruto proibido e, passando a conhecer o bem e o mal, tem de dissociar a unidade do real, premido pela morte que surge então pela primeira vez dando a plenitude de seu sentido à vida. Se comer *a matéria viva* é motivo de queda de um paraíso de adornos e acréscimos, a narradora está fadada a perambular solitária pela areia seca e árida do deserto. Essa é sua punição ou o resultado do exercício de seu livre-arbítrio?

O tema da submissão da ordem, deliberada por Deus na Bíblia, destaca-se com vigor: num universo ontologicamente bom, a ordem é primeiramente fundada sobre o respeito à lei e sobre o castigo para o crime. Assim, Adão e Eva são expulsos do paraíso, Caim é castigado por seu assassinato, o dilúvio pune os crimes da humanidade, e o fogo destrói Sodoma, num encadeamento que respeita as relações de causalidade. O proibido é a condição da *Lei* e da *Ordem*, mantendo com elas uma relação indissolúvel. Parágrafo único no primeiro pacto (Gn 2: 17), torna-se código em *Êxodo* (O Decálogo), em *Levítico* e em *Deuteronômio*. Entretanto, no romance de Clarice Lispector, a interpretação do interdito, da lei, de sua transgressão e punição, é gerido por um sistema não nomeado, que ninguém consegue formular, nem mesmo G. H., que é lacônica a esse respeito ao afirmar simplesmente: "vivia num sistema"[17].

> Eu não poderia mais me escusar alegando que não conhecia a lei – pois conhecer-se e se conhecer ao mundo é a lei que, mesmo inalcançável, não pode ser infringida, e

15. José Américo Pessanha, "Clarice Lispector: O Itinerário da Paixão", p. 195.
16. *A Paixão Segundo G. H.*, p. 47.
17. *Idem*, p. 102.

A LETRA E A LEI

ninguém pode escusar-se dizendo que não a conhece. Pior: a barata e eu não estávamos diante de uma lei a que devíamos obediência: nós éramos a própria lei ignorada a que obedecíamos. O pecado renovadamente original é este: tenho que cumprir a minha lei que ignoro, e se eu não cumprir a minha ignorância, estarei pecando originalmente contra a vida.

No jardim do Paraíso, quem era o monstro e quem não era?

Segundo o texto, a lei ignorada, a única que deve ser obedecida, é a de se deixar levar pelo imprevisível. Em termos de linguagem essa obediência equivale àquela constitutiva de *Água Viva*, responsável pela radicalização de sua diferença em relação aos gêneros literários onde não se integra mais: "Estou esperando a próxima frase, [...] a próxima frase me é imprevisível", afirma a escritora. Aí, ela está à escuta do enigma da escritura, entregue a um trabalho de desapropriação, de despojamento. Esse trabalho não conta senão com a contingência das frases que podem ou não vir, com a eventualidade do que pode tanto ser como não ser. A atenção voltada para a obra como ocorrência testemunha singularmente a precipitação do inesperado, do que não é (ainda) determinado, a irrupção do evento que desorganiza a experiência e as significações estabelecidas. Ora, a função da lei é precisamente a de conjurar, eliminar a eventualidade do indeterminado, estabelecendo uma relação inequívoca entre norma e conduta, transgressão e punição, visando sempre a uma estabilidade institucional. Se em seu livro de contos *A Via Crucis do Corpo* os enredos que enovelam sexo e morte conduzem a crimes perdoados pela justiça oficial, em "Mineirinho"[18], um dos textos preferidos da autora, matar um assassino é interpretado como "prepotência" dos policiais que no próprio momento de matar estariam praticando o seu "crime particular".

Se a justiça divina e aquela regida pelas leis da natureza são, por sua própria essência, imutáveis e constantes, a justiça humana é variável, porque mudam, no tempo, as relações entre a ação e o estado da sociedade. Entretanto, no conto (crônica?) "Mineirinho", as referências à justiça se expandem aos três níveis. Uma narradora que assume a voz autoral parte de uma figura apresentada num noticiário de jornal – Mineirinho – e dá espessura a ela. Responsabilizado pelo delito de assassinato, ele é morto pela polícia com treze tiros. Próximo ao discurso forense, o texto inicia pondo a questão: "por que está doendo a morte de um facínora?"[19] No momento mesmo em que a narradora afirma que é no mergulho em si mesma que ela encontrará a resposta, desloca-se o discurso forense. A passagem pela subjetividade marcará a reflexão que deixará de ser abstrata, pois não circulará pelas leis gerais, mas tratará de uma pessoa em sua contingência – o bandido assassinado –, e trará as marcas que o efeito do ocorrido provoca nela,

18. Clarice Lispector, "Mineirinho", em *Legião Estrangeira*.
19. *Idem*, p. 253.

narradora. O discurso de testemunho, por outro lado, desloca-se para o registro ficcional quando a narradora introduz no texto a cozinheira em situação de diálogo. Esse será o gancho que lhe permitirá apresentar os argumentos da inocência de Mineirinho, além de trazer para a discussão uma opinião que vem de outra classe social.

Fatos irredutíveis mais uma revolta também irredutível são sensações contraditórias que a empregada não harmoniza e se estampam em sua resposta: "O que eu sinto não serve para dizer. Quem não sabe que Mineirinho era criminoso? Mas tenho certeza de que ele se salvou e já entrou no céu. E a patroa, concordando, acrescenta: mais do que muita gente que não matou"[20].

Seguem-se, no texto, os argumentos de sustentação da inocência de Mineirinho. *Não matarás*, esta é mencionada como a primeira lei geral, *a que protege corpo e vida insubstituíveis*, aplicável para os dois lados: impede de matar e de ser morto. A responsabilidade pelo outro coloca-se como uma questão ética intransponível, aproximando a posição mantida no texto à do filósofo Emmanuel Lévinas, que questiona o primado da filosofia a que estamos habituados em que o espírito equivale a saber, isto é,

ao olhar que abarca as coisas, à mão que as toma e as possui, à dominação dos seres, na qual a confirmação de si é o princípio da subjetividade. No homem a contenção do ser, o esforço do ser, a perseverança universal do ser em seu ser irão se repetir e confirmar. Penso, ao contrário, que esta ontologia se interrompe ou pode se interromper no homem. Na visão que desenvolvo, a emoção humana e sua espiritualidade começam no para-o-outro, na afecção pelo outro.

Para Lévinas, há na alteridade do outro algo que impõe uma responsabilidade ao sujeito, que se traduz na interdição do assassinato e na obrigação de manter vivo. E essa responsabilidade é tida pelo filósofo como a estrutura primeira, fundamental, da subjetividade[21]. Se, em "Mineirinho", a justiça tem de ser a mantenedora da lei, ao assassinar ela a transgride. Mas ela a transgride porque é facciosa. Só protege os ricos, *os sonsos essenciais* – os que não privilegiam *a base, o terreno*, mas as casas construídas sobre a base e que necessitam da justiça para se manterem de pé. E estes são omissos, e fingem que não sabem disso. Por isso a narradora afirma:

Para que minha casa funcione, exijo de mim como primeiro dever que eu seja sonsa, que eu não exerça a minha revolta e o meu amor, guardados. Se eu não for sonsa, minha casa estremece. Eu devo ter esquecido que embaixo da casa está o terreno, o chão onde nova casa poderia ser erguida. Enquanto isso dormimos e falsamente nos salvamos. Até que treze tiros nos acordam, e com horror digo tarde demais – vinte e oito anos depois que Mineirinho nasceu – que ao homem acuado, que a esse não nos matem.

20. *Idem, ibidem.*
21. Cf. Emmanuel Lévinas, "Entrevista com Emmanuel Lévinas".

A LETRA E A LEI 43

Porque sei que ele é o meu erro [...] Meu erro é o meu espelho, onde vejo o que em silêncio eu fiz de um homem. Meu erro é o modo como vi a vida se abrir na sua carne e me espantei, e vi a matéria de vida, placenta e sangue, a lama viva[22].

Aí intervém, no texto, uma nova noção de justiça, a *justiça prévia*, aquela que deveria atuar sobre aquilo que em nós é energia básica, o neutro, a *lama viva*, o *grão de vida*, impedindo que esse impulso vital se transforme em violência. Aquela capaz de se lembrar de que todos nós somos escuros e perigosos e nossa grande luta é a do medo, e que um homem que mata muito é porque teve muito medo. Assim, Mineirinho é assassino porque foi excluído dessa justiça, preso a uma estrutura social que abandona alguns. Embora a narradora esteja do lado dos responsáveis pela morte de Mineirinho, ela se rebela: "eu não quero esta casa", não quer o acréscimo, o adereço, o refúgio do abstrato, e sim o "terreno".

Esse texto, que é um libelo contra a exclusão social e que questiona um sentido cristalizado e histórico de justiça, contém um comentário da lei bíblica, expressa no mandamento *não matarás*.

Pautado sobre normas, o judaísmo baseia-se mais nos preceitos, no que se deve fazer do que em que se deve acreditar. Legisla e regula a conduta mais que o pensamento, constrói códigos mais que credos. O *Talmud*, a *Mishná*, por exemplo, são compêndios de leis e não doutrinas. Nas leis morais – as que se referem à relação do homem com seu semelhante – estão incluídas as leis civis. Elas regulam as relações humanas e devem ser conduzidas de acordo com a necessidade de justiça, compaixão e paz. Assim, o assassinato é considerado como particularmente horroroso, porque é a destruição de um ser criado à imagem e semelhança de Deus (Gn 9: 6; Ex 20, Dt 5, *Sanhedrin* 4: 5). O assassinato, a idolatria e o incesto são as três proibições incondicionais que o homem não pode cometer, ainda que seja para salvar sua própria vida (Lv 19: 11-18).

Ao tratar do desamparo de Mineirinho, do grão de vida pisado que nele se torna punhal, a narradora apela para um dom divino no homem, que o torne capaz de ver o criminoso antes de ele ser um doente do crime. Mas Mineirinho foi fuzilado em sua força desorientada, "[...] enquanto um deus fabricado no último instante abençoa às pressas a minha maldade organizada e a minha justiça estupidificada: [...] o que me sustenta é saber que sempre fabricarei um deus à imagem do que eu precisar para dormir tranqüila"[23].

A justiça prévia falha e a conduta do homem não está mais modelada pelos atributos divinos. Inversamente, o deus é que é fabricado à imagem da necessidade humana. Só a loucura poderia, segundo o texto, reverter e desorganizar esse sistema montado: "Se eu não fosse

22. "Mineirinho", *op. cit.*, p. 254.
23. *Idem*, p. 256.

44 ENTRE PASSOS E RASTROS

doido, eu seria oitocentos policiais com oitocentas metralhadoras, e esta seria minha honorabilidade"[24].

A matéria viva da barata está além da classificação puro/impuro, o grão de vida de Mineirinho é anterior à sua existência social e histórica; ambos estão associados à procura do *neutro*, espaço que, conforme se depreende dos textos de Lispector, existe em todos os seres da criação. Essa procura supõe sempre um recuo para a anterioridade da forma, para o orgânico, para o estágio primeiro da vida, que ainda não é letra nem lei, apenas *o mistério do impessoal*, inabordável pela palavra: "Eu escrevo por intermédio de palavras que ocultam outras – as verdadeiras. É que as verdadeiras não podem ser denominadas. Mesmo que eu não saiba quais são as verdadeiras palavras, eu estou sempre aludindo a elas"[25].

Essa zona encoberta que lateja no texto e que às vezes é chamada de Desconhecido é o ponto para onde a ficção de Clarice retorna, região onde se inscreve, a meu ver, a "verdade" que a escritora busca. E para buscá-la seu texto opera por desdobramentos através dos quais ela visa a promover a percepção do inominado. Por isso seus escritos guardam certa familiaridade com outras escrituras afinadas com a procura de uma verdade que vive oculta. Esse modo de operar por desdobramentos, que tem por base a crença vivida como fidelidade inabalável a uma verdade, é próprio dos textos da tradição judaica, ou melhor, é próprio do modo como esses textos vão construindo uma tradição.

Se a ficção de Clarice Lispector faz eco a essa tradição porque, através dos "impulsos midráshicos" está ligada às fontes às quais retorna, ela também se opõe a ela de diferentes maneiras. Para começar, a escritora justapõe aos preceitos bíblicos elementos originários de outras tradições. A presença do Novo Testamento, de traços sincréticos relacionados às práticas religiosas no Brasil, formam um solo híbrido que impede reduzir esses ecos a uma única fonte, radicando o texto num espaço geográfico (o Brasil) e num tempo definido (a modernidade). Por outro lado, é importante ponderar que a transgressão dos preceitos básicos supõe que tanto o texto bíblico como a obra de Clarice Lispector caminhem na mesma direção, o que não é correto.

Tanto a Torá como o *Midrash* partem da revelação para a prática dos preceitos que incluem os papéis, as leis e rituais a serem obedecidos. Já a autora parte daquilo que ela percebe como limite e aprisionamento na vida do dia-a-dia para perfazer o sentido inverso e atingir o neutro, a pulsão de vida primária. Assim, ela esbarra na lei, porque é preciso atravessá-la para ir ao encontro desse elemento originário da vida. A Bíblia, entretanto, suporta essa via de mão dupla, pois ao ser a matriz fundante do aprisionamento, já que ao instaurar a lei a existên-

24. *Idem, ibidem.*
25. *Um Sopro de Vida*, p. 78.

cia ganha seus limites, ela é também o lugar da origem, da palavra revelada, acionando a partir dela um movimento ininterrupto de comentários. Inominável, essa palavra manter-se-á no horizonte da escritura de Clarice Lispector como a coisa inatingível, a "quarta dimensão da palavra", que a fará valorizar a expressividade alusiva do silêncio ("O que não sei dizer, [...] é mais importante do que o que eu digo"). O não-dito marca, pelo esforço em dizer e pelo malogro da linguagem em não alcançar dizer, que algo escapa e resta não determinado, transferindo para a letra o limite que é da ordem da lei.

4. Xeque Mate: O Rei, o Cavalo e a Barata em *A Paixão Segundo G. H.*

O Divino para mim é o real.
A Paixão Segundo G. H., p. 108.

O que falo com Deus tem que não fazer sentido!
Se fizer sentido é porque erro.
A Paixão Segundo G. H., p. 103.

O conto "Perdoando Deus"[1] pode servir de apólogo para a análise do lugar de Deus[2] no texto de Clarice Lispector. A alusão à divindade é um dos centros conexos dos textos da escritora, embora seu interesse não esteja na busca do estabelecimento de doutrinas nem de práticas religiosas, mas na captação de suas ressonâncias deflagradas a partir de cenas cotidianas, onde experiências vivenciadas por personagens ganham valor de rito sagrado. Assim, enquanto caminha pela Avenida Copacabana e olha distraidamente os edifícios, a sensação de uma intensa liberdade leva a narradora a se sentir responsável pelo

---

1. Em *Felicidade Clandestina*.
2. Remeto o leitor aos estudos pioneiros de Benedito Nunes e Olga de Sá sobre o assunto, estudos de que me vali para a elaboração deste trabalho. Destaco, de Benedito Nunes, *Leitura de Clarice Lispector*; *O Dorso do Tigre*; a edição crítica de *A Paixão Segundo G. H.* (coord. Benedito Nunes). De Olga de Sá, *Clarice Lispector – A Travessia do Oposto*. Todas as citações ao romance *A Paixão Segundo G. H.* provêm da edição crítica coordenada por Benedito Nunes.

mundo, mãe de tudo o que existe, mãe de Deus. Mas a sensação dura um átimo, porque distraída, ela quase pisa num enorme rato morto. Num instante, controlando o grito de susto por seu desmesurado medo de ratos, ela passa do enlevamento ao pânico. A contigüidade liga e relaciona as duas cenas, cujos sentidos proliferam ao longo da obra de Clarice Lispector, decalcando, de certo modo, o caminho da transcendência, que escorrega e vira sangue no asfalto.

As formas de relacionamento inerentes à *religio*, ao *religare*, que une o homem a Deus, separados, no entanto, em planos ontológicos diferentes, permeiam a obra de Clarice Lispector. Gostaria de apontar para algumas situações experimentadas pelas personagens no cotidiano que, repentinamente, se transformam e ganham cunho sagrado, remetendo ao cristianismo, às religiões afro-brasileiras e ao judaísmo, entre outras religiões, para observar como a autora se debate em suas malhas, armando e desarmando um modelo de crenças próprio ao país onde viveu e que, em sua obra, responde estrategicamente a demandas em diferentes níveis, pois abarca, segundo a especificidade de cada religião, diferentes posições da divindade, num espectro que vai do plano mais abstrato ao mais concreto.

Como se sabe, a população brasileira – nem branca nem negra, formada pelo conquistador português, mas também por italianos, alemães, poloneses, japoneses, árabes e judeus, sem falar em mestiços, mulatos, índios e africanos – produz um discurso artístico e cultural híbrido, lugar de convergência e de cruzamento de práticas variadas postas em diálogo, num cenário em que as combinações, que incluem na balança jogos de força e poder, indiciam um modo de ser local. É curioso o uso que Clarice Lispector faz das diferentes religiões na organização de seu texto, juntando o cristianismo, religião oficial e hegemônica do país, ao judaísmo, tradição em que se formou, às religiões afro-brasileiras, cujo teor popular e mágico dissemina formas que vão se enlaçar às outras, num conjunto onde ressoam os ecos e a memória de sua diferença.

Há muitos títulos de obras da autora que remetem diretamente ao cristianismo: *A Via Crucis do Corpo*, "A Imitação da Rosa"[3], *A Paixão Segundo G. H.*, além de citações esparsas do Evangelho e da Bíblia Hebraica fiéis e transformadas, parodiadas e ironizadas. Enfim, um material que justifica a leitura de sua obra por esse viés. Portanto, tomo por base o romance de 1964, *A Paixão Segundo G. H.*, para o exame dessa matéria. Esse título remete nitidamente à expressão "Paixão de Jesus Cristo segundo Mateus" ou "Paixão de Jesus Cristo segundo João" e a todas as narrativas da Paixão presentes no Novo Testamento. Nelas, os sofrimentos de Cristo são relatados por seus discípulos.

---

3. Clarice Lispector, "A Imitação da Rosa", em *Laços de Família*.

No romance, é a personagem narradora, identificada pelas iniciais G. H., quem relata sua própria paixão a um suposto interlocutor (tu), estratégia utilizada para sustentar a possibilidade narrativa, mas que não chega a quebrar a marca monológica que a caracteriza. Um dia, como sua empregada tivesse saído do emprego, G. H. resolve fazer uma limpeza no quartinho, antes que ele fosse ocupado por uma outra. Ela abre a porta do quarto esperando encontrar ali um amontoado de jornais e quinquilharias, mas, para seu espanto, depara com um quarto inteiramente limpo. Como seu propósito era limpar, arejar, ocupando assim a manhã de ócio, ela se impacienta com a "ousadia de proprietária" da empregada, que tinha espoliado o quartinho de sua função de depósito. A partir daí, G. H. começa a ter impressões do quarto até o momento em que vê numa das paredes, quase em tamanho natural, o contorno feito a carvão de um homem nu, uma mulher nua e um cão. As figuras não mantêm ligação entre si; rígidas, mais engastadas nelas próprias que na parede, cada uma olha para frente, desconhecendo-se reciprocamente. Este o recado deixado pela empregada à patroa. Ela, por sua vez, cabe no desenho duro e primário, passando a *estar* realmente no quarto, presa e sem nenhum ponto de referência, já que, ali, deixara de ser aquela que se enxergava exclusivamente no olhar cúmplice de seus pares: "Janair [o nome da empregada] era a primeira pessoa realmente exterior de cujo olhar eu tomava consciência"[4].

É, portanto, a partir de um enfrentamento social (patroa *versus* empregada) que o romance potencia uma contrafigura, que permite à protagonista ocupar o lugar de sujeito, ao mesmo tempo que prepara o terreno para o aparecimento da barata. Esta emerge do interior do guarda-roupa e, em pânico, G. H. a esmaga, comprimindo-a com a porta, e, olhando sua vítima inerme que também a olha, entre a repugnância e a atração, desencadeia-se um processo de introspecção, em que G. H. se vê sendo vista, esvaziada de sua vida pessoal, dando início à paixão. É a partir da barata que G. H. se desnuda daquilo que ela é para estabelecer com o inseto um laço de união. Para confirmar esse nexo, ela ingere a massa branca do inseto esmagado, numa espécie de ritual de comunhão sagrada, em que o horror e a atração se equivalem. Mas o processo se interrompe porque a protagonista sente um acesso de nojo incoercível que a impede de continuar o caminho e a traz de volta.

A partir do incidente doméstico, projeta-se um movimento interior na protagonista, que solapa sua estabilidade, desalojando-a da moldura da existência cotidiana, impulsionando-a na direção de uma existência impessoal, da matéria. Configura-se, assim, a perda de sua identidade, sacrificada em nome de uma redenção na própria coisa de que passa a participar, numa espécie de santidade leiga, profana, constituída a partir de uma comunhão sacrílega que ritualiza o sacrifício consumado.

4. *A Paixão Segundo G. H.*, p. 28.

"É uma metamorfose em que perco tudo o que eu tinha e o que eu tinha era eu – só tenho o que eu sou e agora o que sou?"[5]

Essa conversão radical por que passa a personagem traduz-se numa atitude de despersonalização (ou "deseroização", como diz o texto), em que tudo lhe é arrebatado, mas há um ganho na perda, pois pela negação de si ela alcança a realidade. Essa realidade informe é o infernalmente inexpressivo, o neutro, lugar onde não há esperança nem piedade, um mundo primário sem passado nem futuro, preso ao *instante-já*, hora de viver e de conviver no impessoal com Deus. Todo esforço humano de salvação, que consiste em transcender, conflui para a amplificação do núcleo da vida, daquilo que simplesmente *é*.

Nessa trajetória, onde se desenha a linha de ação de G. H., a personagem percorre, até o seu retorno ao mundo humano do qual saíra, o arco de sentimentos extremos e contraditórios, bem como os contrastes da existência – santidade e pecado, esperança e desespero, pureza e impureza, humano e divino etc., onde cada pólo se confunde com o seu oposto, numa quebra contundente do maniqueísmo. É na cena de ritualização desse trajeto pessoal que ressoam os ecos de diferentes religiões.

Ora, como já se viu em outro ensaio, a liturgia cristã atualiza reiteradamente um cenário metafórico/metonímico, onde pão = corpo e vinho = sangue, que transporta o cristão a uma cena original sempre idêntica: a morte de Cristo na cruz. Assim, sua economia simbólica tem por base a *identidade* (a imitação de Cristo) e a *repetição*.

Mas a experiência de G. H. transforma essa liturgia a partir do momento em que ela "comunga" não com a hóstia, mas com um inseto. Segundo o cristianismo, a hóstia, na comunhão, é assimilada pelo corpo de Cristo e o homem que a ingere, num movimento ascendente, nele se transforma, transcendendo, assim, sua condição de homem. No ritual da protagonista, o movimento toma uma direção contrária: ela assimila-se à matéria viva, onde localiza a vida divina, negando a idéia de Deus enquanto ser pessoal e transcendente, e a idéia do humano como ser a caminho da transcendência. A partir daí, Deus é referido como *o* Deus, passando de nome próprio a comum, equivalendo à força do impessoal. Há um vetor descendente que reinterpreta a visão de Deus, situando-o no mesmo plano que a matéria viva, tirando dele a promessa de salvação e de esperança projetadas no futuro, próprias ao cristianismo. "Porque o Deus não promete. Ele é muito maior que isso: Ele é, e nunca pára de ser"[6].

Deus é atualidade e é essa a possibilidade do reino dos céus sobre a terra. Se assim é, elimina-se o dispositivo que impulsiona a procrastinação, o voltar-se para o futuro exigido pela esperança, abrigando-

5. *Idem*, p. 44.
6. *Idem*, p. 94.

se a vida no *agora*: "[...] prescindir da esperança significa que eu tenho que passar a viver, e não apenas a me prometer a vida. E isto é o maior susto que eu posso ter. Antes eu esperava. Mas o Deus é hoje. Seu reino já começou"[7].

A heresia da ingestão da hóstia/barata apresenta, entretanto, uma dupla face: ela também fere os preceitos judaicos, conforme se pode ver em *Levítico* 11: 13, que inventaria a normatização dos animais puros e impuros, proibindo ao homem alimentar-se dos últimos. O judaísmo não é um credo no sentido cristão da palavra. Ele mais normatiza, legisla e regula a conduta do que se constrói sobre crenças e dogmas. A *Mischná*[8] e a *Halachá*[9], por exemplo, são compêndios de leis, não de doutrinas. Entretanto, a afirmação básica do judaísmo é a existência de Deus. É esse dado que o torna uma religião. Esse Deus apresenta a peculiaridade de proibir formalmentre toda figuração pela imagem ou pela escultura, só podendo ser representado pela escritura através de seus nomes: *Shadai, El, Elohim, Makom, Yah*, e, por fim, o tetragrama ilegível, oferecendo-nos um exemplo eloqüente da equivocidade da linguagem. Todo edifício interpretativo do *Midrash*[10] está ancorado nesse nome inominável, realidade inapreensível, termo excluído da ordem dos significados, que suporta uma cadeia quase infinita de significantes que sobre ela deslizam. A concepção de Deus aparece, assim, como o próprio paradigma da linguagem[11], sendo a especulação sobre a letra e a escritura provavelmente o principal eixo do pensamento judaico e seu traço mais original. Desse modo, o nome de Deus e toda sua revelação não são mais que o ponto de partida para uma peregrinação semântica, cuja figura geométrica seria a espiral ascendente e inconclusa, sendo a revelação, nesse sentido, o esboço de uma doutrina nunca plenamente configurada: corresponde a cada geração o trabalho de aproximar-se das Escrituras com o instrumental da fala e da escrita, mantendo-se, entretanto, sempre distante do lugar do Pai e de seu sentido, o que instaura, ao contrário da economia simbólica do cristianismo baseada na repetição e na denotação, um campo de conotação possível, mas sempre incompleta. Há quem considere que a revolução cristã tenha girado também ao redor da palavra. Cansados, alguns, de manter-se fiéis a um Pai cujo sentido não se alcança,

---

7. *Idem*, p. 95.

8. *Mischná* – codificação legal da essência da lei oral a partir do Segundo Templo. Foi compilada pelo rabino Yehudá Ha-Nassi.

9. *Halachá* – da raiz hebraica *hlch*, que significa andar, caminhar – é uma das duas linhas de comentários que integra o *Talmud*, reunindo o conjunto de regras e regulamentos a serem seguidos.

10. *Midrash* – da raiz *drsh*, que no sentido bíblico significa examinar, pesquisar – é o nome que se atribui a comentários da Bíblia.

11. Segundo a tradição judaica, é a linguagem que vincula o mundo terreno ao divino.

52 ENTRE PASSOS E RASTROS

elevaram à categoria de Deus alguém cuja palavra era clara, alguém que apagava as dúvidas ("Eu sou o Caminho, a Verdade e a Vida"), oferecendo um sentido inequívoco para a vida e para a morte. Segundo essa linha de raciocínio, os cristãos divinizaram o sentido da palavra humana, pois com o assassinato de Cristo assumido como redenção, assassinaram igualmente a progressão do sentido, na medida em que já o haviam encontrado, uma vez que a palavra do Filho foi reunir-se com a natureza de Deus[12].

Retornando à cena central do romance, nota-se no ato de ingerir a barata a desobediência da lei ritual judaica, vista como instrumento para o aperfeiçoamento ético e moral. Assim, o que deveria ser inquestionável transforma-se num exercício haláchico multiplicador de dúvidas, instaurando-se o espaço sagrado pelo seu revés:

> [...] por que não queria eu me tornar imunda quanto a barata? que ideal me prendia ao sentimento de uma idéia? por que não me tornaria eu imunda, exatamente como eu toda me descobria? O que temia eu? ficar imunda de quê?
> Ficar imunda de alegria[13].

Embora a escolha da barata esteja ligada à sua ancestralidade, ela não é inocente do ponto de vista religioso. Principalmente quando se observa que o ser ínfimo e "imundo" é comparado com o infinito e o divino, ao mesmo tempo que é identificado, no registro cristão, com a mãe de Cristo, Virgem Maria, idealização máxima da maternidade: G. H. contempla a matéria branca expelida pelo corpo da barata esmagada, e essa lhe parece a matéria fetal por ela expelida ao provocar um aborto. Ligando essas duas imagens, desenha-se o fundo metafórico da maternidade dado pela figura da Virgem: "De dentro do invólucro está saindo um coração branco e grosso como pus, mãe, bendita sois vós entre as baratas, agora e na hora desta tua minha morte, barata e jóia"[14].

A paródia da Ave-Maria, entretanto, cola-se à transgressão da lei judaica de contato com o impuro, o que traz, como conseqüência imediata, a transformação e a inversão do espaço sagrado. E G. H. sabe que ela caminha em terreno minado:

---

12. Cf. Jordi Llovet, *Por una Estética Egoísta (Esquizosemia)*. O autor estende sua reflexão ponderando que: "No es extraño que la épica, como género literario monológico y estructuralmente reiterativo conviviera con el gran desarrollo del cristianismo; como tampoco lo es que la novela barroca, transformacional y generativa, progresivamente dialógica, género de la ambigüedad por excelencia, lectura abierta a la infinidad de sentidos, coincida con la crisis progresiva del cristianismo en Europa" (pp. 247-248).

13. *A Paixão Segundo G. H.*, pp. 47-48.

14. *Idem*, p. 61.

XEQUE MATE: O REI, O CAVALO, E A BARATA EM *A PAIXÃO*...   53

Os regulamentos e as leis, era preciso não esquecê-los, é preciso não esquecer que sem os regulamentos e as leis também não haverá ordem [...] Mas é que eu já não podia mais me amarrar. A primeira ligação já se tinha involuntariamente partido, e eu me despregava da lei, mesmo intuindo que iria entrar no inferno da matéria viva[15].

Tanto a Torá como o *Midrash* partem da revelação para a prática dos preceitos que incluem os papéis, as leis e rituais a serem obedecidos[16]. Já a autora parte daquilo que ela percebe como limite e aprisionamento na vida cotidiana para perfazer o sentido inverso e atingir o neutro, o orgânico, a pulsão de vida primária. Assim, ela tropeça na lei, porque é preciso atravessá-la para ir ao encontro desse elemento originário da vida. A Bíblia, no entanto, suporta essa via de mão dupla, pois ao ser matriz fundante do aprisionamento – já que ao instaurar a lei a existência ganha seus limites –, ela é também o lugar da origem, da palavra revelada, acionando a partir dela um movimento ininterrupto de comentários.

A experiência mais radical, em *A Paixão Segundo G. H.*, é percorrer o itinerário da linguagem em direção ao silêncio, pois a renúncia à vida pessoal da protagonista traz a reboque a destruição da linguagem humana. Mas como a narrativa não pode calar, a linguagem dobra-se sobre si e passa a contornar as maneiras possíveis de narrar, de referir ao real ou à matéria divina "[...] viver a vida em vez de viver a própria vida é proibido. É pecado entrar na matéria divina"[17].

Como designar o impalpável? Entregue aos poderes e à impotência da linguagem, só a escrita errante, distante e próxima do real é capaz de evocar o impasse de que há um "resto" não representável, impossível de nominar. Esse inominável é o *Deus absconditus* da escritura segundo Clarice Lispector, que só se pronuncia pelo silêncio; portanto, pelo fracasso da linguagem. É justamente nessa direção que a escritura de Lispector permanece fiel à interdição bíblica judaica de delimitar o que não tem limite, de representar o absoluto. É esse dilema que abre o romance:

Aquilo de que se vive – e por não ter nome só a mudez pronuncia – é disso que me aproximo através da grande larguesa de deixar de me ser. Não porque eu então encontre o nome e torne concreto o impalpável – mas porque designo o impalpável como impalpável[18].

Mas é que também não sei que forma dar ao que me aconteceu. E sem dar uma forma nada me existe[19].

15. *Idem*, p. 39.
16. Cf. o capítulo "A Letra e a Lei", no qual trato com maior amplitude a questão da lei judaica e da palavra na obra da autora.
17. *A Paixão Segundo G. H.*, p. 63.
18. *Idem*, p. 9.
19. *Idem*, p. 11.

54 ENTRE PASSOS E RASTROS

Esse livro, que começa e termina com seis travessões, marca a ruptura de G. H. com seu mundo. A pontuação inusitada e o movimento circular da narrativa situam-na no limite das normas da enunciação, criando uma estrutura semântica complexa. Se comparada com a música, dir-se-ia que se está diante de um objeto que rompe o sistema tonal, substituído por agregações harmônicas sem uma cidadania demarcada. Espécie de improviso emitido por uma voz dubitativa alheia às associações habituais feitas de entorpecida razão comum, de superficial e gasta analogia. Dentro dos travessões, o espaço agônico do sujeito e do sentido, espaço onde o sujeito se procura e se perde, se reencontra para tornar a se perder. O processo é um circuito, uma arena de luta, um exercício existencial em busca de sentido. Esse exercício obriga a linguagem a se desvestir de seus adornos, do que se convencionou chamar de linguagem literária, numa tentativa de deixar emergir o material recalcado nela depositado. "E porque tocou no inexpressivo, a pior arte é a expressiva, aquela que transgride o pedaço de ferro e o pedaço de vidro, e o sorriso e o grito"[20].

O inexpressivo seria o dínamo que aciona a linguagem como uma espécie de toque de Midas às avessas. Sem adornos ou acréscimos ela deve funcionar como alusão do real que, segundo o texto, "é de uma insipidez pungente". Sem esquecer em nenhum momento que "a coisa nunca pode ser realmente tocada. O nó vital é um dedo apontando-a"[21]. O fracasso é o destino de uma escrita que busca dar forma ao incomensurável.

Retomando o mergulho da protagonista no registro que a subtrai do cotidiano, é importante frisar que o impulso primeiro desse movimento é dado pela empregada negra Janair, cujo nome ressoa em Janaína, outra denominação de Iemanjá, orixá que provém de uma nação iorubá e, no Brasil, é sincretizada com Nossa Senhora da Imaculada Conceição[22]. Por ser a Mãe das Águas, é representada freqüentemente sob a forma latinizada de uma sereia, com longos cabelos soltos ao vento. O sábado é o dia da semana que lhe é consagrado. O nome e a cor de Janair levam a associá-la aos ritos africanos, embora a linguagem de associações livres do texto crie uma ultrapassagem desses ritos, desdobrando-se em referências a múmias do Egito, hieró-

20. *Idem*, p. 91.
21. *Idem*, p. 89.
22. A respeito de orixás e religiões afro-brasileiras veja-se, de Pierre Fatumbi Verger, *Orixás (Deuses Iorubás na África e no Novo Mundo)*. Veja-se, também, o livro do antropólogo inglês radicado no Brasil, Peter Fry, *Para Inglês Ver*. Neste livro, Fry analisa de que modo a umbanda coexiste com a industrialização e a "modernidade", colocando-se como questão por que essa religião, com forte ênfase em soluções mágicas de problemas urgentes, em vez de definhar com a "modernidade", cresce concomitante com ela. Como contraponto à umbanda, ele estuda o pentecostalismo na Inglaterra, na sua fase de industrialização mais rápida, o século XIX.

XEQUE MATE: O REI, O CAVALO, E A BARATA EM *A PAIXÃO...* 55

glifos, sarcófagos, deserto, salamandras e grifos, o que traz uma ambiência oriental que mascara a outra.

Como se sabe, no começo do século XX, os candomblés e as ma-
cumbas eram constituídos por descendentes de escravos. Os cultos
foram trazidos com eles e, para mitigar a repressão por parte dos brancos, os deuses da África eram disfarçados sob as denominações dos
santos católicos. As relações entre os cultos afro e a elite governante
eram ambíguas, pois, se, por um lado, a burguesia os reprimia, por
outro, reconhecia seu poder ritual. Os que não tinham poder econômico
ou político eram vistos como portadores de poderes sobrenaturais. Nas
três últimas décadas, entretanto, a umbanda não só cresceu exponen-
cialmente, como a composição social de seus membros também mudou. Ela deixou o monopólio de negros e sofreu um branqueamento,
abarcando diferentes etnias e todas as classes sociais.

O culto afro é monoteísta somente no nome, já que a divindade é
ociosa e sustentada por uma corte magnífica de espíritos menores que,
segundo a crença, manifestam-se aos vivos através da mediunidade
espiritual, de sonhos e outras aparições. Esses espíritos são organizados numa espécie de hierarquia paramilitar de linhas e falanges. A
hierarquia é conduzida pelos santos ou orixás, e cada um desses santos tem sob seu controle um número de espíritos menores de vários
tipos. Sem esgotar a lista, os principais são os *pretos velhos,* os *cabo-*
clos (índios) e os *ibejis* (crianças). Todos esses espíritos respondem
aos apelos de ajuda, o que dá à religião um cunho prático, apoiado em
soluções de curto prazo para os problemas que vão surgindo. De certo
modo, as religiões afro-brasileiras, porque circunscritas ao *aqui* e *ago-*
ra, situam-se na contraface do cristianismo e do judaísmo, ambas
atuantes num espectro de tempo que vai das origens à eternidade, exi-
gindo de seus fiéis a obediência de princípios que apontam para uma
redenção futura, enquanto os *despachos,* antídotos rituais ordenados
para se alcançar um dado fim, codificam o alcance de soluções imedia-
tas para as desditas que afligem o homem.

O desenho de Janair inscrito na parede, à maneira dos bonecos na
magia negra, marca o início da trajetória da protagonista, pois, ao iden-
tificar-se com a "múmia" grafada, ela sai de si, desloca-se, transpondo-
se para aquela – a do desenho –, abrindo brecha para a paixão. A barata, por seu lado, não é um ícone da vida, ela é, em sua materialidade, a
massa viva ("um tamanho escuro andando"), que pede que a redenção
se faça na própria coisa, sendo necessário para isso pô-la na boca e in-
geri-la. Como a partir desse momento o raciocínio lógico não funciona
mais, um comando hipnótico conduz a protagonista para zonas inusitadas. Antes de prosseguir, chamo a atenção para a sobreposição de
Janair/barata /Virgem Maria num mesmo eixo semântico que configu-
ra a maternidade. A cadeia Janair-Janaína-Iemanjá, através da última,
é representada como figura de matrona de seios volumosos, símbolo de

56 ENTRE PASSOS E RASTROS

maternidade fecunda; a barata é apresentada como espécie de mãe ancestral, cujo sangue é branco como o leite, e a Virgem Maria – arquétipo da maternidade – é trazida ao texto em forma de prece truncada (Ave-Maria) interposta com o inseto, e com a própria narradora, mãe abortada. A partir da sugestão da imagem matricial, imprime-se, no texto, um movimento de volta, passando por uma descida ao inferno, não ao maniqueísta cristão, mas um inferno sem pecado nem castigo, que proporciona a alegria demoníaca aliviada da dor de perder-se. Como os opostos são dessemantizados, o Inferno passa a Éden, lugar da alegria do vivo, incluindo-se ali a matéria divina.

> A alegria de perder-se é uma alegria de sabath[23].

> Mas a minha mais arcaica e demoníaca das sedes me havia levado subterraneamente a desmoronar todas as construções. A sede pecaminosa me guiava – e agora eu sei que sentir o gosto desse quase nada é a alegria secreta dos deuses. É um nada que é o Deus – e que não tem gosto[24].

Nem o judaísmo, nem o cristianismo dão suporte a essa alegria possível dentro dos rituais da magia. Entre os judeus o *shabat* (em hebraico, "sábado") é o sétimo dia depois da criação, dia do repouso de Deus, sendo o preceito básico do judaísmo a guarda desse dia consagrado a Ele (Gn 2: 2-3). Existe, porém, outra tradição ligada ao *sabath*[25]. As imprecações dos profetas Isaías e Oséas contra os sabás e as festas religiosas ligadas aos ciclos lunares mostram que existem traços de uma antiga tradição da época nômade, segundo a qual o *sabath* se celebrava como festa de alegria, sem nenhuma associação com o dia do Senhor. Era a festa do plenilúnio. Depois a celebração estendeu-se a cada uma das quatro fases do ciclo lunar e tornou-se a festa do sétimo dia. A essa tradição liga-se o *sabath* das feiticeiras[26] e também a orgia em que a personagem G. H. se perde. Aí, "frui-se a coisa de que são feitas as coisas – esta é a alegria crua da magia negra"[27]. No conto "A Repartição dos Pães"[28], Clarice Lispector usa o sábado para unir pessoas díspares procedentes de um "trem descarrilado" em torno de uma mesa farta, mesclando aspectos cristãos da Eucaristia ("a repartição dos pães"), pagãos ("em nome de nada co-

23. *Idem*, p. 68.
24. *Idem*, p. 67.
25. As formas *sabath*, *sabá* têm origem etimológica no hebraico *shabat*, e chegam àquelas formas via o francês *sabbat*. *Sábado* vem da mesma origem hebraica, via latim *sabbatu*. O *shabat*, conforme a legislação judaica, deve ser consagrado a Deus. Segundo superstição medieval, reunia-se no sábado, à meia noite, o conciliábulo de bruxos e bruxas, presidido pelo Diabo.
26. Conforme nota 29 da edição crítica de *A Paixão Segundo G. H.* (*op. cit.*).
27. *Idem*, p. 67.
28. Em *A Legião Estrangeira*.

memos") e referências à Bíblia Hebraica (os alimentos servidos no *shabat*, o conto bíblico de Caim e Abel), enquanto vai trazendo Deus para baixo, depositando-o "lá fora... nas acácias", transferindo o divino para uma perspectiva de completa imanência.

No romance, entretanto, a arcaica e demoníaca sede de orgia que ocorre no *sabath* realiza-se no interior de uma forma litúrgica anticristã (missa negra) e antijudaica (ocorre no sábado que não é guardado, mas festejado orgiasticamente), obedecendo mais a uma lógica de sonho, onde o potencial mágico do arrebatamento onírico ganha relevo. Os cavalos que atravessam a obra de Lispector, carregando a imagem de fascinação libertária, também n'*A Paixão*... trotam dentro da personagem, chamando-a para o festim noturno: "Nunca mais repousarei: roubei o cavalo de caçada do rei de sabath. Se adormeço um instante, o eco de um relincho me desperta. É inútil não ir"[29].

Esses animais suscitam a identificação das personagens claricianas que, através deles, reconhecem o lado instintivo de que são feitas ("O cavalo me indica o que sou"[30]). Por outro lado, os cavalos também têm papel importante no ritual afro-brasileiro. Eles representam aqueles que têm o privilégio de ser "montados" (por isso, cavalos) pelo orixá, tornando-se o veículo que permite à divindade voltar à terra para conceder graças, resolver desavenças e dar remédio e consolo para doentes e desafortunados. Assim, o mundo celeste não está distante, nem acima, e o crente pode conversar diretamente com os deuses e aproveitar sua benevolência.

Enquanto dura o enfeitiçado *sabath*, é o cavalo com o eco de um relincho que emite seu chamado. São os cavalos que pairam imóveis ou trotando nas trevas, estáveis e sem peso, invisíveis, porém respirando, chegando a emprestar virtualmente sua forma à mulher[31]:

Mal eu saísse do quarto minha forma iria se avolumando e apurando, e, quando chegasse à rua, já estaria a galopar com patas sensíveis, os cascos escorregando nos últimos degraus da escada da casa. Da calçada deserta eu olharia um canto e o outro. E veria as coisas como um cavalo as vê.

Entre cães que ladram nas encruzilhadas pressentindo o sobrenatural, a figura da mulher tomada pelo cavalo remete aos cultos afro onde os espíritos se incorporam em seus médiuns[32]. Entretanto, essa prática ritual não comparece nítida no texto de Clarice, embora deflagre seus símbolos e alavanque o transe psíquico que desaloja a perso-

29. *A Paixão Segundo G. H.*, p. 83.
30. Em *Onde Estivestes de Noite*, p. 51.
31. *Idem*, p. 54.
32. A relação do cavalo como instrumento mediúnico na obra de Clarice Lispector me foi sugerida pelo trabalho de Ana Luísa Andrade *As Dobras Constelacionais do Corpus Clariescuro* (inédito).

nagem de sua racionalidade e de seu cotidiano, para onde, no final do romance, retorna. A experiência da linguagem, no entanto, prossegue nesse jogo ventríloco sem retorno possível, desdobrando-se e estirando-se em experimentos em que a escolha da enunciação faz do enunciado seu "cavalo" (é ele que fala), esforçando-se para lançar os ecos da matéria reprimida naquilo que é dito, trazendo sempre a lembrança de que algo deve ausentar-se para que alguma coisa se torne presente e fale, testemunhando permanentemente seus limites diante daquilo que não pode ser articulado. Talvez por isso o momento da incorporação da barata seja elíptico no romance. Suposto, é esse momento, entretanto, que se amplia e vai delineando de forma tateante "o mais inalcançável" – o contato com o real –, no texto, "a matéria divina". Também a autora é montaria enfeitiçada que se deixa levar pela irrupção do indeterminado, o estrangeiro que fala através dela ("Mas a máquina corre antes que meus dedos corram. A máquina escreve em mim"[33]). À escuta do enigma da escritura, o seu trabalho de linguagem refina a sensibilidade para o evento de uma frase imprevisível, desconhecida, que põe em xeque a legitimação de qualquer metajogo de linguagem, restringindo-o às regras heterogêneas que o constituem.

Por que a autora utiliza as ressonâncias, os registros e o imaginário de diferentes religiões, que intertrocam seus atributos, mas também colidem entre si, para estruturar sua narrativa, se ela rebate e desloca os seus princípios e se debate entre suas malhas, construindo uma cerimônia própria, onde as tradições religiosas acabam transparecendo pelo avesso? As respostas são múltiplas: Porque a escritora identifica nas religiões sistemas simbólicos de maior ou menor circulação no Brasil, o que implica, ao trazê-los para a estruturação do romance, poder contar com contextos comuns de experiências humanas, nas quais ela se inclui. Porque interessa à autora reavaliar as certezas religiosas e teológicas submetendo-as à prova de uma realidade que as faz vacilar. Porque lhe interessa promover o choque entre o desejo de eternidade e a consciência aguda da precariedade do mundo e das coisas. Porque a religião consiste principalmente em dar sentido às coisas, ao passo que o romance desestabiliza os sentidos, colocando em novo esquadro personagem, linguagem e Deus.

Ao final do romance G. H. pergunta-se atônita: "Viver é só isto? [...] é exatamente isto, responde-lhe a voz do texto. [...] A essência é de uma insipidez pungente"[34].

---

33. Em *A Descoberta do Mundo*, p. 353.
34. *A Paixão Segundo G. H.*, p. 111.

5. Duas Mulherzinhas

Em cada um dos contos, o de Aharon Appelfeld[1] e o de Clarice Lispector[2], contracenam uma mulher e um homem. Em ambos, a mulher é minúscula. Berta é uma quase anã e vive em Jerusalém, confinada num espaço fechado, um quarto, onde tece e destece, enredada em fios e agulhas. Pequena Flor é uma pigméia da tribo dos likoualas e vive nas profundezas da floresta africana. Berta parece ser limítrofe psiquicamente, presa a uma posição da qual não consegue sair: não é escolarizada, não está ligada à produção, mantendo uma aura infantil num corpo sem idade. Pequena Flor apresenta-se em completa integração com a natureza. A descrição exuberante da floresta onde umidade, calor e mosquitos envolvem igualmente personagem e natureza vegetal, animal e mineral, assinala para o enlace dos destinos do ser humano e dos animais, ambos postos na mesma órbita de perigo. Consta na narrativa que os bantos caçavam os likoualas em redes, como faziam com os macacos. E os comiam. A leitura cruzada de dois textos tão distantes, um de um autor que vive em Israel, outro, de uma escritora imigrante judia que viveu no Brasil, faz sentido quando se observa que por trás dos enredos e temas diferenciados subjaz uma reflexão co-

---

1. O conto "Berta", de Aharon Appelfeld, está traduzido para o português e integra a coletânea *O Novo Conto Israelense*.
2. O conto "A Menor Mulher do Mundo" integra o livro de Clarice Lispector *Laços de Família*.

mum que diz respeito às relações de alteridade subsumidas a um aparato de poder que tem, num certo tipo de razão, sua alavanca de funcionamento.

Há uma massa de sentimentos (amor, resistência, medo) que lateja nos contos, acessada pela linguagem que vai tornando "visível" as zonas mais abstratas da sensibilidade. Aí, a linguagem turva sua transparência, apondo à sua função de índice uma opacidade trabalhada e perturbadora. De tal maneira que a sensação de estranhamento que se tem em relação às mulheres dos dois contos está demarcada principalmente no território da linguagem.

O conto de Aharon Appelfeld, embora de modo absolutamente alusivo e tangencial, trata, em sentido amplo, da questão dos que sobreviveram ao Holocausto nazista. A referência ao horror é sutil e oblíqua. Narrado em terceira pessoa, o conto apresenta o convívio de Max e Berta. Ele desloca-se no espaço, viaja, trabalha, enquanto ela é a que permanece fixa no espaço, enredada entre os fios que tece, estando, porém, as duas atividades rotinizadas numa prática existencial irreversível. Ele é um Ulisses moderno. De curto fôlego, seus deslocamentos são sazonais: no inverno ele volta, para partir na primavera. Ela é uma Penélope que constrói e desconstrói um tecido. Nos dois casos, viajar e tecer são práticas que não apontam para uma finalidade. Do ponto de vista de Max, não há uma Ítaca a atingir, e suas aventuras de viagem congelam-se nas estradas, não sobrando nem mesmo histórias de viagem para serem contadas. Também o trabalho de tecedeira de Berta não imprime um rumo ou um sentido à sua vida. Repetem-se os gestos, mas o mito é vazio.

Complementares, Max e Berta dependem um do outro. Não são parentes, não são casados, não são amantes, então, por que a dependência? Como passaram a criar vínculo e a conviver?

A resposta a essa pergunta está numa passagem do conto, em que o narrador informa que Berta fôra entregue a Max durante a "grande fuga". Não podiam carregá-la, e ele a carrega e a salva. Assim, vão juntos a Israel, instalam-se em Jerusalém e, a partir do momento da chegada, ela apaga o passado, mas também não consegue absorver mais nada. Permanece como era. "Algum cano entupiu". É através de uma informação parca, casual e destituída de sentimentalismos que a narrativa levanta um véu que faz emergir a catástrofe perpetrada pelo nazismo, da qual Max e Berta são sobreviventes. Se o texto não se refere ao horror nazista porque ele é elíptico, porque o enredo inicia com ambos já em Jerusalém, ele está presente nos efeitos que deflagra. Assim, os sentidos do texto têm de ser buscados nas relações entre o que se diz e o que se cala, entre a palavra e o silêncio. O que está implícito pressiona a linguagem anunciando que algo latente não foi simbolizado, mas tem de ser levado em conta para não se falsear as significações possíveis do texto.

Embora Max sinta em si uma obstrução, "algum cano se entupiu" também nele, ele se deixa levar com o tempo. Seus cabelos encanecem, chegam os sinais da idade, uma tosse persistente, amebas, mas a sucessão das estações do ano não traz nada de novo. Enquanto isso, Berta tem a vida reduzida a mera presença, na qual o vivido se contrai ganhando espessura. Ela permanece igual, pequena, quase anã, características que se acentuam até atingirem a plenitude. Presos ao mesmo nó do passado, os dois vivem o absurdo da condição humana pós-Auschwitz. Max alimenta planos de desvencilhar-se de Berta, de encaminhá-la a uma instituição especializada, de casar-se com Mitzi, mas ele sabe que isso não é possível, porque ela é o espelho onde se reflete sua vida. Uma tentativa final de separação precipitará a morte de Berta, e, nesse momento de uma liberação possível, ele sente os passos, os braços e a vida algemados por um desejo que não pode fluir.

As diferenças entre Max e Berta no conto estão marcadas em vários níveis. Mas as aproximações são também poderosas e vão se fazendo no tecido textual através da aplicação dos atributos de um extensivos ao outro. Por exemplo, os anos não tinham acrescentado peso a Berta, que era *leve* como no dia em que Max a recebera. Ele, por seu lado, também se sente *leve* depois que a deixa. Às vezes, também, as atividades de ambos se confundem, como no momento em que Max "sai novamente à procura dela como a procurava no bosque, como procurava a si mesmo na rua. Agora só recorda pormenores, novamente não a pode ver, como não pode ver a si mesmo". Sem dizer que ambos estão encobertos pelo mesmo manto da cor azul que atravessa a narrativa: luz azul, lã azul, roupa azul etc.

A pergunta que o leitor se faz é a mesma que no texto o narrador, em discurso indireto livre, faz: "Teria Berta existido realmente ou seria apenas uma visão? [...] Os sapatos, as contas, as sementes, as agulhas de tecer, a lã azul. Acaso isso foi Berta?"

Não será possível se pensar que Berta faz parte de Max, encravada numa zona do passado que ele deseja pôr de lado, esquecer?[3] Um passado familiar, mas impossível de ser assimilado, metabolizado, e cuja emergência traz à tona o estranhamento? E, então, o retardamento de Berta não poderia estar traçando um plano de oposição com a racionalidade hipertrofiada pelo nazismo que insistia em rastrear os conceitos científicos em voga na época para justificar o empenho arbitrário e assassino de eliminar o outro, o diferente, em nome de um projeto de arianização e de aperfeiçoamento da raça humana?

---

3. Jorge Senprun, sobrevivente de Buchenwald, em seu relato autobiográfico denominado *L'écriture ou la vie*, afirma que o esquecimento foi o preço que ele teve que pagar para a vida. Mas eu me pergunto se, ao lembrar que esqueceu, ele não está lembrando o que queria ter esquecido.

62 ENTRE PASSOS E RASTROS

Pode ser elucidativo remeter-nos ao conceito de *Unheimlich* de Freud[4], para melhor se entender o estranhamento inerente à figura de Berta e, ainda, à relação que se estabelece entre ela e Max. Segundo o relato de Freud, depois de uma vasta pesquisa em diferentes idiomas, dos termos *Heimlich/Unheimlich*, ele encontra num dicionário alemão um tipo de fenômeno semântico curioso: a palavra *Heimlich* encerra dois sentidos opostos – significa aquilo que é familiar, íntimo, amistoso, mas também pode significar escondido, escuso, misterioso, desassossegante, que desperta temor, alcançando aí o sentido de *Unheimlich*. Em seguida, Freud encontra na frase de Schelling a chave para entender de que modo esses dois sentidos se ligam intimamente. Segundo Schelling "*Unheimlich* é o nome de tudo que deveria permanecer oculto e secreto mas veio à luz". Freud avança a hipótese de que o estranho remete àquilo que é conhecido e há muito familiar, porém foi recalcado, trazendo o efeito de estranhamento quando vem à luz.

O estranhamento evocado a partir de Berta está na sua figuração enquanto personagem: pequena, deficiente, ágrafa, entretanto "sábia", iluminada, sensível, imobilizada, presa a uma prática e a um espaço dos quais não se desprende.

É justamente na casa, no lar, no *Heimlich*, que se inscreve o estranho no conto. É no ambiente familiar, onde os objetos somem de nossos olhos, cegos de tanto vê-los, que ele se instala sorrateiro como sensação. Mas é graças à linguagem que a visão de arestas insuspeitadas vai retomando os contornos perdidos. É a linguagem que constrói a estranheza na relação entre Max e Berta, apontando para a possível unidade de ambos. Especulares, ela é o que ele não quer ver de si. Ela morre, mas nem assim o Ulisses moderno ultrapassa com sua suposta astúcia as barreiras que lhe permitam atingir a autonomia de um sujeito[5]. Sua viagem não tem volta. Ítaca não há. Por isso, quando Max deixa Berta no hospital onde ela morre, a narrativa introduz o tema da memória. Ele não se lembra de nada, as imagens estão como que congeladas, mas ele não consegue deixar de caminhar em círculos em volta do hospital. Do mesmo modo não consegue abrir os braços que circundam o que sobrou de Berta – suas roupas. E o conto termina com a hipótese de que talvez aquilo já não fossem braços, mas *aros de ferro*, em hebraico, *chishukei barzel*. A raiz *chshk*, que vem do aramaico e do acádico significa ligar; da mesma raiz tem-se o substantivo com o sentido de aro, liga, vínculo. Existe, porém, uma raiz homônima de origem árabe (*chshk*) que significa desejar, e o substantivo, desejo. Estabelecendo-se um jogo entre os homônimos, pode-se traduzir *chishuk* como desejo, aquilo que move o homem, imobilizado, no tex-

---

4. Sigmund Freud, "O Estranho" (original de 1919).
5. Cf., a propósito, de Max Horkheimer em parceria com Theodor Adorno, o texto "Conceito de Iluminismo".

to, pelo atributo *de ferro* (*barzel*) que acompanha *chishuk* (aro). Aí o leitor tem de se haver com uma expressão que constrói um paradoxo ou um oxímoro. Movimento partido é vida impedida. Essa, segundo o conto, a seqüela que os sobreviventes da catástrofe nazista estão fadados a carregar para sempre.

No conto "A Menor Mulher do Mundo", o explorador europeu Marcel Pretre descobre no coração da África uma tribo de pigmeus e, nela, a menor criatura da tribo dos menores pigmeus do mundo. Ele é apresentado como "explorador francês [...] caçador e homem do mundo" que se apressa em divulgar sua descoberta, uma pigméia "escura como um macaco". Perturbado com a estranha descoberta, mas impossibilitado de compreender e domar a diferença, o homem fará tentativas de enquadrá-la dentro de seus próprios parâmetros. Daí a classificação botânica presente na nomeação "Pequena Flor". Depois de zoomorfizar sua descoberta (macaco) e de transformá-la em flor, ele encontrará uma afinidade entre "a coisa humana menor que existe" e o mundo mineral, ao dizer que ela era "mais rara que qualquer esmeralda".

Além de afastar a pigméia da espécie humana pelo deslocamento reificador, o explorador realça a diferença entre ambos apenas para firmar a submissão de Pequena Flor, lá embaixo, vista "toda em pé e a seus pés", como um troféu valioso que o torna um afortunado, sensação que compensa a náusea que ele sente diante da agressiva cara dura e preta dos pigmeus.

Há uma angústia que norteia o texto quando confronta o "natural" com o "não-natural". A idéia de excepcionalidade, por seu lado, indica a crença em leis imutáveis e rígidas de classificação aplicáveis inclusive à ordem natural, e a cisão e o isolamento do civilizado com relação a essa ordem. Quando o narrador inventaria os hábitos e modo de vida da tribo africana, o texto passa a mostrar através de sutilezas da linguagem o que as personagens (com exceção de Pequena Flor) se esforçam por ocultar: a presença perturbadora da diferença, a crueldade e o lado selvagem do civilizado, dissimulado sob a polidez de uma prática científica. A viagem de conquista e de conhecimento de um europeu à África vai sendo pautada por seu desejo de dominação e devoração do outro, e isso o narrador do conto examina e desarticula ao longo do texto, usando recursos como a ironia, a estilização, a paródia etc. A um discurso cientificista, classificatório, objetivo do explorador, Pequena Flor responde coçando-se, logo de início, "onde uma pessoa não se coça", o que faz o pesquisador desviar o olhar de seu objeto, situação que será recorrente no conto, assinalando o fracasso da mirada classificatória dirigida à pigméia, que dela escapa sempre. Por outro lado, a crueza do modo selvagem de vida dos pigmeus, o fato de uma tribo caçar os membros da outra, a prática antropofágica, a comida insuficiente, a água contaminada e as feras rondantes inscrevem a sua vida numa linha frágil, insegura, onde fala mais alto o instinto da sobrevivência.

Descoberta "a menor mulher do mundo", a narrativa passa a se concentrar na veiculação de sua imagem pelo suplemento dominical de um jornal. Como era minúscula, a foto de Pequena Flor é estampada nas páginas do diário em tamanho natural, o sexo disfarçado com um pano enrolado numa barriga já em estado adiantado de gravidez. Pequena Flor está grávida. A imagem da personagem ataca o domingo apaziguado e burguês das famílias que respondem a ela com uma crueldade camuflada de carinho, daquela espécie de carinho que se devota aos animais de estimação. Vêem nela uma "tristeza de bicho", "o nariz chato, a cara preta, os olhos fundos, os pés espalmados" delineiam aos olhos dos leitores a imagem de um cachorro, "parecia um cachorro", ou desperta "aflição" o terror ante a diferença exposta, ou o desejo de tê-la em casa para ser usada como um brinquedo, trazendo à tona facetas de dominação e agressividade escamoteadas a fim de se compor imagens de harmonia civilizada.

É com ironia que o narrador vai ligando os comentários em torno da pigméia, de modo a assinalar a recepção coletiva que a tem como uma aberração, um excesso da natureza, pondo às claras o preconceito racial inerente à nossa cultura branca, que assinala uma posição hierarquicamente inferior aos negros, além, é claro, da superioridade da cultura européia frente ao primitivismo africano.

Ante a gravidez de Pequena Flor, o explorador põe-se a examinar "metodicamente" sua barriga, quando ela se põe a rir. O explorador não consegue desviar os olhos de seu "objeto", sentindo um imenso mal-estar, pois não alcança classificá-lo. É a partir do riso indecifrável, não familiar, que o narrador vai esboçar uma sondagem do universo interior da aborígene. Mas esse universo é informado ao leitor, não ao explorador que fica perdido ante a profundeza de mistério do riso. Perplexo, Marcel Pretre apóia-se no símbolo de seu saber representado pelo capacete de explorador; ajeita então o "capacete simbólico", signo da precariedade de seu pretenso saber totalizante, resignando-se a tomar notas, enquanto se vê que ele não consegue reter o seu objeto – Pequena Flor – nas malhas de sua ciência.

O conto "A Menor Mulher do Mundo" desfaz o tempo todo a intenção etnocêntrica daqueles que estão empenhados em apagar a diferença, desmascarando as tentativas de reduzir o *outro* ao *mesmo*, e de discriminar a diferença como inferior ou aberrante. Ao mesmo tempo que se desconstrói um modelo cristalizado de racionalidade, de cultura, de ciência, emerge o exame do informe, da matéria humana minúscula, quase reduzida a nada, e, no entanto, pulsante. Emerge a metáfora da história do feminino, das relações homem/mulher, história feita de submissão e luta, delicadeza e medo. Isso tudo é desenhado na complexa interação homem/mulher. Se, por um lado, o trabalho do explorador é o de tentar afastar a pigméia da espécie humana, de outro, o movimento da pigméia é o de impor sua humanidade despossuída de acréscimos civilizacionais, espécie de humanidade em estado puro.

Theodor Adorno, em *Minima Moralia*[6], numa das partes em que trata do nazismo, afirma que o esquema social de percepção dos anti-semitas está configurado de tal modo que não lhes permite ver os judeus como homens. A tão divulgada afirmação de que os selvagens, os negros, os judeus ou os japoneses parecem animais, quase macacos, contém já a chave do *pogrom*. O passo seguinte é pôr em prática um programa de extermínio sistemático e impessoal para subjugar e desumanizar o homem de modo que os executores sejam persuadidos de estarem abatendo "não mais que animais" ou "somente animais", enquanto enxergam como homens apenas o reflexo de sua própria imagem, sem nenhuma linha de fuga que acene para a diferença.

A reificação do diferente, a sua animalização, é desmontada no conto que tem Pequena Flor como protagonista, por isso ela aparece como portadora de um signo vital. Ela revida, reage, surpreende, usando para isso nenhuma estratégia que não a força de seu primitivismo e de sua adesão à natureza que a adestra diariamente para a luta pela sobrevivência.

Mas Berta assim como Max são números tatuados. Eles passaram por um processo de destituição de humanidade, no conto apresentado como irrecuperável. Também o autor, como seus personagens, é um sobrevivente dos campos de extermínio nazistas. Talvez por isso ele tenha escolhido tratar do tema de forma oblíqua, indireta, já que, se a literatura encarar de frente o tema, ela pode correr o risco de amortecer o impacto do horror do Genocídio[7], tornando-o familiar aos nossos olhos de leitores, acabando por nos reconciliar com o irreconciliável.

Há certas coisas em nossa experiência, ou certos aspectos do universo, que são terríveis demais para serem tratados diretamente. Nas mitologias antigas e mesmo nas religiões, há situações, seres, objetos, que não podem ser nomeados, mantendo-se inatingíveis aos mortais. Perseu não podia encarar a Medusa, por isso sua astúcia cria a mirada oblíqua do reflexo no espelho. Enquanto Clarice Lispector erige uma literatura que tem como um dos principais alicerces a questão do *outro*, da diferença, Appelfeld pratica a narrativa oblíqua do Holocausto, onde o *outro* foi triturado. Mas, ao fazer uso da palavra e escrever não *sobre*, mas *o* horror experimentado, há um sujeito que se constrói en-

---

6. Ver partes 33, 34, 68, 69 e 70.

7. O binômio Holocausto-arte vem sendo tratado desde os anos 1950 até os dias de hoje e conta com vasta bibliografia. Vejam-se, por exemplo, os livros *Writing and the Holocaust*, org. Berel Lang; de Geoffrey Hartman, *The Longest Shadow: In the Aftermath of the Holocaust*, e "On Traumatic Knowledge and Literary Studies".

quanto imprime uma forma ao informe, rompendo, assim, os grilhões de ferro que atam seus personagens.

Faltou trazer à superfície um fio que corre implícito nessa análise, justamente aquele responsável pela aproximação das duas personagens femininas: a sua medida miniaturizada. Uma, quase anã, outra, "a menor mulher do mundo", têm como parâmetro os homens com os quais contracenam nas respectivas narrativas. Cabe a Max decidir o destino de Berta: ele a salva na Europa, ele a traz a Israel, ele decide se ela irá ou não para a instituição, mas não decide sobre sua morte. É também o pesquisador branco e francês quem descobre, e divulga para o mundo, o "fenômeno" que é Pequena Flor, cuidando de enquadrá-la em categorias que preservem a idéia de humanidade da qual ele é a própria imagem, não conseguindo, no entanto, conter a procriação de uma contraface humana que questiona suas intenções e seu trabalho científico. Nos dois casos, as mulheres estão, em grande parte, à mercê da onipotência masculina. Elas precisam ser pequenas para os homens se espelharem nelas como grandes. Mas, ironicamente, nos dois contos, são as mulherzinhas que ocupam a posição central das narrativas. Retraindo-se à elementaridade de seu destino humano, elas trazem à tona as contradições mais fundas e recorrentes entre vida e morte, princípio de perpetuação e de destruição, movendo com sóbria simplicidade as dissonâncias de que somos feitos e no interior das quais nos debatemos.

Parte II

Noturno Suburbano

Parte II

Klong Spontaneo

1. Samuel Rawet em Companhia

Aprendi tudo na rua.

Samuel Rawet[1]

Samuel Rawet nasceu em uma pequena aldeia polonesa, Klimotow, em 1931. Aos sete anos desloca-se, com a mãe e os irmãos, para seguir o pai, que já tinha emigrado para o Brasil uns anos antes. Pobres, instalaram-se na zona norte, no subúrbio do Rio de Janeiro, espaço que servirá de laboratório de experiências a serem recriadas em registro literário. A colisão de culturas mais os conflitos no interior da família dificultaram ao máximo a experiência imigratória, terminando por se romperem os laços de família.

Meu pai já estava aqui, e a nossa situação na Polônia era péssima. Vivíamos praticamente à espera de uma passagem para o Brasil. Cheguei em 1936. Foi antes da guerra, e não me lembro que tenhamos saído por causa da guerra que já se anunciava, ou simplesmente num fluxo de imigração que houve dos países da Europa Oriental para a América. Provavelmente chagamos com esta leva. As recordações dos primeiros dias no Brasil são importantes até hoje. Saltei ali na Praça Mauá, com a família. Meu pai já havia alugado uma casa no subúrbio, em Leopoldina, onde moravam meus tios e onde fui morar. Até os vinte e poucos anos morei nos subúrbios de Leopoldina. Sou fundamentalmente suburbano; o subúrbio está muito ligado a mim. Aprendi o português na rua, apanhando e falando errado – acho que este é o melhor método pedagógico em todos os sentidos. Aprendi tudo na rua[2].

1. Ver depoimento do autor a Flávio Moreira da Costa.
2. *Idem.*

70 ENTRE PASSOS E RASTROS

Formado em engenharia, Rawet começou cedo sua carreira de escritor nas páginas do jornal *Correio Carioca*, seguindo-se a essa colaboração a publicação de uma extensa obra ficcional, dramatúrgica e de teor filosófico, que vai de 1956 a 1981. Como engenheiro, trabalhou com Niemeyer na construção de Brasília, constando que viveu solitário, por muitos anos, na cidade satélite de Sobradinho, próxima, embora fora, daquela que ajudou a construir, tendo nela morrido em 1984.

A imigração da família Rawet insere-se no fluxo imigratório de judeus russos, poloneses e alemães, principalmente, que se deu entre 1920 e 1950, e que teve de enfrentar dificuldades de diferentes tipos para poder entrar no país. Políticos, diplomatas, jornalistas e intelectuais tentavam, na época, combinar categorizações sociais pseudo-científicas vigentes tanto na Europa como nas Américas do século XX com um novo sentimento nacionalista. A isso fundiram-se temas cristãos tradicionais e ainda presentes, de modo que as tentativas de engendrar um sentimento de patriotismo colocavam os grupos não-cristãos em posição precária. Além do mais a elite política considerava os judeus uma "raça não-européia", quando "europeu" era entendido não como adjetivo que relacionava com a região de nascimento, mas como sinônimo racial para "branco". Assim, ao mesmo tempo em que os judeus que viviam no Brasil eram aceitos como "não-negros", outros que queriam imigrar eram considerados "não-brancos" e, portanto, um perigo social. Considerados, ainda, como membros de uma "raça isolada" que não podia ser distinguida fisicamente com facilidade, os judeus arcavam também com os estereótipos há muito mantidos que reforçavam uma furiosa caça a bodes expiatórios em tempos de crise econômica, política e social, forjando um perfil que se tornou alvo de uma política segregacionista em nível oficial, enquanto na realidade aqueles aqui radicados iam se adaptando rapidamente à sociedade brasileira, sem maiores problemas[3].

Se é verdade que os judeus traziam consigo o sonho de encontrar na América uma nova Canaã, a sua acolhida esbarra em muitos tropeços, já que entre 1920 e 1945 um labirinto de decretos e de leis regulamentavam a entrada no Brasil de estrangeiros indesejáveis. Essas medidas restritivas à imigração foram tomadas em nome da "construção de uma nação forte, de uma raça eugênica e da proteção aos sem trabalho"[4]. Com os representantes da "raça" amarela e da negra, os judeus (às vezes referidos como semitas, e sempre tratados como uma

---

3. Ver, a propósito, de Jeffrey Lesser, *O Brasil e a Questão Judaica* (*Imigração, Diplomacia e Preconceito*); e de Maria Luiza Tucci Carneiro, *O Anti-Semitismo na Era Vargas*.

4. Ver, a propósito, o capítulo 4, "Sob a Máscara do Nacionalismo", em *O Anti-Semitismo na Era Vargas*, pp. 155-234. A citação consta da p. 156.

SAMUEL RAWET EM COMPANHIA   71

raça) passaram a fazer parte da lista dos nocivos do ponto de vista racial, político, social e moral.

O termo "indesejável", na época, explicava-se pelo viés imigratório, constando no verbete do *Pequeno Dicionário Brasileiro de Língua Portuguesa*[5] da seguinte maneira: "pessoa estrangeira, cuja permanência no país é considerada como inconveniente e por isso proibida". Essa marca xenófoba que enquadra lingüisticamente o estrangeiro como nocivo e inadequado ao modelo proposto pelo projeto político estadonovista, permanece curiosamente nos dicionários de hoje, conforme se pode observar no *Pequeno Dicionário* e no *Novo Dicionário Brasileiro da Língua Portuguesa*, de Aurélio Buarque de Holanda.

É no interior da língua que o rotula como "diferente", como parte de uma "raça fisicamente degenerada", como um "sem-pátria", que se travará o conflito de Rawet, pois ele é forçado a aprender e a usar a mesma língua que o discrimina[6]. O autor, com certeza, era muito sensível a esse dado, pois não só se esmera em dominar o novo idioma, como arrisca uma aposta ainda mais alta – usar o português como língua de expressão, como língua literária.

Nos *Contos do Imigrante*[7], um narrador em terceira pessoa dirige a cena literária e assume a palavra, ao mesmo tempo que os protagonistas permanecem em silêncio, armando-se assim um emaranhado de relações cujos sentidos têm que ser buscados no jogo entre o contar e o calar.

No primeiro conto, "O Profeta", a sutileza do autor está em opor o "sobrevivente" (dos campos de extermínio) recém-chegado ao país não ao grupo hegemônico, mas ao próprio grupo de origem. São os parentes fixados no Brasil há cerca de trinta anos os que ridicularizam o recém-chegado numa língua ininteligível a ele, acuando-o ao silêncio e apartando-o do convívio familiar organizado em torno de um novo eixo. Também o isolamento da velha Ida em "A Prece" é marcado pelo silêncio, que contrasta com a algazarra do cortiço onde mora. Gritos, um rádio tocando sambas, mulheres conversando, crianças brincando

---

5. Hildebrando de Lima e Gustavo Barroso, *Pequeno Dicionário Brasileiro de Língua Portuguesa*, Rio de Janeiro, Civilização Brasileira, 1946, p. 686.

6. Em "A Tempestade", de Shakespeare, Calibã, o negro escravo, filho do demônio e uma bruxa, arnaldiçoa Próspero por ter-lhe ensinado uma língua em que ele só pode amaldiçoar. É obviamente a língua de Próspero que Calibã adquire, aquela que o qualifica como "escravo venenoso". "Calibã – vós me ensinastes a falar e todo o proveito que tirei, foi saber maldizer. Que caia sobre vós a peste vermelha, porque me ensinastes vossa própria língua!" (William Shakespeare, *Obra Completa*, p. 925). Ver, a propósito do assunto, o ensaio de Roberto Fernandez Retamar, "Caliban: Notes towards a Discussion of Culture in our America".

7. Cf. dissertação de mestrado de Saul Kirschbaum, *Samuel Rawet: Profeta da Alteridade*.

72 ENTRE PASSOS E RASTROS

fazem o contraponto à imobilidade da protagonista – junto à janela, sem língua e sem voz. O desespero surdo, a solidão são bem pontuados nos planos alternados, na passagem do presente ao passado, da realidade à memória. Nem a criança escapa ao silenciamento nos contos de Rawet. Em "Gringuinho", o garoto é tripudiado pelos colegas de classe, repreendido pelos adultos e pela professora, e cala-se frente ao grupo que perde as características pessoais e se transforma numa parede de incompreensão coletiva.

A partir do sexto conto, entretanto, o autor articula ao exílio do judeu o do pobre suburbano ("Conto de Amor Suburbano"), do doente à beira da morte ("Noturno"), do vagabundo, do solitário, dos marginalizados, em geral, reforçando essa equivalência em outros livros (*Diálogo*, de 1963; *Viagens de Ahasverus...*, de 1970). Neles, os marginais (imigrantes judeus e não-judeus, negros, mulatos, homossexuais etc.) erram longe do centro modelar dos padrões sociais, transitando nas fronteiras entre grupos. Para marcar o isolamento dessas personagens, o narrador raras vezes lhes passa a palavra, construindo-as à sombra da elipse, fazendo-as, além disso, contracenar com figuras pálidas e esmaecidas, apenas esboçadas, alcançando, pelo desnível de tratamento, trancar ainda mais os protagonistas em sua subjetividade. Marcando sua solidariedade com aquele que sofre, o narrador recorta a frase permeando-a de pausas, para criar no plano estilístico uma homologia do que é contado. Chama a atenção o uso de um amplo vocabulário, a obsessiva preocupação com a palavra precisa, a capacidade de dotar a linguagem de notações plásticas, sendo que o conjunto assinala a franca superação da barreira lingüística que aquele que veio de fora teve de enfrentar. Mas essa construção só se faz sobre uma linguagem que se suprime.

Talvez se possa ver um rastro dessa matéria subposta no modo como Rawet conta suas histórias. Seus contos apresentam um traço de hermetismo tão forte que as histórias parecem extraídas à fórceps, espécie de criptonarrativas que transformam o leitor em releitor e anunciam constantemente que o sentido não está à tona, e que há um "resto" difícil de submeter. Entre o que conta e o que cala, entre o que domina e o que se submete, nessa defasagem se instala o texto de Samuel Rawet.

Já a narrativa de Moacyr Scliar apresenta marcas bem diferentes. Nascido em Porto Alegre, filho de família emigrada da Europa Oriental, o autor foi criado no bairro judaico do Bom Fim que, na década de 1930, era povoado por famílias de artesãos e de pequenos comerciantes imigrantes que costumavam se reunir para evocar sua infância na Europa e para contar histórias, e que encontraram no pequeno Scliar um ouvinte privilegiado. Alfabetizado na esteira desses narradores, Scliar também se torna um narrador, só que um narrador que conta escrevendo.

As histórias ouvidas e vividas na infância têm um lugar importante na obra do autor, que relata, em vários de seus livros, a vida de judeus emigrados da Rússia e de outros países da Europa, que vieram ao Brasil trazendo na bagagem o fardo de seus sonhos e, aqui chegados, constatam que a América não frutifica milagres, nem mesmo esperanças comunitárias de redenção. Dedicam-se ao comércio, organizam-se em guetos, como o do Bom Fim em Porto Alegre, e vão, de geração a geração, diluindo suas ilusões na mediocridade característica da classe média brasileira que passam a integrar.

No itinerário percorrido pelo personagem Joel e seus companheiros, em *A Guerra no Bom Fim*, o autor demarca muito bem a representação do judeu já nascido no Brasil, inserindo-o num fogo cruzado de culturas figurado literariamente na heterogeneidade de vozes.

Nesse romance, as crianças, filhas de imigrantes, investem contra os nazistas, na terra e no mar, na praia e nas ruas, ajudadas por heróis díspares que vão do Deus Jeová ao Homem Borracha, do Golem ao Príncipe Submarino, de Sansão ao Homem Montanha. Elas vivem sua história pessoal vinculada ao microgrupo familiar, ao macrogrupo do gueto, ambos inscritos no painel da história brasileira, de onde ecoam, no livro, sinais, como a expansão do parque fabril de São Paulo, a morte de Getúlio Vargas, os movimentos estudantis e de esquerda, de modo geral.

Uma vez crescidas, o inimigo das crianças não é mais o nazista, mas o mesmo que assola a classe média brasileira: a pobreza. Se, por um lado, judeus e negros mantêm a equivalência de seus destinos determinada pela pobreza comum, por outro lado, essa equivalência tenderá a se romper, porque a ascensão social será franqueada aos judeus mas brecada aos negros.

Cruzando com a história do Brasil, a história do Estado de Israel, a Guerra dos Seis Dias, o autor introduz os conflitos entre judeus e árabes. Quando Joel e seus amigos chegam à idade adulta e fazem uma viagem a Israel, entra em cena um par do protagonista, mas no campo inimigo: o árabe Abu Shihab, que tinha perdido sua terra, sua pátria, em 1948, tomada pelos judeus. Assim como Joel lutara contra os nazistas nas ruas do Bom Fim, Abu Shihab investirá contra os judeus. A identificação entre ambos vai se traçando, e os dois se mostram especulares no sofrimento, na frustração, na diferença.

Entre a tradição, a inserção no país, e os olhos voltados para Israel, o lugar do judeu é intersticial. É desse lugar que emana a ficção de Scliar. Mas esse lugar apresenta dificuldades que seus heróis se esforçam por superar, à medida que o processo de mestiçagem étnica e cultural segue seu curso.

Vivendo a ilusão de uma emancipação comunista (Mayer), na indiferença com relação à tradição dos antepassados (Raquel), na carência de uma educação judaica (Marcos), ou com a atitude de arrivismo (Guedali), a aspiração mais recôndita dos protagonistas dessa segunda

74 ENTRE PASSOS E RASTROS

geração de judeus nos livros do autor é a composição de um espírito judaico num corpo *gói*[8], para eliminar a diferença no plano aparente. É por conta do culto desse corpo que Guedali recusa a sopa de beterraba, o peixe, o pão ázimo da Páscoa[9], alimentos inadequados para o seu ventre de longos intestinos de centauro. Já Mayer Guinsburg, para sofrimento dos pais, insiste em comer carne de porco[10] para somar com a materialidade do corpo *gói*. Nas narrativas de Scliar, o corpo dos judeus passa por metamorfoses as mais grotescas e angustiantes. É na singularidade física, nas doenças do corpo, que o judeu exprime sua fragilidade e sua necessidade de atenção. A vagina dentada de Rosa[11] e a parte eqüina de Guedali[12] configuram o estigma de uma diferença, assim como a dificuldade de confrontação com o mundo exterior.

Outros seres híbridos aparecem nos romances e contos de Scliar, vivendo na carne a situação de crise permanente de identidade, amputando, inclusive, uma de suas partes para poder sobreviver. É essa diferença que os judeus filhos de imigrantes tentarão apagar, buscando, segundo a visão do autor, a redenção no esquecimento de seu passado coletivo, igualando-se aos outros não como pretendia Mayer Guinsburg[13] em sua utopia romântico-revolucionária, mas pela via homogeneizadora do capitalismo. Mesmo distanciadas de suas origens, entretanto, as personagens não alcançam se libertar delas, e o sinal do vínculo que alimentam é dado por sua permanente locomoção: Raquel percorre, no volante de seu carro, as ruas de Porto Alegre, sem parar[14]; Joel também não pára, no sobe-desce morros a bordo de um gabinete dentário ambulante; Guedali cavalga pelos Pampas. Todos estão a caminho. Essa condição transitiva inerente às personagens é a marca de seu nomadismo. Aí, a Terra Prometida é um horizonte inacessível, que impele as personagens a ir, mas nunca a chegar.

Um exemplo privilegiado do cruzamento de culturas que caracteriza a ficção de Scliar pode ser avaliado no modo como o autor traz a barbárie nazista para Porto Alegre, no romance *A Guerra no Bom Fim*. Ao longo do texto, o autor vai oferecendo ao leitor pistas que lhe permitam chegar ao episódio: repetidas vezes se fazem ameaças (o alemão, o polonês, o negro) de transformar os judeus em churrasco, numa alusão clara aos fornos crematórios. O narrador informa também que o Brasil havia acolhido uma grande leva de alemães nazistas depois da

8. *Gói* – não judeu.

9. Referência à *matzá* – pão não fermentado que se consome na festa de *Pessach*, a páscoa judaica.

10. A carne de porco, segundo *Levítico* 11: 13, é de ingestão proibida aos judeus, por se classificar o animal como *impuro*.

11. Personagem de *A Guerra no Bom Fim*.

12. Personagem de *O Centauro no Jardim*.

13. Personagem de *O Exército de um Homem Só*.

14. *Os Deuses de Raquel*.

Segunda Guerra Mundial. Assim, quando os filhos do alemão Ralf Schmidt resolvem prender o velho Samuel para presenteá-lo ao pai no dia de seu aniversário, já tinham sido criados os suportes de verossimilhança. O autor, entretanto, terá que utilizar o fantástico e enquadrar o episódio no carnaval, momento de inversão da ordem, para levar adiante os aspectos grotescos e mórbidos dos acontecimentos.

Quando os filhos de Ralf matam gratuitamente o velho judeu e o transformam em churrasco, eles estão promovendo a passagem de uma expressão metafórica a literal, e alçando a situação ao plano fantástico. É a mulata Maria, mãe das crianças criminosas que, em sua ignorância (ela não sabe o que o leitor sabe), começa a comer o corpo de Samuel. Para além dos aspectos macabros que o episódio suscita, podemos interpretá-lo pelo viés antropofágico. Quando Maria come a carne humana, o autor a transforma numa canibal nativa. Ela é a autóctone em oposição ao marido e aos filhos (que se parecem ao pai), o europeu civilizado, branco. Pelo comportamento do branco europeu e do nativo, o leitor é levado a avaliar uma das conseqüências banais da colonização: a corrupção dos nativos pelo europeu, este o verdadeiro bárbaro, numa inversão clara da óptica colonialista. Com esse episódio, o autor ilustra um crime macabro, ao mesmo tempo que inclui uma tomada de posição com relação ao processo bárbaro de colonização a que o branco e europeu submeteu o Brasil e a América Latina.

Localizando-se fora e dentro de seu grupo de origem, vivendo de dentro a experiência de hibridização de que trata, Scliar, com seu estilo coloquial, a visão crítica da realidade que o caracteriza, e a construção de seus heróis fracassados, insere-se na literatura brasileira que se vem desenvolvendo no Brasil nas últimas décadas, destacando-se como o representante mais fecundo desse encontro particular de culturas nas letras brasileiras contemporâneas.

Nascido em São Paulo, em 1964, Roney Cytrynowicz é neto de judeus emigrados da Europa Oriental. Com certeza não foi criado no Bom Retiro, porque, lentamente, os judeus foram se espalhando pela cidade de São Paulo, e esse bairro tradicionalmente judaico foi sendo ocupado por coreanos. Mas um dos eixos articuladores de sua ficção – a figura de um avô – leva-nos de volta ao bairro. É ali que o avô, que veio de fora, vive e é ali que o narrador criança o visita e dorme às sextas feiras, embalado por uma língua estranha – o ídiche – que os mais velhos utilizam. É também ali que o narrador assistia, através do empenho do avô em consertar as batidas dos relógios que colecionava, a empresa do *tikun olam*, isto é, a redenção do mundo.

Espécie de dínamo acionador da memória, o avô atravessa os contos de Cytrynowicz representando tanto a si próprio como os de sua geração que, do outro lado do oceano, tornaram-se vítimas da barbárie

76 ENTRE PASSOS E RASTROS

nazista, constituindo-se esta no outro importante eixo da ficção do autor.

É preciso se valer da memória para ultrapassar a barreira de tempo que separa o neto do avô e transformá-la em estratégia narrativa para tornar viva e presente a história das relações familiares. Mas a memória do narrador não alcança mais recuperar os episódios gerados pelo nazismo. Como entender, examinar e suportar conscientemente, em suas justas proporções, o fardo que o século XX colocou sobre nós? O autor escolherá um percurso de duas vias: a pesquisa histórica que resultou no livro *Memórias da Barbárie – A História do Genocídio dos Judeus na Segunda Guerra Mundial*, e a ficção, representada no livro que marca sua estréia na literatura: *A Vida Secreta dos Relógios e Outras Histórias*. O que as fontes históricas revelam a literatura retrabalha, de tal forma que, passados mais de cinqüenta anos do fim da Segunda Guerra Mundial, a história do genocídio mantém-se como letra viva, contribuindo para combater todo tipo de totalitarismo e de injustiças.

Os três referem-se ao nazismo, mas de modos diferentes.

Nos textos de Rawet, as personagens que sobrevivem a ele se calam, confirmando o depoimento do escritor italiano Primo Levi, em seu livro *Os Afogados e os Sobreviventes*, segundo o qual os que viveram o horror dos campos de extermínio temiam que as histórias que tinham para contar pareceriam inverossímeis e, por isso, calavam. Mas Rawet, ao contar, escapa do cerco do silêncio e se distingue de suas personagens, e, assim, através do uso da língua, aproxima-se do grupo hegemônico. É também de distanciamento do seu grupo de origem o movimento que faz, quando equaciona a diferença judaica a de outras minorias marginalizadas, e a instala na rubrica do conflito de classe ou das situações limítrofes, do ponto de vista existencial, diluindo-a numa generalidade mais ampla.

Já Scliar, no esforço de cruzar as duas culturas a que se liga, nacionaliza o Holocausto, trazendo-o a Porto Alegre. Mas o episódio que conta é tão chocante e absurdo que, para ser aceito, o autor o insere no registro fantástico, só que, ao fazê-lo, ele desterritorializa o evento que acaba pairando como um espectro que não completa sua figuração na realidade, mantendo-se na clave estética da dissonância.

Ao contrário desses dois autores que procuram se vincular – cada um a seu modo – ao Brasil, Cytrynowicz, além de brasileiro, pertence a uma geração mais jovem. Por isso, vai olhar para o passado em busca da relação de pertença com o seu grupo de origem, cujo fulcro ele localiza na figura do avô e nos de sua geração mortos pelos nazistas. Para se achegar a eles, o autor lançará mão da pesquisa histórica e da memória, tornando, desse modo, sua identificação com o judaísmo mais abstrata ou mais mediada.

Com o olhar voltado para a frente ou para trás, os três autores não coincidem nunca completamente com o lugar em que estão, e, divididos, à mercê de múltiplos desterros, transitam num lugar ambíguo, instável e intervalar, de onde emana sua literatura.

É também nesse entrelugar que se inscreve o texto de Samuel Reibscheid, *Memorial de um Herege*. Pertencendo à mesma geração que Moacyr Scliar, porém estreando na literatura tardiamente, o autor cria uma narrativa que se estrutura a partir do anárquico relato de Guenia Bronia, médium praticante de artes ocultas, transcrito pelo narrador conforme mensagem psicocomputadorizada recebida do além. De viés bem brasileiro, esse influxo místico é usado como recurso de criação de verossimilhança, sendo caudatário dos numerosos documentos, cartas, bilhetes, encontrados por acaso e que se desdobraram em tantos romances do século XIX e mesmo do século XX.

Ele é, entretanto, apenas a ante-sala de um relato escrito aos jorros, no qual a ironia e o humor ácido oxidam a letra expandida numa pluralização de narrativas interligadas a partir de um evento vivido pelo protagonista, o médico Isaac Ben Maimon, preso numa cidade do interior de São Paulo e envolvido num processo kafkiano, já que se desconhecem os motivos da acusação. Esse é o dínamo que desencadeia uma torrente de horror. Segundo as homologias criadas no relato, somos levados a pensar que o autor crê haver uma continuidade nos atos de manifestação do autoritarismo através dos tempos. Mudam as vítimas, mudam os poderes, o processo é idêntico. Assim, justapõem-se e misturam-se as ações da Santa Inquisição com os horrores do Holocausto e com os atos de tortura perpetrados pelas ditaduras latino-americanas e outras. A partir desse princípio de equivalência, as partes vão sendo suturadas, juntando-se peste bubônica e aids; Hitler e Eichmann dançam uma valsa antes de serem despejados num esgoto; o rei Davi e Moshé Dayan; Inquisição e os porões da ditadura; gritos de horror escancarado e vozes de crianças brincando, tendo como fundo pregões de vendedores de iguarias. Tudo registrado pelo olho de uma polaróide pós-moderna que não teme o excesso. O excremento, a mutilação, a morte, orquestrados para relevar a desordem do irracionalismo, não poupam o leitor, lançado também ele num espetáculo do qual se subtrai o *glamour* e a moldura de referências de um mundo em progresso.

Memorial de um Herege sustenta-se numa história que sistematicamente vitimiza as minorias. O preconceito e a intolerância estão à espreita violentando e liqüidando prostitutas, comunistas, anarquistas, pobres, negros, doentes terminais, judeus, homossexuais, o cidadão comum. O tratamento que o autor atribui ao Holocausto equaliza outras vitimizações que afligem o homem moderno e contemporâneo, tirando daquela catástrofe o caráter particular e único que os autores anteriores esforçam-se em delinear. É como se fosse da natureza humana subjugar e aniquilar o outro, o diferente, o mais fraco. Assim, o autor transpõe as guaritas dos campos de concentração de Auschwitz para fincá-las contra o céu azul dos trópicos, mais particularmente do Brasil, denunciando atrocidades enterradas na vala comum do silêncio e do esquecimento.

2. O Ponto Cego: Uma Visão do Judaísmo em Abama

Com *Abama*, novela de Samuel Rawet publicada em 1964, o leitor é colocado, de imediato, na posição de decifrador, já que a palavra que a nomeia não tem um sentido prévio, gestada que foi no corpo mesmo do texto.

Como cabe ao leitor decifrar o enigma, ele é convocado a afiar o olhar e aplicá-lo do modo o mais arguto, para não deixar escapar nem mesmo os detalhes, habilitando-se, assim, a reordenar as peças que, uma vez repostas, atribuam ao texto alguma coerência.

Trata-se de uma difícil função, porque o que caracteriza o texto de Rawet é o hermetismo. A economia do estilo, a elipse, a organização sincopada da frase, a tendência alusiva que remete a sentidos fora das margens do texto formam um sistema cerrado que espanta o leitor habituado a ser conduzido pela mão. A compensação imediata a essa dificuldade está na precisão lexical, no domínio espetacular da linguagem que se dobra e desdobra permanentemente em modulações plásticas, em jogos de luz e sombra responsáveis pelas torções a que estão submetidos os volumes entre os quais se incluem a cidade com seus edifícios, casas, praças e bares, a natureza, as montanhas, o mar, as árvores, folhas e flores e, finalmente, o homem. A cidade, embora não nomeada, é o Rio de Janeiro, onde Rawet viveu.

Não é só o leitor que é convocado a olhar. A plasticidade do estilo, na novela, é alcançada por meio da exploração máxima do olhar. O narrador (em terceira pessoa) olha inesgotavelmente e assim também o protagonista. Ambos se comprazem no exercício do olhar, e o que dizem, o mais das vezes, resulta dessa função. Mas a divisão usual que atribui objetividade à visão do narrador e subjetividade à visão da personagem relativiza-se, pois o narrador vê a personagem que vê. Como a distância entre ambos é diminuta, cria-se rapidamente uma espécie de simultaneidade entre a personagem que vê e é vista ao mesmo tempo, tornando um pouco sem sentido distinguir um do outro pelo critério da objetividade/subjetividade. Por outro lado, é o narrador o responsável pela apresentação dos planos de visibilidade do leitor, porque é ele que expõe aquilo que a personagem vê.

Com a exacerbação da função visual, cria-se uma espécie de dialética da onipotência e ao mesmo tempo da impotência radical simultâneas ao olhar, já que por mais que se veja, há sempre o ponto cego, condição prévia da visão.

Assim começa a novela:

> Deu-se um dia, após longa caminhada, quando se encontrava no outeiro, um pouco afastado da igreja branca, e seus olhos varreram o horizonte da esquerda para a direita.
> Ao fundo, a linha arroxeada de serras no outro lado da baía, o mar, o monte de pedra oferecendo às águas um dorso gracioso; à frente, o aeroporto, galpões de empresas de aviação, a linha atual das águas mal definidas pelo aterro recente, obras em construção sobre a faixa de mar recém-conquistada, na continuação o cais e a amurada de pedra antiga, e em curva abrupta blocos de edifícios quase escondiam o morro encravado na avenida arborizada [...] Deu-se que resolveu descobrir seu demônio particular[1].

Há a intersecção de dois planos na trajetória de Zacarias, o protagonista da narrativa: no horizontal, ele avança do centro para a periferia, da periferia para o centro; no vertical, se dá sua descida do outeiro, onde se encontra inicialmente, antes de se lançar à caminhada, e a novela termina com a personagem no alto, em seu apartamento. É no entrelaçamento desses dois planos que se pauta o enredo da novela, no transcurso de uma madrugada. Como a personagem se desloca o tempo todo, aos planos gerais e panorâmicos sucedem os instantâneos desgarrados e disformes, captados pelo olhar em movimento: um ramo isolado, a criança junto à mesa posta, um paralelepípedo, objetos expostos na vitrine, são fiapos pinçados ao acaso, desgarrados de seu lugar de inserção.

Da praça, coração da cidade, Zacarias caminha para o subúrbio. Com esse deslocamento outros mais vêm a reboque, situando a personagem no intervalo entre a noite e o dia, entre um pensamento e outro, entre o conhecido de que se afasta e o desconhecido em direção ao qual caminha. A grande aventura será dar lugar ao desconhecido, ao demônio, o que é indomável por sua própria natureza. Para chegar a ele, um outro salto na verticalidade, será preciso descer ao inferno. Nessa descida, o protagonista registra a pobreza, a prostituição, a vio-

---

1. Samuel Rawet, *Abama*, pp. 11-12.

O PONTO CEGO: UMA VISÃO DO JUDAÍSMO EM *ABAMA* 81

lência, o desamparo e a loucura. E, acima de tudo, a impossibilidade reafirmada a cada passo de travar contacto com o outro[2].

O sofrimento de que está investido o protagonista, longe da pieguice, é alimentado pelo ódio e pelo nojo, vincando-o cada vez mais, projetando-se para a realidade fora dele uma disposição semelhante, e assim personagem e paisagem compõem num padrão cubista o mesmo plano, numa superação da perspectiva tradicional que destaca e hierarquiza forma e fundo. Desse modo, suspenso na ponta do olhar do outro, o protagonista é visto pelo narrador como um objeto entre outros.

"Uma porta, janela. Seios. Pernas entreabertas e o constante mecanismo da farsa e aceitação da farsa, álcool, podridão, penumbra"[3]. O olhar fragmentário capta indistintamente porta, janela, seios, pernas, criando uma equivalência entre eles, que o protagonista tenta quebrar. Como ele está na mira do narrador, figura invisível para ele, seu esforço será o de se enxergar em alguém que consiga lhe devolver a imagem e mostrar-lhe o que não se pode ver a não ser desde outro lugar: o mistério do próprio corpo em sua totalidade. Por outro lado, a solidariedade entre narrador e personagem se dá na direção do primeiro que se cola ao segundo, arrastado por uma força que o atrai para o enunciado (para o plano da personagem), resultando daí o discurso indireto livre, que soa como próprio e alheio, no meio fio entre o eu e o outro, rompendo a linearidade narrativa.

Em seu trajeto rumo ao encontro com o demônio, Zacarias vai cruzando com outras personagens. O primeiro, um desconhecido, toma-o pelo braço e o trata como se o conhecesse. É conduzido por ele a seu apartamento para partilhar da festa de aniversário do filho, passando antes por um labirinto de cômodos e desesperos. Ao entrar, o protagonista percebe sua condição de estranho:

> Os dois a seu lado olhavam-no de perfil, impossível negá-lo pois avançavam bastante as cabeças, e mesmo com a atenção presa no outro lado tinha em seu campo visual um pouco mais que fatias de rosto. Exploravam-no. Sondavam-no. Era preciso resistir. Sua condição de estranho aguçava-lhes o apetite. O silêncio dele, uma prova evidente de descaso; um homem que se subtrai à participação[4].

2. Esse texto de Rawet apresenta semelhanças, na construção da atmosfera opressiva e no abismado sofrimento da personagem, com a clássica novela de Dostoiévski, *O Homem do Subsolo*. Ele também é permeado pela literatura existencialista de Sartre, no modo como a questão da identidade se desenvolve sendo bem possível que o autor tenha acompanhado o amplo debate em torno da filosofia e da literatura de Sartre, por ocasião de sua visita, com Simone de Bouvoir, ao nosso país, nos anos 1960. Recolhendo, ainda, alguns traços da "escola do olhar" que caracterizou o *nouveau roman*, a novela de Rawet alinha-se com a literatura de corte intimista que insiste na apresentação das faixas crepusculares da alma humana.

3. *Abama*, p. 53.

4. *Idem*, p. 23.

82 ENTRE PASSOS E RASTROS

O deslocamento no ambiente destaca Zacarias como estranho, mas antes desse encontro ele já se sabe estranho, caso contrário não teria iniciado a aventura. O que ele quer saber é algo mais. De qualquer forma, o impacto do encontro remete à lembrança da atividade do protagonista, ele é um vendedor bem-sucedido de eletrodomésticos, embora tenha acumulado alguns fracassos. E fracassados são todos os seus amigos. Outro estranho como ele é Urias, amigo de bares, prostíbulos, pensões e caminhadas, que o protagonista resolve ir procurar.

É também no rastro da revelação da estranheza de Zacarias que aparece a primeira de duas referências explícitas que a novela faz ao judaísmo: "[Urias] Judeu como ele, que do judaísmo só sabia isso, que era judeu"[5]. Atrás do atributo não há nada, o que confere ao judaísmo o peso de uma tradição morta, algo como a pertença a um passado alheio, sustentado, ainda e apenas, pelos nomes bíblicos.

Urias, o soldado de Davi, ou o sumo sacerdote, ou o profeta contemporâneo de Jeremias, salta do texto sagrado para os prostíbulos da periferia do Rio, e é espancado por habitantes do subúrbio quando vai cobrar o aluguel de um casebre. Doente, alquebrado, expulsa Zacarias que, em sua travessia, decide visitá-lo, com um raivoso "Vá embora, seu filho da puta"[6].

Por sua vez, Zacarias, um dos doze profetas menores, que tinha por missão aglutinar o povo de Israel em torno de sua palavra, reverbera em seu homônimo – o protagonista da novela – como um homem mudo, solitário, furioso e desconectado. Resvalando do texto sagrado para a realidade profana, Zacarias e Urias são nomes esvaziados.

O povo judeu apresenta uma fusão invulgar entre nacionalidade e religião. Por um lado, existe o sistema natural (família, tribo, nação) e, por outro, o espiritual, expresso inicialmente na religião. O sistema de nacionalidade é bastante flexível. Para a *Halachá*[7], não há conteúdos na condição judaica: nem pertença territorial, nem idioma, nem sequer religião. Pode-se viver em Buenos Aires, Washington ou São Paulo, pode-se não saber nada de judaísmo e de judeus, pode-se ser ateu, que será considerado judeu aquele cuja mãe é judia. Essa definição dificulta o paralelo entre judaísmo e outras religiões, pois para ser considerado cristão ou muçulmano, deve-se crer em determinadas concepções de Deus. Em contrapartida, segundo a *Halachá*, o judeu não necessita acreditar em Deus para ser judeu. Por outro lado, tam-

---

5. *Idem*, p. 48.
6. *Idem*, p. 72.
7. *Halachá* do hebraico "lei", derivado de *haloch* "ir", "seguir" é a parte legal da literatura talmúdica e mais tarde judaica, em contraste com a *Hagadá*, que compreende os elementos não jurídicos. A *Halachá* refere-se especialmente à lei oral, isto é, à tradição aceita de interpretação da lei escrita. Cf. *Enciclopédia Judaica*.

O PONTO CEGO: UMA VISÃO DO JUDAÍSMO EM *ABAMA*

bém é possível converter-se ao judaísmo; entretanto, não se deixa de ser judeu por conversão, pois se continua sendo filho de mãe judia. Ao mesmo tempo, um outro sistema traça objetivos espirituais para o povo e tenta sujeitar sua existência às demandas religiosas e espirituais. Há uma tensão permanente entre os dois sistemas decorrente da contradição entre os seus objetivos.

Na novela de Rawet, o questionamento do protagonista com relação à sua identidade judaica aludida como carente de lastro é abrangente: "do judaísmo só sabia isso, que era judeu [...]", quer dizer, só lhe restou o nome.

Ora, toda a tradição judaica tem como suporte apenas um nome, e, assim mesmo, impronunciável, o tetragrama YHWH. A divindade abstrata inatingível e não representável, colocada no limite do não existir, é responsável pela atividade conotativa dos comentários e interpretações dos textos sagrados, prática introduzida para se tentar achegar ao sentido de Deus. Movendo-se no terreno pantanoso de uma conotação possível, cujas significações podem ser conduzidas sempre um pouco mais adiante, a exegese do texto sagrado é sempre incompleta, uma vez que ele não é uma entidade estável, não havendo onde se estabeleça uma relação fixa entre significante e significado. Nesse sentido, Deus é uma abstração, e a escritura sagrada, vazia. Desse modo, os sinais de denegação do judaísmo em *Abama* podem ser vistos paradoxalmente como sua confirmação, se se aceitar que ser judeu implica atribuir interminavelmente sentido a algo que não está dado. E é curioso observar que o movimento da personagem, ao argumentar contra, esbarra justamente numa adesão.

[utilizar] as mesmas palavras que arrastam atrás de si uma crosta milenar, as mesmas palavras às quais só têm acesso os que são considerados aptos para isso, por carregarem talvez uma imensa bagagem de deformação, as mesmas palavras, mas nuas, se possível. A coragem suprema de repensar a palavra de Deus sem acreditar nele e sem nada saber do que foi escrito a respeito[8].

Retomar a palavra de Deus para reinterpretá-la é entrar na cadeia dos estudos exegéticos, mas as "palavras nuas", essas não existem, embora se entenda que, no texto, elas signifiquem a recusa da tradição, o que mais adiante vem explicitado com todas as letras: "[...] a tradição é este monte de merda, é puxar a descarga"[9].

Mas, continuando o seu caminho, Zacarias rememora a atividade artística de pintor exercida por algum tempo no passado a que seguiu um surto de loucura que o levou a um sanatório. Ali, ele entrou em contacto com o louco Ismael, negro favelado que, quando criança, viu o pai matar a mãe, sofreu a dispersão dos irmãos, a pobreza e o aban-

8. *Abama, op. cit.*, p. 60.
9. *Idem*, p. 69.

84 ENTRE PASSOS E RASTROS

dono, configurando, em sua história pessoal, a história dos desvalidos de grande parte da população brasileira. Ora, este é o terceiro personagem que porta um nome bíblico, embora, diferentemente dos outros, não seja judeu. É fácil depreender que o que existe em comum entre os três é a posição marginal que ocupam na sociedade brasileira, marcando cada um deles os traços específicos de seu deslocamento. A homologia dos nomes bíblicos mais a posição marginal permite que se leia aí um conceito de judeu que inclui e conjuga toda sorte de marginalidade, contra o pano de fundo da tradição que, como se viu, deve-se deixar escorrer pela descarga.

A tendência a ampliar o conceito de identidade judaica já aparece no primeiro livro de Samuel Rawet: *Contos do Imigrante*, que inaugura a literatura de imigração judaica no Brasil. No primeiro conto, "O Profeta", é posto em cena um judeu salvo dos campos de concentração que emigra para o Rio de Janeiro, onde entra em conflito não com não-judeus, mas com seus próprios familiares já adaptados à nova terra e à nova língua e que o discriminam. Em outros contos iniciais, a questão judaica é tratada de modo pontual: em "A Prece", o autor projeta a figura de uma judia solitária vivendo no morro carioca; em "Judith", enfoca-se a questão do casamento misto de uma jovem que passa a ser excluída do grupo familiar; em "Gringuinho", uma criança é segregada na escola pelos colegas e pela professora porque é diferente e desconhece a língua do país. "Réquiem para um Solitário" dá relevo à subjetividade de um imigrante que, ao mesmo tempo em que pondera seu destino no Brasil, lembra da família exterminada durante a Segunda Guerra Mundial. Nos demais contos, porém, as personagens, algumas com nomes bíblicos, ou migram dentro do país à procura de melhores condições de vida, ou são irremediavelmente pobres e sem perspectivas, ou são isoladas pela doença que conduzirá inevitavelmente à morte. Instaladas todas elas no subúrbio, descentradas, a marginalidade é o denominador comum que as une, e é a partir desse dado que o autor cria um plano de equivalência entre elas, atingindo a generalidade que contém as diferenças, sem conseguir, no entanto, apagá-las. Assim, do mesmo modo que se pode interpretar as figuras marginais, pobres, loucas, assassinas como sendo a encarnação moderna e brasileira do judeu errante, também podemos ler inversamente que o judeu aculturado dilui seus traços que passam a ser identificados em outros excêntricos e excluídos da sociedade brasileira.

Retornando a *Abama*, nota-se, de modo enviesado, que se vai anunciando o fim do trajeto de Zacarias. Há a acentuação de um ritmo repetitivo que conduz a vida para frente e que se pauta pelo ciclo do dia e da noite. O dia já se anuncia, deixando o protagonista à deriva: "Daqui a algumas horas a padaria começará a funcionar, e o forno a ser aquecido. O açougue terá nos ganchos sólidos e sangrentos quar-

O PONTO CEGO: UMA VISÃO DO JUDAÍSMO EM *ABAMA* 85

tos de boi. A quitanda exporá cenouras, tomates, pencas de banana, e tabuleiros de alface, agrião, pepinos e laranjas"[10].

De um sobrado, ecos de um alto-falante ressoam a empolgada reivindicação de um orador, fazendo provavelmente deslizar da realidade para a ficção sinais dos tempos de opressão vividos com o golpe militar de 1964, contemporâneo à publicação da novela, que aponta sabe-se lá para onde. Mas a angústia e a procura do protagonista não engatam nesse ritmo cíclico, atingindo o seu ponto climático quando ele entra num café e acima do balcão se olha no espelho, e a imagem invertida mostra-lhe um outro, ou, mais precisamente, o seu olhar se vê visto pelo outro, enquanto ao fundo, um negro atira e mata uma mulher. Esse momento encontrará sua complementação depois que o protagonista refizer o caminho da madrugada, mas em sentido inverso, da periferia para o centro.

Ao chegar a seu apartamento, Zacarias toma o lápis e o papel e escreve a primeira letra do alfabeto e segue escrevendo até completar a palavra ABAMA que, uma vez inscrita, faz surgir o esperado demônio – a forma duplicada do avesso da forma humana – quer dizer, o espelho do avesso, feito de impulsos nunca realizados e de sonhos vividos também pelo avesso. Quebra-se a chave monológica da novela, e o narrador em discurso indireto relata o diálogo entre Zacarias e seu demônio:

> Entre perguntas e respostas a mesma distância da incompreensão. Um choque de acusações e atenuantes. Entre o desejado e o vivido o mesmo intervalo de pesadelo. E numa pausa, o que poderia ser um momento de suavidade, em voz de contralto, que era a voz de Abama, veio a seqüência de fúrias e medos, de privações e excessos, de andanças e perseguições, de exaustão e cansaço, de agonia e morte[11].

Um pouco à maneira do ponto Aleph no conto homônimo de Jorge Luis Borges, através do qual a personagem vê simultaneamente todas as coisas existentes no universo, Abama também desfia fúrias e medos, privações etc., enfatizando uma frase cantarolada, calcada na imagem de judeus que, com seus capotões negros e cachos de cabelos encaracolados, dançam em círculo, provavelmente em torno da Torá, num fundo de neve, noite e medo. Essa, a segunda referência explícita que se faz ao judaísmo em *Abama*.

Mas a figura do demônio é instável e lábil, não tem uma forma única e fixa:

> E numa rápida seqüência Abama se multiplicou e para cada unidade de sua forma um duplo surgia e esse duplo gerava outros dois, e cada um deles projetava um

10. *Idem*, p. 75.
11. *Idem*, p. 80.

86 ENTRE PASSOS E RASTROS

lamento em paisagem diversa. Desertos, dunas, sóis, vilarejos, casebres, palácios; palmeiras, carvalhos, tamareiras; lágrimas, choro, pranto[12].

Multiplicam-se os demônios até desaparecerem, restando apenas Zacarias e Abama, que se golpeiam imobilizados por compressões, ou formando uma ciranda que se desfaz com a primeira luz do dia, e com as descargas de banheiros e as águas que correm pelos ralos de pias e lavatórios.

Que o núcleo da novela seja uma funda indagação sobre a identidade de modo amplo, não há a menor dúvida. E é dura a resposta que ela propõe a essa questão: o sujeito e seu avesso não podem formar uma unidade, não há síntese nem indivíduo, porque o homem é, por natureza, dividido. A alienação de si é condição da existência, e esse paradoxo, insuperável. O impacto do protagonista diante do espelho se dá porque de algum modo ele intui a impotência do alcance de seu olhar, ele está aqui e está lá refletido, descentrado, preso no olhar do outro. O impacto confirma-se e complementa-se no enfrentamento com seu demônio particular, no qual a relação estabelecida é a de luta e de tensão.

Mas há um outro nível interpretativo que a novela propicia. Para chegar a ele é preciso pôr em questão a nomeação do demônio. A palavra Abama não é portuguesa. Ela é, sem dúvida, de matriz hebraica. Trabalhando por aproximação, pode-se observar que ela soa mais ou menos como *Habama*, que se traduz como "o palco", compondo nesse caso o cenário móvel onde a busca da identidade de Zacarias se efetiva. Mas é pouco provável que a referência seja essa, pois na novela o narrador frisa que a palavra inicia com a primeira letra do alfabeto, e em *Habama* o "a" aspirado corresponde à quinta letra do alfabeto hebraico. A hipótese mais viável é a de que o autor tenha juntado duas palavras para formar uma: ABA/IMA, que significam respectivamente pai/mãe[13]. Levando-se em consideração que as vogais hebraicas são subpostas às letras e facultativas, IMA é grafada AMA e só será lida IMA se a vogal "i" for agregada à primeira letra do alfabeto. O autor pode ter privilegiado essa forma quase palindromática ABAMA porque ela permite uma leitura lúdica adequada aos jogos especulares e às inversões presentes na estrutura mesma da novela.

Se Abama significa pai/mãe (aliás, é preciso frisar que, quando Zacarias dança na ciranda com o demônio, menciona-se o número três: "Abraçados os três, Zacarias e Abama, os golpes se resumiam apenas a compressões mais ou menos violentas, às vezes imobilizados, outras

12. *Idem*, p. 81.
13. Agradeço à Cláudia Lemos a sua participação na busca que levou à chave da tradução de ABAMA.

O PONTO CEGO: UMA VISÃO DO JUDAÍSMO EM *ABAMA* 87

em círculo, numa ciranda maciça"[14]), o demônio particular refere-se à origem do protagonista, que prefiro ler como origem étnica. Pondo em confronto as duas únicas imagens de agregação em círculo que a novela propicia, a dos judeus ortodoxos que dançam em volta da Torá e a ciranda de três que fecha a novela, nota-se que além de faltar a alegria, a solidez e a solidariedade ao segundo círculo, falta-lhe a letra.

Há duas atitudes possíveis frente à tradição: encará-la como um depósito sedimentado, petrificado, repetitivo, ou como uma memória ativa, interrogativa, crítica. A segunda posição apóia-se na incompletude e na disseminação permanente de sentidos.

A tradição é questionada na segunda ciranda. À certeza de um código fixo de leis que estaria na origem do judaísmo contrapõe-se a instabilidade de um centro fixo, que molda a origem como campo significante à mercê da multiplicação sem limite dos significados.

Lida dessa maneira, a novela de Rawet problematiza e conjuga num mesmo eixo três níveis de descentramento: o social, o psíquico e o religioso-cultural, que o olhar vigilante do protagonista consegue só em parte ver, uma vez que, defrontado com o vazio que também o representa e compõe, ainda que negativamente, ele tropeça no ponto cego.

O ritmo descontínuo e fragmentário que pauta a novela, as elipses, o clima lacunoso e difuso, o desfecho obscuro, deixa o leitor patinando no espaço em branco das alusões marcadas dentro mas reverberadas fora da moldura do texto, induzindo a uma leitura tateante, que se move também ela em duas direções: do começo ao fim, e do fim para o começo, para se chegar aos sentidos possíveis que o nosso olhar de leitor é capaz de organizar, retroativamente.

É interessante observar que, embora a novela de Rawet se filie à ficção de corte intimista com muitos representantes na literatura brasileira, seu grande interlocutor é, a meu ver, o artista plástico Oswaldo Goeldi que, embora filho de imigrantes, se autodefinia como "um europeu sentimental exilado no Brasil", país que nas suas gravuras se torna teutonicamente sombrio, noturno, chuvoso e espectral, o oposto do paraíso tropical. Na fronteira entre duas culturas, as obras, em diálogo, desses dois artistas nascem no ponto tensionado entre integração e marginalidade, naquela zona híbrida onde o dentro e o fora se confundem.

14. *Abama*, p. 85.

3. Ahasverus: O Judeu Errante e a Errância dos Sentidos

O título da novela de Samuel Rawet, *Viagens de Ahasverus à Terra Alheia em Busca de um Passado que não Existe porque é Futuro e de um Futuro que já Passou porque Sonhado*, releva, já de início, várias questões.

Primeiro, é preciso identificar o protagonista, Ahasverus, como o judeu errante, figura transicional que reúne as marcas do exílio judaico por todos os continentes até o dia de hoje, e, em seguida, acentuar sua inserção num tempo em que pulsam várias intensidades, pondo-se de lado a concepção vulgar do tempo cronológico, linear e homogêneo, uma vez que no título já se aponta para a inexistência de um passado e de um futuro. Figura dominante na obra de Rawet, o judeu errante traveste-se no homem solitário e angustiado que passa, no Vagabundo que caminha sem destino, percorrendo contos ("O Profeta", em *Contos do Imigrante*; "Crônica de um Vagabundo", em *Os Sete Sonhos*, por exemplo), novelas (*Abama*, por exemplo), até alcançar a forma-síntese em sua última novela, *Viagens de Ahasverus...*, essa de que agora trato[1]. A presença obsessiva dessa personagem ocupa lugar de destaque nas preocupações do autor, conforme se pode observar em seu depoimento a Ronaldo Conde:

> Sou judeu, imigrante, vim menino para cá. Mas não sou uma figura arquetípica, genérica do judeu. E sim a figura concreta de alguns judeus... Mais tarde surgiu uma figura que me absorveu e que me absorve ainda agora, como assunto. Na época em que

---

1. Ver o estudo de Nelson Vieira, *Jewish Voices in Brazilian Literature: A Prophetic Discourse of Alterity*.

90 ENTRE PASSOS E RASTROS

isso ocorreu, não sabia que tinha tal dimensão, numa literatura mais geral... Essa figura reapareceu, já com um aspecto diferente, no livro Ahasverus, com o judeu errante. O vagabundo continua me sacudindo. Estou pensando em escrever – não sei se é uma novela ou um conto – onde vou utilizar o vagabundo com a mesma característica, mas completamente diferente do marginal, bem entendido[2].

Tendo como fonte o Novo Testamento (Jo 18: 20-22; Jo 21: 20 e Mt 16: 28), a lenda de Ahasverus circulou na tradição oral do Oriente próximo e do Mediterrâneo oriental até o século XV, sendo mencionada pela primeira vez em texto escrito no século XIII, onde se apresenta o judeu como aquele que, durante a Paixão de Cristo, teria se dirigido a ele com irreverência, segundo alguns apedrejando-o, e, por isso, fora punido com a imortalidade[3]. Circulando com variantes em crônicas, poemas, peças teatrais, milagres, do século XIII ao XVI, na Itália, Espanha, França e Inglaterra, no século XVII, passa a circular também na Alemanha, com registros em diferentes textos literários, nos quais sua caracterização sofre alterações marcadamente anti-semitas.

Existem duas fontes escritas paralelas apontando para as origens da lenda. A mais antiga é o livro *Flores historiarum* (1237) de autoria do monge beneditino inglês Roger de Wendover. Este relata que um bispo da Armênia revelou-lhe ter encontrado um judeu de nome Cartáfilo, porteiro do palácio de Pôncio Pilatos. Na hora da Paixão, ele levantara a mão contra Jesus e como forma de castigo nunca alcançou nem a paz nem a morte. Depois da morte de Jesus, ele teria se convertido e continuou vivendo como penitente na Armênia. Outra fonte, alemã, é um panfleto anônimo, *Kurze Beschreibung und Erzählung von einem Juden mit Namen Ahasverus* (1602)[4]. Segundo essa fonte, o judeu teria sido um sapateiro que tinha sua casa em Jerusalém no percurso da Via Crúcis de Jesus. Além das alcunhas Ahasverus (ou Assuerus) e Cartáfilo, o judeu tinha outras ainda: nos países germânicos muitas vezes era chamado Isaac Laquedem, na Itália era apelidado de João Buttadeu e, em Portugal e na Espanha, João Espera em Deus[5].

Tema de óperas nos séculos XVII e XVIII nos palcos ingleses e franceses, a lenda circula também no romantismo, em Goethe, em Shelley, e também na pintura de Gustav Doré, aparecendo a persona-

2. Em Nelson Vieira, *op. cit.*, p. 64.

3. Conforme a versão sedimentada na literatura popular, na hora de sua Paixão e Via Sacra, um judeu teria zombado de Jesus aos gritos: "Vai andando, vai logo!"; Jesus teria replicado: "Eu vou, e tu ficarás até minha volta." Cf. Galit Hasan-Rokem e Alan Dundes (eds.), *The Wandering Jew: Essays in the Interpretation of a Christian Legend*; Luís da Câmara Cascudo, *Dicionário do Folclore Brasileiro*.

4. Em português: "breve descrição e relato sobre um judeu chamado Ahasverus".

5. Carolina Michaelis de Vasconcelos, "O Judeu Errante em Portugal", *Revista Lusitana*, I, e "O Judeu Errante em Portugal", *Revista Lusitana* II; R. Edelmann, "Ahasuerus, the Wandering Jew: Origin and Background", pp. 1-10.

AHASVERUS: O JUDEU ERRANTE E A ERRÂNCIA DOS SENTIDOS 91

gem identificada com traços diabólicos entre os alemães (Karl Gustow e Kierkegaard)[6]. Eugene Sue encarregar-se-á de divulgar, em fascículos, essa figura ao mundo, obtendo grande sucesso, tendo sido a leitura do *Judeu Errante*, segundo Gramsci, prática corrente na Itália[7].

Figura ligada ao azar, a aparição de Ahasverus nos Alpes é presságio de calamidade. Na França, sua passagem está ligada a tempestades, epidemia ou seca, aliando-se, nesse sentido, a outras figuras lendárias alinhadas à sombra, ao mal, como o Vampiro, por exemplo.

Com passagem na literatura do século XX, Ahasverus aporta no Brasil, na novela de Rawet, em construção peculiar. Antes, porém, passa pela poesia de Castro Alves[8] e pela prosa de Machado de Assis[9], enriquecendo, ainda, a tradição popular do Nordeste brasileiro. Foram encontrados três folhetos de diferentes poetas populares sobre a lenda do judeu errante, e os três não têm, como seria de se esperar, origem na antiga tradição oral, mas em literatura devota católica de recente data. O mais difundido deles é *O Judeu Errante*, de autoria do poeta popular pernambucano Severino Borges da Silva. Aí, o judeu errante chama-se Samuel Belibé, isto é, Samuel Sem Casa (*beli bait*, em hebraico, "sem casa"), e o narrador detém-se mais na Paixão de Jesus do que nas andanças do protagonista, posto este ao lado de Caifás, Pôncio Pilatos e demais personagens evangélicos, lembrando, porém, que não há nenhuma referência ao judeu errante nos Evangelhos, nem mesmo nos chamados Evangelhos apócrifos. A fonte do material colhido no folheto parece ser o livro *O Martyr do Golgotha*, do autor espanhol Henrique Perez Escrich[10], livro traduzido para o português e publicado na cidade do Porto, em Portugal, sem data, no início do século XX[11].

Na novela de Rawet, já na apresentação do protagonista, um narrador em terceira pessoa lança sua criatura numa névoa indistinta que marcará do começo ao fim o clima dos acontecimentos: "[Ahas-

6. *Encyclopaedia Judaica Jerusalem*, vol. 16.
7. Cf. Jerusa Pires Ferreira, "O Judeu Errante: A Materialidade da Lenda". Nesse ensaio, a autora tece um rico itinerário do judeu errante e o destaque a Eugene Sue e Gramsci, ela referidos, ela os extrai do livro de Marlyse Meyer, *Folhetim*.
8. Castro Alves, "Ahasverus e o Gênio".
9. Machado de Assis, "Viver!".
10. Henrique Perez Escrich, *O Martyr do Golgotha*, pp. 225-318.
11. O poeta pernambucano comete um lapso ao afirmar a respeito do judeu:
"Antes de ser sapateiro/já tinha sido soldado/percorreu diversas terras/como um subordinado/servindo a Vespasiano/nos anos de seu reinado." Há aí um anacronismo evidente, pois na época da Paixão de Cristo, o imperador de Roma era Tibério; Vespasiano reinou de 69 a 79. Na última estrofe do folheto (com assinatura do autor em acróstico), vem uma lição catequética: a advertência para não se imitar Belibé que rejeitou Jesus Cristo: "Belibé monstro maldito./Opressor do Bom Jesus/Renegado dos profetas/Guerreou de encontro à luz/Errante inda está no mundo/Sustenta o peso da cruz".

92   ENTRE PASSOS E RASTROS

verus] Não sabia se era real como resíduo de um sonho, se era sonho, resíduo do real"[12]. Sempre no intervalo entre a vigília e o sonho, o protagonista acalenta a possibilidade de assumir a responsabilidade de sua consciência, que, mesmo cansada, mantinha-se alerta ao próprio movimento, como um olho dentro do olho, um olho que se olha em abismo, multiplicando-se em planos que não logram alcançar uma síntese unitária.

Há uma escavação na potencialidade psíquica da personagem seguida, na novela, de um desdobramento no plano horizontal e geográfico, onde Ahasverus passa por múltiplos espaços e figurações, criando-se um andamento que rejeita qualquer conceito de tempo independente da duração subjetiva. E como se trata de uma figura que vive no texto, cria-se, ainda, uma relação entre tempo e linguagem (escrita do tempo/tempo da escrita), que suscita uma reflexão acerca da temporalidade inscrita na linguagem.

Nas novelas de errância mais antigas[13], onde o relato inclui personagens que vagueiam pelo mundo, cruzando a terra e o mar, sem aparente propósito nem destino, nessas novelas sempre está incluído o regresso à terra natal, ou o anúncio de que o regresso é iminente, fornecendo a marca inequívoca de que se está por chegar ao fim do relato quando os viajantes se ancoram definitivamente ao mundo cotidiano, fechando-se o ciclo de suas aventuras.

A novela aqui em análise não cabe nesse modelo, pois a existência do protagonista não se encerra numa moldura que limite tempo de nascimento e de morte, nem lugar de origem ou destino e volta. Lançado num tempo e num espaço aleatórios em que os passos estão sempre pendentes da intenção e da agência do protagonista (que forma assumir na próxima metamorfose: a de uma árvore no Parque Eduardo VII? ou iria ver as lanchas de Cacilhas? ou se transformaria no corvo Vicente?), as opções contraem-se em ações que, por não serem ordenadas segundo uma relação de causalidade, não conduzem a um sentido dado. Na verdade, nada conduz a nada, já que a seqüência que agrupa e ordena as ações não forma um sistema, lançando-as numa espécie de brecha ou de vazio.

Como a morte está excluída do horizonte de Ahasverus, seu caminho se abre para um deserto infinito de que fica subtraída a ordem cotidiana e ordinária do mundo. Por outro lado, a aventura só é aventura quando se rompe um parâmetro para dar lugar a outro tipo de experimentação. Mas, no caso da novela, como não há esses dois registros, o azar, o acaso, que pontua e ordena esse mundo em aberto, é, paradoxalmente, previsível, porque carente de obstáculos que sirvam

---

12. Samuel Rawet, *Viagens de Ahasverus...*, p. 15.
13. A novela conhecida mais antiga é a *História Etiópica ou História dos Amores de Teágenes e Cricléa,* escrita por Heliodoro, no século III.

AHASVERUS: O JUDEU ERRANTE E A ERRÂNCIA DOS SENTIDOS 93

de impedimento aos passos do protagonista, quer se dirijam eles para o passado ou para o futuro. Aliás, ir ou vir, caminhar para trás ou para frente, é percorrer eternamente a banda de Moëbius, superfície não orientável, da qual não se pode distinguir os seus dois lados por força da torção que a caracteriza, determinando que se volte para o mesmo lugar, reforçando uma relação topológica de especularidade. Um pouco como os desenhos de Escher, nos quais, do vácuo de uma forma que vai, nasce a mesma, em negativo, que vem.

Assim, a existência vivenciada nas formas lábeis que o protagonista assume é feita de partes soltas, que não se agregam formando espessura, experiência acumulada, aprendizado. Liberado no espaço social que não constitui, Ahasverus também vive à solta como sujeito. Entre a lembrança e o esquecimento, sua ação se congela num cenário desértico, onde forma e fundo não se imbricam.

Mas há alguns parâmetros que regem a direção dessas ações. Destaco, logo no início da novela, o diálogo intertextual com o conto de Miguel Torga "Vicente"[14], no qual o escritor português apresenta em chave de fábula uma releitura do episódio bíblico da Arca de Noé. Aí, o corvo, Vicente, escolhido para permanecer na Arca e perpetuar a espécie, rebela-se e foge, protestando, com seu gesto, o arbítrio divino, que divide os seres em eleitos e condenados, desafiando, com sua insubordinação, a onipotência divina.

Se as metamorfoses se dão, na novela, pela escolha da forma que o protagonista elege – e esse é um acréscimo importante ao tratamento da lenda, porque o personagem toma a posição daquele que decide –, a citação do corvo de Torga, ao contrário, aparece negativamente, isto é, pela denegação da forma que Ahasverus *não* vai assumir: "[...] eu não quero ser o corvo de Torga, eu não posso ser o corvo de Torga, isto vai contra tudo aquilo que aprendi, contra tudo que me ensinaram como certo [...]"[15]

Essa recusa, mais a menção a um ensinamento, introduzem a trajetória da personagem no trilho de uma tradição de subordinação aos desígnios de Deus, ainda que o fio dessa tradição também ele esteja solto, já que a personagem pondera que não há mais dilúvios, nem arcas, nem Noés, e nem mesmo Deus a quem desafiar.

Em outra novela de Rawet, *Abama*, Zacarias, o protagonista, judeu, marginal, suburbano e carioca, explicita, com todas as letras, seu repúdio à tradição judaica.

Entretanto, tanto lá como aqui, é de dentro de sua condição que os protagonistas se rebelam. Não conseguem sair dela, alimentando-a com a palavra, com o comentário, com a interpretação, que retomam, ainda que no vazio, uma prática definidora da tradição denegada.

14. Miguel Torga, *Bichos.*
15. *Viagens de Ahasverus...*, p. 16.

94 ENTRE PASSOS E RASTROS

Há três passagens na novela *Viagens de Ahasverus*... que remetem a cenas em que estão implicadas figuras de judeus. Na primeira delas, o protagonista, em delírio, vagava por Nápoles, Marselha, Barcelona, Pireu, Atenas, Limasol, Famagusta, Salamina e segue até Tel-Aviv e Haifa. Caminhando por ruelas laterais, num subúrbio, cruza com "um velho de barbas e capotão negro" e continua no caminho até ouvir uma cantoria: "Era a sinagoga, na prece matinal. Chorou. Um choro profundo. [...] Sentiu-se tonto. Cambaleou. Caiu. Estremeceu. Tremeu. Aterrorizou-se"[16].

A personagem tem em seu campo de visão um conjunto de letras que não formam palavras (TAT TVA ASI), seguidas do nome Jeová grafado em hebraico. Cristo, com voz mansa, apieda-se do sofrimento do protagonista: "Pobre Ahasverus". O caos silábico antecedendo o nome de Deus que é preservado e inteligível aponta para uma confusão babélica de palavras que não encontram mais seu ponto de articulação. A essa imagem associa-se a de um mundo perdido, centrado na sinagoga e no nome de Deus, que, apesar disso, mantém-se.

Num segundo momento, em Viana do Castelo, após o vinho do almoço e o sono da tarde, o protagonista sai pelos arredores e, longe, vê uma velha. Os olhos da velha se aterrorizaram tanto ao vê-lo que a situação lhe provoca a curiosidade; assim, ele a segue e vê seu terror aumentar. A mulher, em pânico, entra num quarto e, encostada na parede, fica à espera de Ahasverus que se aproxima, medindo o terror da velha: "mantendo a tensão, afastando dele o terror provocado pelo terror provocado, sentimento meio raro, mas que identificou nele certa vez, Ahasverus aproximou-se. Quando os rostos quase se colaram ouviu o sussurro: *Schmá Israel*"[17].

Nesse momento, ele beija os lábios da velha, enquanto muda para um outro espaço, com lampadários, mesas sólidas de madeira, bancos, e um crucifixo ao fundo, postando-se diante de uma autoridade, sentindo aquele mesmo terror. O texto não esclarece, mas há vestígios de que o protagonista está diante do Tribunal da Inquisição. Aí, ele é torturado por uma culpa que tem de admitir, embora desconheça a acusação. Identificado com a velha através do terror, o protagonista revive uma cena de martírio kafkiana, enfatizando a condição de vítima, que o liga à velha, na qual ele se debate.

No terceiro episódio, Ahasverus é um rabino que se lembra dos tempos de seu aprendizado. Com seu mestre, ele aprende a ser justo, bom, sábio, e a suportar as dores do mundo. Ao tentar pôr em prática seus conhecimentos, recebe um golpe: o responsável por sua formação acusa-o, injustamente, de ladrão a um soldado, que o deixa pros-

16. *Idem*, p. 32.
17. As primeiras palavras, em hebraico, de uma reza dirigida a Deus, três vezes ao dia, de manhã, à tarde e à noite, p. 34.

AHASVERUS: O JUDEU ERRANTE E A ERRÂNCIA DOS SENTIDOS   95

trado no chão. "O mestre enfurecido gesticulava e bradava: roubou o meu dinheiro, e dinheiro é trabalho, e trabalho é sangue"[18].

Se o mestre de um Rabi deixou de ser um homem justo, bom, e sábio, é porque a Lei[19] está desacreditada e desativada. É essa perda que impede a leitura das letras embaralhadas onde estão grafados os preceitos que devem ser obedecidos pelos judeus.

Como se vê, a novela problematiza a possibilidade de se manter preso a uma tradição, transformada em caos, desordem e vazio.

A distância de Jeová (um nome inscrito na Bíblia, que recusa qualquer figuração) e da tradição tem a contrapartida da proximidade de Cristo, parâmetro fixo de Ahasverus, sendo ele aludido, rememorado, revisitado, ao longo de sua errância. Se a presença de Cristo remete de imediato para o antagonismo em relação ao judeu errante, essa oposição é alimentada, na novela, até certo ponto.

Referido como "o Nazareno" (de Nazaré), Cristo é representado como aquele que tem origem num território, em oposição à desterritorialização do protagonista. Cristo, como o corvo de Torga, é um dissidente que, com sua "desobediência" aos preceitos judaicos, inicia uma nova religião. Ele traz com seu sofrimento a redenção dos homens, mas o protagonista é um excluído da esfera da redenção. Cristo disse aos homens: "Eu sou o Caminho, a Verdade e a Vida", enquanto Ahasverus habita os caminhos que se bifurcam, pondo em dúvida o lugar da Verdade, enquanto se debate em vidas deslizantes.

Retomando o paralelo entre Cristianismo e Judaísmo, pode-se dizer que a economia simbólica do cristianismo se baseia na *identidade* (a imitação de Cristo) e no ritual de *repetição* de uma mesma cena, onde pão = corpo, e vinho = sangue, remissiva à morte de Jesus na cruz. Já a economia simbólica do judaísmo lança-se para uma polivalência de significação, porque é isso que a tradição judaica promove com o deslocamento dos sentidos a partir da lei escrita, a Torá. Nela se inscreve um Deus simbólico de quem nada se sabe, e cujo poder está em reunir, num só, um conjunto infinito de atributos, e, ao mesmo tempo, graças ao caráter não excludente de seus pares antitéticos (Bondade-Maldade, Proteção-Destruição, Amor-Ódio etc.) permite que dele se aproxime indefinidamente, sem alcançá-lo jamais. Por isso, seu lugar é o da dispersão, e seus atributos, gerados pela leitura e pela interpretação das Escrituras, formam um campo de contornos imprecisos, e de sentido inesgotável.

18. *Idem*, p. 40.
19. A referência feita, no texto, é à *Halachá*, do hebraico "lei", derivado de *haloch,* que significa "ir", "seguir". A *Halachá* é a parte legal da literatura talmúdica, em contraste com a *Agadá*, que não trata das leis a que os judeus estão obrigados em suas atividades diárias, mas sim de partes elípticas da Bíblia que passam a ser desenvolvidas, reinterpretadas, incluindo histórias, instruções morais etc., sob forma de parábolas e alegorias, entre outras.

96   ENTRE PASSOS E RASTROS

"Sentia-se estranhamente ligado a ele [Cristo], entrevia, às vezes, uma relação vital nas duas existências [...] Mas sabia, também, de uma distância quase infinita a separá-los"[20]. É preciso lembrar que a maldição que recai sobre o judeu errante vem de Cristo, sendo cristã a lenda de que ele toma parte; assim, a ligação entre ambos é indissolúvel. É sobre uma palavra que se congela – a de Cristo – que se produz o anátema, e essa palavra, unidirecional, produz um destino que enlaça emissor e receptor para sempre. Mas esse destino, ao ser atualizado através de formas particulares e contingentes, esbarra na história judaica da qual o exílio é parte constitutiva. Antes de Cristo, no Antigo Testamento (Gn 4: 12), Caim é amaldiçoado por Deus, por ter matado Abel, a errar pela terra, antecipando a figura legendária de Ahasverus. Além disso, a dupla destruição do Templo de Jerusalém[21] em torno do qual se congregavam os judeus, marca o luto, ferida não cicatrizável ao longo da história, responsável pelo exílio do povo. A não-territorialidade dos judeus no plano histórico e geográfico equivale, ainda, a uma outra errância, aquela que busca incessantemente um sentido sempre deslocado, alimentada pelo sistema mito-simbólico desse povo com suas Escrituras. Assim, pode-se até tirar os judeus do exílio, mas não o exílio dos judeus.

A desmaterialização do Deus judaico, sua inacessibilidade, aproxima Ahasverus de Cristo, com quem o protagonista se encontra repetidas vezes na novela, interagindo com ele. "Já estava novamente a imagem do nazareno... Estava aonde? À sua frente? Atrás? Imagem visual? Auditiva? Dentro ou fora do cérebro, por trás do cérebro, por trás dos olhos, entre a retina e a hipófise"[22]. Mas seus laços simbióticos com Cristo não o desatam do judaísmo, podendo-se ver nessa dupla pertença o enclave embrionário de toda uma civilização.

Retomando uma questão lançada no início do trabalho e suscitada já no título da novela, a observação do tempo que se constrói no texto elucida a leitura que venho propondo. Se, de um lado, a abundância de eventos e deslocamentos relacionam-se com um tempo que dura, o estágio entre onírico e de vigília em que vive o protagonista, contado por uma narrador em terceira pessoa onisciente seletivo, acaba por submeter todos os incidentes à medida da experiência da personagem, pondo peso no efeito que as ocorrências nela provocam, enfatizando, assim, uma temporalidade subjetiva. Mas quem é essa personagem?

A permanência do nome não impede a multiplicidade e a inconstância de formas que ela vai assumindo ao longo de sua trajetória, o

20. *Viagens de Ahasverus...*, p. 20.
21. A destruição do Templo de Jerusalém, por ordem de Nabucodonosor, data de 586 a.C.; e a segunda destruição, pelos conquistadores romanos, data do ano 70 d.C.
22. *Viagens de Ahasverus...*, p. 28.

que vale dizer que ela nunca é idêntica a si mesma. Essa labilidade traz conseqüências para a construção do tempo, no texto, que não é cronológico nem linear, pois o sujeito que nele vive não é uno nem homogêneo, lançando-se num registro de tempo que dura, se contrai e expande, cria sobreposições, submetendo o plano externo incidental e fragmentário ao registro errático e livre das estruturas do plano interno.

Como a imagem de Ahasverus não se fecha, nem se congela no texto, ela implode a figuração do judeu enquanto estereótipo, retirando-o da posição de continente de significados anti-semitas historicamente dados, para lançá-lo na arena do jogo lingüístico, onde os sentidos não se fixam. Afinal, a personagem em seus desdobramentos não está *por trás* do texto, mas dentro dele; ela assim como a história, o enredo são sempre efeitos textuais.

E esse enredo não seria amplo se omitisse o percurso que passa pela paixão. Por isso o protagonista o experimenta, nas formas ávidas de gozo (o íncubo e o súcubo), que se multiplicam para ampliar cada vez mais e mais o prazer obtido, num arco que abarca o hétero, o homossexualismo e a auto-sexualidade. Na contramão da angústia e dos questionamentos do espírito, as exigências do corpo gritam mais alto. "É o homem culpado pelo fato de viver?"[23] Ele sente também fome do gozo estético e enreda-se em formas e cores, convive com pintores, Utrillo, Picasso, Modigliani, e suas lembranças somam manchas abstratas, coaguladas em volumes, cores e linhas. Atravessa os textos de Graciliano Ramos, sente-se como Aschenbach, personagem de Thomas Mann, em Veneza à espera de Tadzio, vira a um só tempo ator e atriz de palcos ingleses em giro pela Península Ibérica, e que se amam reciprocamente; passeia, em Barcelona, pelas Ramblas e pela loucura arquitetônica do parque Güell, de Gaudi, rodeando a Sagrada Família para tomar um trago num bar. A dança e a música de um saxofone também atravessam a experiência do protagonista, entre policiais, cafetões e traficantes de drogas. Em seguida, "vestiu uma camisa listrada e saiu por aí, se viu na Avenida. E era três, então"[24]. Sinalizando com a letra do samba sua localização no Brasil, espaço geográfico que serve de fecho à novela, o narrador conta uma espécie de parábola de que participa uma trindade: um mendigo, um entalhador, um vendedor de cocadas. O mendigo era casto, sem saber por quê. O entalhador, beberrão e mulherengo, sem saber por quê. E o vendedor, controlado e pederasta, sem saber por quê. Encontravam-se aos sábados e aceitavam-se como eram. Essa convivência harmônica com o outro, com o diferente, quebra-se quando os três são detidos no Distrito Policial por não portarem documentos que comprovassem sua identidade. Um negro, outro mulato e o terceiro homossexual, cada um deles carrega a

23. *Idem*, p. 36.
24. *Idem*, p. 62.

98 ENTRE PASSOS E RASTROS

marca de minorias discriminadas, equivalentes, na pena de Rawet, à posição do judeu. Essa paridade é bem explorada no primeiro livro do autor, *Contos do Imigrante*, que assinala o surgimento da matéria de imigração na literatura brasileira. Aí, Rawet articula ao exílio do judeu, o do pobre suburbano, do vagabundo, do negro, do solitário, dos marginalizados em geral, que erram longe do centro modelar dos padrões sociais, nas fronteiras entre os grupos. Analfabetos, os três homens da novela que pertencem à galeria de seres periféricos que habitam o texto de Rawet, transformam-se em cão, e Ahasverus foi cão com plenitude, e como cão sondou o mundo. Foi árvore, riacho, pedra, e enquanto tais sondou o mundo. E, finalmente, "Ahasverus foi Samuel Rawet com plenitude, escreveu *Viagens de Ahasverus à Terra Alheia em Busca de um Passado que não Existe porque é Futuro e de um Futuro que já Passou porque Sonhado*, e como Samuel Rawet sondou o mundo"[25].

A suspeição e a incerteza relativas a uma identidade definida negam a pertença do protagonista a uma comunidade, a uma nação, incapazes de conter na simultaneidade os sucessivos espaços que ele percorre. Ou, se pertença existe, a comunidade e a nação também se configuram como *flashes* de uma câmara móvel que se desloca, captando traços de um cenário incompleto.

O que se constata é que, a partir de certo momento, as transformações do protagonista tomam a direção de um mergulho em si mesmo, interrompendo a linha de fuga de uma cadeia metonímica para chegar ao nome que alude à instância autoral. Nessa passagem, o autor se oferece a si mesmo como metáfora da diáspora, do exílio. A partir de um lugar e de um tempo, numa língua, ele escreve e fixa a experiência milenar de um errante ágrafo, analfabeto, que fala (mal) todas as línguas, que tem seu estigma identitário na mobilidade.

Como entender a metáfora que concilia o ser escritor com o ser judeu errante ("Ahasverus foi Samuel Rawet")?

A errância de sentidos e o judeu errante formam um território único na novela, fundindo-se um no outro através da palavra. É no vazio de Deus e da tradição que a escritura de Rawet prossegue sua errância, coordenando sujeito e linguagem.

Por outro lado, a epopéia da frustração, da procura baldada de integração e ajustamento, sintetizam o "estranho" Ahasverus, o que vive *entre* mundos, constituindo-se como paradigma do judeu, do imigrante em geral, e do marginal. Mas esses atributos estão entre os motivos privilegiados pela literatura contemporânea, preocupada com a alienação social, psíquica, moral e artística, que consubstanciam a

25. *Idem*, pp. 64-65.

situação do homem, em sentido amplo. O judeu universal, perseguido e carente de identidade, tipifica, de certo modo, a moderna condição humana.

A poetisa simbolista russa Marina Tsvetayeva escreveu uma epígrafe, retomada mais tarde pelo poeta em língua alemã Paul Celan: "Todos os poetas são judeus". Wallace Stevens, poeta norte-americano contemporâneo, afirma, analogamente: "every poet's language is his own distinct tongue". O sentido geral da afirmação de que todos os poetas são judeus pode ser buscado no solo comum do exílio. Ambos – poetas e judeus – são "estrangeiros", e, por natureza, itinerantes. O mesmo se diga em relação à citação de Stevens, que frisa que o poeta não fala a linguagem comum. Assim, ser poeta é viver, na sua própria língua, a condição de uma espécie de diáspora lingüística, posição reforçada por Marcel Proust quando afirma que "o escritor inventa no interior da língua uma nova língua, uma língua por assim dizer estrangeira".

À frase da tradição e do judaísmo na qual o autor se perde porque a lê como fragmentada e partida (TAT TVA ASI), Samuel Rawet opõe com tenacidade uma escritura pessoal, construída como superposição, palimpsesto, de várias outras escrituras, passando pela lenda que retoma até as séries literárias suas contemporâneas[26]. Mas essa escritura pessoal não encontra um solo firme nem mesmo na língua portuguesa, essa "língua de gente" imposta aos índios pelos colonizadores e missionários, com quem Ahasverus cruza em suas andanças por Manaus.

Como pobre entre pobres, Samuel Rawet vive no Rio de Janeiro uma experiência que a vida de subúrbio lhe proporcionou. Assim, não é difícil imaginar a eleição desse espaço descentrado que o autor privilegia para lhe servir de laboratório simbólico do confinamento de

---

26. No livro *A Educação pela Noite e Outros Ensaios*, Antonio Candido traça um panorama sumário da ficção dos anos 1970, afirmando, num momento de síntese, que "estamos diante de uma literatura do contra" – contra a escrita "literária", contra a convenção realista e contra a ordem social vigente. Uma literatura, pois, que se legitima na pluralidade, incluindo textos "indefiníveis" nos quais entram reportagem, cenas de teatro, colagem, montagem cinematográfica, testemunho, enfim, um repertório heterogêneo no qual se distinguem títulos como *Zero*, de Ignácio de Loyola Brandão, *Em Câmara Lenta*, de Renato Tapajós, *O que é isso Companheiro?* de Fernando Gabeira, o realismo mágico de J. J. Veiga e de Murilo Rubião, a recusa da escrita "literária" de um Rubem Fonseca, além de obras importantes que não são de ficcionistas, como é o caso de *Maíra*, de Darcy Ribeiro, e de *Três Mulheres de Três Pppês*, do crítico de cinema Paulo Emílio Salles Gomes, e de obras voltadas para a memória, que têm em Pedro Nava o exemplo mais significativo. O ensaísta nota, ainda, certas tendências desagregadoras da narrativa que, nos países europeus, materializaram-se nas obras relacionadas com o *nouveau roman*. Rawet apresenta, em sua ficção, a fuga da representação mimética, marcas expressionistas que o distinguem desde suas primeiras publicações, além da tendência de desagregar a ordem estabelecida de construção da narrativa, podendo, sua obra, ser incluída no panorama apresentado por Antonio Candido.

toda sorte de marginais e desvalidos com os quais se identifica, debatendo-se por subtrair sua condição de judeu e de estrangeiro numa fórmula diluída e abstrata que pudesse conter todos os excêntricos. Por isso, ao finalizar a novela tentando enlaçar as partes e identificar o *ele* – personagem – ao *eu* – escritor – (ele é eu; eu sou ele; eu é ele), a predicação não fecha um cerco, trazendo à baila o descentramento tão bem expresso no conhecido verso de Rimbaud "je est un autre", a partir do qual refaz-se o exílio do sujeito e (re)inicia a errância dos sentidos, imprimindo à novela a forma de um moto-contínuo.

Parte III

Mote e Glosas

1. Recortes

*O olhar segue os caminhos que lhe
foram preparados na obra.*

PAUL KLEE, *Pädagogisches Skizzenbuch.*

Brasileiro, nascido em Porto Alegre, no bairro do Bom Fim, em 23 de março de 1937, e judeu, filho de imigrantes da Europa Oriental, Moacyr Scliar traz para a sua literatura as marcas dessa dupla identidade. O que o destaca no contexto da literatura brasileira é o fato de ser ele dos raros escritores a tematizar o fenômeno da imigração judaica no país, particularmente no Rio Grande do Sul.

Esse filão literário que versa sobre a inserção do estrangeiro entre nós – além do interesse do assunto num país que entra no processo de industrialização escorado na força de trabalho que vem de fora e conta, hoje, com um enorme contingente de estrangeiros em sua formação – tem resultado muitas vezes em literatura de bom nível. É o caso, para citar alguns exemplos, de Antônio de Alcântara Machado que mapeia a cidade de São Paulo, acompanhando os passos da trajetória de integração dos italianos e ítalo-paulistanos pelos bairros da cidade; é o caso de Lya Luft que registra a imigração alemã no Sul do país; de Raduan Nassar que traz à sua *Lavoura Arcaica* um tom árabe; e de Milton Hatoum que trata de um certo Oriente em Manaus.

Esse tipo de literatura é um pouco a contrapartida da literatura dos viajantes. Mudou o olhar, o ponto de vista, a época e a intenção de quem escreve. Além disso, o estrangeiro em geral não parte, permane-

104 ENTRE PASSOS E RASTROS

ce no país, constrangido a amalgamar à sua tradição os padrões da nação que o acolhe.

Os resultados dessa combinação, em Scliar, atualizam-se de diferentes maneiras; nas figuras híbridas que permeiam sua obra (o centauro, em *O Centauro no Jardim*; a sereia, em *O Ciclo das Águas*); no enredo que se articula de modo a deixar aflorar o choque cultural entre imigrantes e brasileiros ou entre a primeira geração de imigrantes e a de seus filhos já adaptados ao país (*A Guerra no Bom Fim*); na construção de personagens que vivem o conflito de terem de escolher entre a tradição de seus pais e a cultura hegemônica (*Os Deuses de Raquel*); e, ainda, na utilização de certas matrizes formais da cultura judaica (a parábola, a intertextualidade com a Bíblia e a Cabala), retomadas as três em outra clave.

As estruturas formais que sustentam essas marcas orientam-se por uma operação dupla metafórico-metonímica, ora inclusiva, ora exclusiva. Em outras palavras, a estrutura metafórica ou metonímica pode atuar alternadamente no plano literário, ou ambas podem ser co-responsáveis pela pavimentação das bases sobre as quais se monta o registro ficcional.

1.1. A CABALA NO AMAZONAS

Em seu livro *Cenas da Vida Minúscula*, Moacyr Scliar pratica a façanha de lidar com um amplo universo romanesco, que vem da antigüidade, mais especificamente, do rei Salomão, aos nossos dias.

Ao ler o romance, o leitor atravessa séculos no chão de uma geografia errática – feita de idas e vindas do Oriente à Europa, da Europa à América – até chegar ao Brasil, por onde naus fenícias teriam passado perfazendo um rumo que um dia Colombo tomaria.

O que move essa expansão no espaço geográfico é o sonho do rei Salomão de encontrar a Amazona montada no cavalo branco que um dia vislumbrou e por quem se apaixonou. É de seu leito de morte que o rei pede a um de seus filhos – o mago Habacuc – para partir pelo mundo e trazer-lhe a mulher amada. O desejo voltado à mulher é também o desejo de procrastinar a morte, em conformidade com o modelo clássico de *As Mil e Uma Noites*.

Por seu lado, o filho do rei resolve, a certa altura, desobedecer o pai, e partir pelo mundo perseguindo seu próprio sonho: o de criar um ser vivo. A culpa pela desobediência ao pai e a frustração frente à impossibilidade de criar a vida do nada, constituirão a herança da dinastia de magos que nascem de Habacuc[1], até que um deles – também

---

1. Habacuc: o oitavo dos doze profetas menores. Sua profecia, que parece ter sido composta durante os últimos anos do reino de Manassés (693-639 a.C.) ou pouco mais

RECORTES   105

Habacuc – que viveu na Europa do século XVI entre alquimistas,
cartógrafos, astrólogos, astrônomos, bruxas, cabalistas, geômetras,
navegadores, a partir de um raro manuscrito do Rabi Simeon ben Can-
tara – *A Cabala Mineralis* – descobre que entre os cabalistas havia
muitos experimentos voltados à criação da vida, e ele alcança realizar
o sonho de seus ancestrais.

É na Amazônia que os dois sonhos – o de Salomão e o de Habacuc – se interseccionam. É a partir da depuração desses sonhos, por
vários séculos, que o mago dá origem a uma mulher minúscula, depois a um homúnculo, e deles se origina uma comunidade de homúnculos.

Aqui, a miniaturização é teoricamente o lugar da perfeição, do
Bem, e as sobras da lapidação representariam o Mal. Mas na dinâmica
da vida cotidiana, os homúnculos evidenciam-se semelhantes aos homens, com suas paixões, fraquezas, antagonismos e sonhos.

Um casal de homúnculos é deslocado da Amazônia para São Paulo e ali contracena em diferentes níveis com pessoas de tamanho nor-
mal. No convívio entre o pequeno e o grande, a tentação totalitária do
maior, a imposição de sua vontade, de sua lei, aniquila o pequeno, o
frágil, levando-o à morte. O que se salva – o narrador do romance –
sobrevive porque acaba crescendo, isto é, aprende dos homens os re-
quisitos necessários à sobrevivência.

Usando material bíblico, implicações cabalísticas (*Tzimtzum*[2],
o conceito de eternidade, de Bem e de Mal) e recursos do realismo
mágico, o romance de Scliar "costura" a tradição judaica com o Brasil
e dessa liga constrói-se a alegoria que alude ao Bem e ao Mal, à vida e
à morte, à natureza e à cultura, ao dominador e ao dominado, e a
uma profusão de impasses relativos ao mundo em que vivemos.

O elo entre o rei Salomão e a Amazona montada num cavalo branco se faz mediante uma operação metafórica em que se implicam tempos, geografias e culturas distantes e diversas entre si. De um lado,

---

tarde, fala da iminente destruição de Judá pelos babilônios. Habacuc é também o nome
de outro profeta que foi miraculosamente transportado da Judéia à Babilônia, para levar
alimento ao profeta Daniel na cova dos leões (Dn 14: 32 e ss.). Alguns identificam
esses dois profetas como um só, o que parece pouco provável, pois neste caso, Habacuc
deveria atingir idade fora do comum para viver na época de Manassés e de Daniel.

2. O *Tzimtzum* ocupa uma posição importante na doutrina cosmológica da Cabala,
ilustrando a idéia da criação e da atividade de Deus. De acordo com a doutrina do
tzimtzum, o infinito limita-se e fica ao alcance do homem, para que ele, ser limitado,
possa entendê-lo. "Deus faz-se pequeno para poder morar em nós [...]". A criação é
resultado do *tzimtzum*. Deus, o Infinito, contrai-se, deixando atrás de si um espaço livre.
Cria assim uma falta, que é comparável à "escuridão" ou ao "frio". O primeiro ato
criativo de Deus está ligado a um ato negativo. "Ele cria as trevas" (*borê hosheh*) e
forma (*iotzer*) a luz (Is 45: 5-7). É justamente por ter criado as trevas e não pela criação
da luz que deus demonstra verdadeiramente ser um criador *ex nihilo*. Cf. Alexandre
Safran, *A Cabalá: Lei e Misticismo na Tradição Judaica*.

106 ENTRE PASSOS E RASTROS

uma história[3] registrada na Bíblia Hebraica (Sm 2: 12, 24), de outro, um mito amazônico utilizado por tantos autores, como Mário de Andrade, em *Macunaíma*. Nessa colagem de contextos histórico-culturais distintos, Salomão é lançado contra um cenário tropical e não o contrário. Da mesma forma, a atuação de seu filho que resolve proclamar sua autonomia e procurar o próprio sonho será restrita ao espaço amazônico, com a diferença que a mescla histórico-cultural se dará, agora, com a Idade Média, e a Cabala passa a ser o foco deflagrador de acontecimentos e revelações.

Nos dois casos há uma estrutura metafórica que vertebra os acontecimentos, acoplando diferenças. Se é verdade que existe nessa prática a manifestação afetiva de aproximar espaços, situações, tempos, caros ao autor, é também verdade que no *Talmud* não causa espécie colocar Moisés nos bancos de uma sala de aula do segundo século e mantê-lo perplexo com o que ouve em matéria de discussões legais que aí se desenvolvem[4].

Nos dois processos nota-se o deslizamento espacial e temporal desconectado das articulações de causalidade, procedimento característico do pós-modernismo na literatura[5]. Um vazio causal e posicional desamarra vínculos, mas ao fazê-lo cria outros formatos de partes aleatórias que resultam em sínteses ou *flashes* históricos. No caso de Scliar, firma-se a necessidade de juntar as partes de dois diversos, e o terceiro não deve ser o equivalente das parcelas somadas, mas seu resultado.

Se o rei Salomão reaparece protagonizando o romance de Scliar em *A Mulher que Escreveu a Bíblia*, a junção entre matéria judaica e Amazonas estará presente também em *A Majestade do Xingu*.

1.2. XINGU, UM BOM RETIRO

É difícil compreender o processo pelo qual uma experiência particular, historicamente datada, toma uma forma literária determinada,

---

3. Que a historiografia bíblica não é "factual" no sentido moderno do termo é algo bastante evidente. Os textos históricos da Bíblia, escritos por diversos autores em épocas diversas, eram freqüentemente também produtos de um longo processo de transmissão de tradições e documentos mais antigos.

4. Moisés foi (à escola do Rabi Akiba) e sentou-se atrás de oito filas (dos discípulos de Akiba). "Não sendo capaz de entender seus argumentos, estava sentindo-se mal, mas quando chegaram a determinado assunto, e os discípulos disseram ao mestre 'De onde o senhor sabe isso?' e este respondeu 'É uma lei dada a Moisés no Sinai', ele sentiu-se reconfortado." TB *Menahot* 29h. *Apud Zakhor: História Judaica e Memória Judaica*, de Yosef Hayim Yerushalmi.

5. Partindo do estruturalismo da lingüística saussureana que dissocia o signo do referente, o pós-estruturalismo separa o significante do significado e sedimenta a base

RECORTES 107

ganhando cunho simbólico e uma validade que pode, dependendo de sua execução, chegar a universal.

A pergunta que deve ter perseguido o escritor (e médico sanitarista) Moacyr Scliar frente ao desejo de contar a história do também médico sanitarista Noel Nutels é: como contar essa história? Descartada a opção pelo relato puramente biográfico, sobrou-lhe o amplo território ficcional. Mas como armar o romance em que a figura de Nutels tivesse a inserção desejada? Equivale a se perguntar: como armar um enigma em relação ao qual se tem apenas algumas coordenadas? Em verdade, tento pensar pelo avesso, já que a pergunta que me faço é: como decifrar o enigma contido em *A Majestade do Xingu*, romance de Moacyr Scliar?

Consta que Scliar conheceu Noel Nutels, médico que se dedicou a cuidar dos índios no Xingu. Poucos anos depois da morte deste, em 1973, o autor já acalentava a idéia de escrever um livro sobre essa figura que o fascinava. "Mas eu não queria me colocar como narrador, nem inventar um personagem Noel Nutels. Este impasse me impediu de escrever o romance. O livro ficou trancado durante mais de quinze anos", conta Scliar.

O certo é que quando Nutels marca sua pertença ao universo ficcional de Scliar, há uma química que altera sua substância de figura empírica, transmudando-a em figura do imaginário do autor, que toma forma no texto. Entretanto, como o autor se vale de uma pesquisa histórica que, apesar de respeitada, não lhe serve de espartilho, o estatuto de personagem de ficção se mantém, ainda que não fiquem eliminados os vínculos da pessoa empírica, em suas ressonâncias na circunstância histórico-cultural brasileira, com passagens pela história da imigração dos judeus ao país. De consistência ambígua, Noel Nutels tem a liga dos seres feitos de palavras e de imaginação, embora seu destino seja demarcado por coordenadas que vêm de fora do universo ficcional. Sobrevoando a realidade factual, ele passa a pertencer à mitologia pessoal que Scliar incorpora não apenas a seu afeto de homem, mas à intimidade de seu universo literário, onde lhe dá a sobrevida dos símbolos, reanimando-o a cada leitura.

Para evitar tanto a biografia como a vida romanceada, o escritor cria uma solução engenhosa. A história do médico (que de fato existiu) é acompanhada à distância pelo narrador-personagem (ser ficcional) que, criança, estava a bordo do mesmo navio, o Madeira, que trouxe da Rússia um Noel Nutels também criança. A partir desse encontro que os une ao destino comum dos judeus obrigados a deixar seus países de origem[6], o narrador fica preso ao fascínio de Nutels que, desde

---

para a rejeição da noção de representação, já que a utilização dos signos implica sempre uma dispersão de significações. Cf. T. Eagleton, *Ideologia*.

6. Remeto o leitor a uma representação iconográfica de mesmo tema, o conhecido óleo de Lasar Segall *Navio de Emigrantes* (São Paulo, Museu Lasar Segall, 1939-1941).

cedo, se destacava pela coragem, inteligência, espírito de liderança, imaginação e graça. Não por acaso o nome do navio alude à ilha portuguesa, e a viagem perfaz a rota dos navegadores portugueses rumo ao Brasil, anunciando, nos novos imigrantes, os responsáveis pela refusão das etnias brasileiras. Fugindo da pobreza e dos *pogroms* que se repetiam nas aldeias da Bessarábia, os dois terão destinos muito diferentes, e a diferença já vem prenunciada nas características da família de que se originam.

O pai do narrador, um sapateiro pobre que batia sola e filosofava, tinha como referente sólido de sua vida o respeito e a admiração pelo conde Alexei, cujos sapatos e botas consertava. Apesar dos perigos a que os judeus estavam sujeitos, o pai relutava em partir, porque "se ele partisse, quem consertaria os sapatos do conde, as suas belas botas"?

Já o pai de Nutels parte para a Argentina antes mesmo de sua mulher e filho, com o propósito de enriquecer, para, em seguida, trazer a família. A mãe de Noel era uma revolucionária que fazia comícios em portas de fábrica, nos anos que antecederam a revolução de 1917, enquanto a mãe do narrador cuidava da família, tendo de estimular seu marido à ação.

Não que a submissão ou a rebeldia sejam traços determinantes dos quais os filhos não possam escapar. Tanto podem, que escapam. Mas cada um dos filhos carrega o fardo de um oráculo obscuro e familiar ao seguir o seu destino. A culpa e o fracasso do narrador têm a ver com a sua história pessoal e familiar, assim como a desenvoltura, o sucesso e a adesão comunista de Nutels têm a ver com sua família, em particular, com sua mãe.

O certo é que os dois meninos, com seus destinos divergentes, encontram-se enlaçados indissoluvelmente, no romance, pois aquele que é grande, vencedor, realizado e aventureiro, só tem existência na fala daquele que é pequeno, fracassado e humilde. Aliás, essa oscilação de medidas (reversíveis?), o grande e o pequeno, perfazem a rota de todos nós: o miúdo do cotidiano, a vida coagulada no ritmo pequeno do dia-a-dia, pontuada pelos momentos de alumbramento, de sonho. A divergência entre o narrador e Nutels, projetada numa linha contínua, pode ser vista como complementar, em sua diferença. Mas a questão é: como fazer caber uma história de grandeza num discurso de homem imobilizado e fracassado?

A ironia é que o apagado anti-herói criado por Scliar, que nem nome tem, acaba criando volume, tornando um personagem complexo.

O romance inicia com a personagem-narrador na UTI de um hospital, às voltas com uma cardiopatia, falando com um médico mais interessado em ler os prontuários do paciente do que em ouvir a história de sua vida e a de sua amizade com Noel Nutels. É manca a construção desse "diálogo" que perdurará até o final, já que o médico não fala. O que ele diz fica suposto na fala do narrador, que repete e rearticula fragmentos de seu discurso, funcionando o sistema como sustentação de uma espécie de monólogo dialógico ou diálogo monológico. É o que fala e o modo como fala, construindo, aos poucos, através da memória, das suas observações, a sua vida e a das pessoas que povoam seu mundo, que a narrativa se desdobra e o narrador-personagem se revela. A solidão e a perspectiva da morte dão veracidade à sua fala, ao mesmo tempo em que o uso da linguagem funciona como uma necessidade de acionar a memória, a fantasia, de simbolizar a própria experiência e, quem sabe, protelar o tempo e a sentença final, à maneira de Sheherazade. Outra conseqüência que a fala trará ao relato é que este guardará o tom magmático e movediço do substrato oral, afastado da pose e do ideal de verdade textual única, decorrendo daí um estilo despojado que trabalha a medida do narrador, servindo também de superfície especular da figuração ascensional de Nutels e de linha estruturante de uma narrativa de rara unidade.

O tempo de intersecção das duas vidas dura pouco. Chegados ao Brasil, o pequeno Noel desinteressa-se pelo amigo de viagem, atento à paisagem e aos habitantes do novo mundo, sinalizando o olhar para a frente que dará o rumo à sua vida imprevisível e cheia de riscos, em contraste com a personagem-narrador, cuja vida transcorrerá principalmente ancorada no solo repisado do passado, que, no entanto, não permanece como ponto estático e imutável, pois ao ser recontado sofre um redimensionamento nas suas proporções e nas peças de que se compõe.

As famílias de Nutels e do narrador, confirmando a amizade profunda que as uniu durante a travessia do Atlântico, chegam a cogitar de viverem juntas, mas a idéia não vinga, e, enquanto a primeira transita do Nordeste ao Rio de Janeiro, a segunda se fixa em São Paulo, no Bom Retiro, bairro que concentrava, na época, os judeus imigrantes. É no Rio que Noel estudará Medicina, participará do grupo Diretrizes, de Samuel Wainer, e se tornará comunista. Uma vez formado e casado, trabalhará com os índios no Xingu, tornando-se uma personalidade de destaque no país. A morte prematura do pai do narrador, que sobrevive vendendo gravatas penduradas no toco do braço amputado, impede que o filho estude medicina, selando seu destino de comerciante pacato e sem ambições econômicas, numa loja diminuta e empoeirada, A Majestade, destituída de qualquer nobreza ou magnificência. É ela, entretanto, o espaço físico que servirá de fuga a um casamento insosso, a uma vida familiar magra de afetos, distendendo-se como um fole capaz de albergar os enclaves da fantasia do narrador. É ali, atrás do balcão, que ele devora disparatadamente os livros de Monteiro Lobato, Machado de Assis, Proust e Ovídio, imagina a alegria, o prazer e o delírio em castelos mirabolantes, aeromoças que o amam em bolhas plásticas no espaço, o reencontro caloroso com Nutels que o reconheceria imediatamente, apesar dos anos passados. É ali que ele conhecerá a paixão com a pouco inocente Iracema, marcando, com a sugestão intertextual, a inserção dos novos imigrantes na formação da nação brasileira, reproduzindo a relação colonizador-colonizado, com a diferença que o novo "colonizador" entra no país pela porta dos fundos, contrabandeando ideologia e tradição renegadas pelo discurso nacionalista da época. Ao mesmo tempo, como uma sombra que lentamente ganha figuração, uma legião de índios prolifera ao longo do romance. Por exemplo, a aventura com os índios urbanizados deslocados de seu hábitat, mas que se manterão antropófagos ao comerem o braço amputado, em desastre, do pai; ou aqueles que rondarão o subsolo de sua loja como espectros depositados numa sarabanda de ossos, ao final do romance. É ali que ele fabulará o silenciamento do major Azevedo, militar da repressão, através de uma inscrição pouco abonadora de um traço físico de sua mulher, na parede de um banheiro; que ele partilhará da amizade da militante Sarita que conclamava os índios contra o imperialismo do homem branco, de acordo com a orientação da célula stalinista, na verdade, uma cena montada por seu pai, Moisés, que contrata índios da periferia da cidade para fazerem o papel de índios e participarem dos comícios da filha inconformada com a situação do país. É ali, ainda, que ele escreverá cartas apócrifas, assinadas por Nutels, a seu filho Zequi, um jovem militante de uma célula de esquerda, Zumbi dos Palmares. Essas cartas falsas, endereçadas ao filho, são lidas nas reuniões secretas do grupo e acabam dando sentido e rumo aos jovens perdidos em meio a uma ditadura cruel, induzindo-os a continuarem a luta. É, enfim, da empoeirada loja do judeu que se monta um painel que recobre várias décadas da história recente do Brasil, passando pelo extermínio dos índios, a luta dos militantes comunistas e o golpe militar de 1964.

A opção pela mentira inocente que frutifica soluções não deixa de aludir, ainda que obliquamente, à escolha do autor que abre mão da "verdade" dos fatos, misturando personagens reais envolvidas em episódios fictícios, e personagens fictícias em episódios acontecidos, privilegiando as soluções em que a imaginação e o sonho falam mais alto. Ao final, os sonhos do menino que veio ao Brasil no Madeira, e que tinha uma vida pela frente, não deixa de ser, *mutatis mutandis*, o sonho de todos nós, identificados com esse momento de festa acabada, num sono comum, a morte. A ausência da mulher, do filho, que seguem seus destinos, a morte dos pais, de Nutels, confinam o narrador-personagem no desamparo e na solidão de uma UTI, onde a presença da morte sempre latente no oco do tempo embala uma história em que os que de fato viveram e os que poderiam ter vivido se enlaçam, ligando-se na transitoriedade das coisas do tempo, sem se privilegiar, contudo, o tom melancólico, que é acompanhado da contraparte humorística, bem ao estilo de Scliar, que não resiste a uma boa piada, ou ao desenho grotesco e hilariante das situações as mais estapafúrdias.

Com a venda da lojinha do narrador-personagem a um imigrante asiático, um coreano, Scliar conta a história dos movimentos das massas de imigrantes que vão fazendo a história do Bom Retiro. Uns se deslocam para dar lugar a outros. Mas a imaginação do protagonista dá um sentido diverso à destituição de seu território. O coreano não era coreano, mas índio, que teria voltado, na época do descobrimento do Brasil, às suas origens, refazendo em sentido inverso a trajetória dos ancestrais, que, vindos da Ásia pelo estreito de Bering, haviam chegado à América. Uma vez na Ásia, Coréia, ele se estabelece, forma família, e, de geração em geração, a narrativa da jornada heróica se repete, seguida de um imperativo: algum dia, alguém terá de voltar ao Brasil e recuperar a terra dos indígenas. É claro que, ao contar essa história, o autor está contando também a história da errância judaica e sua determinação de se fixar na Terra Santa. E a referência à guerra pelo território reforça a indicação:

> Movido pela pulsão irresistível, um dos descendentes do andarilho – o homem que havia pouco sentava-se diante de mim – emigra, vem direto para São Paulo, e, guiado pelo instinto (ou por algum antigo e secreto mapa, traçado na pele de um animal?), chega à loja para reconquistar o seu território. Não vem vestido como índio, obviamente não vem de tanga, não vem de cocar, não usa batoque no beiço – mas é índio. Não vem pintado para a guerra – mas é guerra. Não guerra de tacape; guerra de calculadora, mas guerra de qualquer forma. Guerra mortal. O vencido não será comido pelo vencedor em banquete ritual, mas não poderá esperar nenhuma mercê. É assim, quando se trata de terra sagrada[7].

O deslocamento que o autor promove leva a refletir a questão de diferentes ângulos. Primeiro, ele descentra os judeus como sendo o povo eleito a quem cabe a Terra Prometida, já que os índios, grupo minoritário, colocam-se em posição análoga e também reivindicam a terra de seus ancestrais. Segundo, a guerra sem solução por territórios, que assola o Oriente Médio, é movida por povos diferentes mas por motivação idêntica. Terceiro, o autor, judeu-brasileiro, equaciona em termos nacionais um problema que é originalmente judaico, ao localizar a diáspora dos índios em extinção[8]. Essa homologia aparece ao longo do romance, no *affair* amoroso do protagonista com Iracema, na identificação do judeu Nutels com os índios, no envolvimento de Sarita com os índios etc., engrossando o caldo até a criação da metáfora A Majestade

7. Moacyr Scliar, *A Majestade do Xingu*, p. 185.
8. Observe-se que essa prática de transpor para o Brasil episódios marcantes da história dos judeus é comum na obra de Moacyr Scliar. Por exemplo, o genocídio dos judeus pelos nazistas transfere-se para Porto Alegre, em *A Guerra no Bom Fim*. As pragas do Egito castigam uma comunidade pobre do Brasil, em *A Orelha de Van Gogh*. Birubidjan, território russo proposto para servir de pátria aos judeus, está em Porto Alegre, em *O Exército de um Homem Só* etc. Isso sem falar do tom de parábola bíblica e do humor judaico que o autor traz para a literatura brasileira.

112 ENTRE PASSOS E RASTROS

do Xingu, quando o protagonista resolve, em homenagem ao amigo, transportar sua lojinha do Bom Retiro ao Xingu, redimensionando todas as peças do jogo. Nessa operação, ele transporta Noel Nutels, Isaac Babel, os cossacos, seus pais, sua família, todos os judeus que aqui aportaram, e os que não aportaram, ao coração do Brasil, confundindo e integrando as partes, o pequeno e o grande, o judeu e o índio[9], o herói e o anti-herói, como solução histórica e mágica do convívio de etnias e, num outro nível, como sonho utópico de integração universal, onde a alteridade deixa de ser sinônimo de exclusão.

Mas essa solução de certo modo otimista traz uma contraparte na qual o fracasso marca seu sulco, quando se pensa na situação de abandono da população indígena no Brasil, no extermínio de várias etnias, justamente as mais ancestrais entre aquelas que compõem a nação brasileira. Essa idéia de fracasso talvez seja extensiva ao destino dos judeus da diáspora, também eles fadados a se diluírem na nação em que vivem. Mas é como judeu, num *pogrom* particular, que o narrador se vê, em sonho, morrendo:

De repente, o tropel de um cavalo, e era ele, o cossaco: vestido de negro, longos bigodes, olhar feroz – o chefe do bando que invadira a nossa aldeia num sangrento pogrom. Havia quantos anos galopava? Havia muitos anos, sem dúvida: escapando de Budyonny e dos bolcheviques ele cruzara a Sibéria, a China, atravessara o estreito de Bering, descera pelo Alasca, pelo Canadá, os Estados Unidos, o México, as florestas da América Central e as matas da Amazônia; galopando por caminhos de ódio e terror, voando como furacão, acabara por me descobrir e agora chegava para terminar a tarefa. Estacou, saltou do cavalo: por fim te encontro, judeuzinho de merda, persigo-te há anos, mas agora te achei, terás o privilégio de um pogrom só para ti, é o teu fim, o Noel Nutels podia te salvar, mas ele acabou de morrer e tu vais junto[10].

É também de um lugar intervalar, na intersecção da tradição judaica com a cultura brasileira, que emana a literatura de Moacyr Scliar. Equilibrando-se no meio-fio entre o real e a ficção, o romance *A Majestade do Xingu* é ardiloso: chama a atenção para um ponto, quando é no outro que a mágica se efetiva, o que em termos de leitura resulta na impressão de que os sentidos capturados escondem outros que estão sempre num outro lugar. Como disse Adorno[11], referindo-se às artes em geral, toda obra de arte apresenta um caráter enigmático e mesmo a compreensão mais adequada que dela se possa obter não esgota o

---

9. Consta que há muito tempo a América fazia parte do sonho judaico. Diz-se que a misteriosa Ofir da Bíblia, para onde se dirigiam as naus fenícias comissionadas pelo rei Salomão, ficava ao Norte ou Nordeste do Brasil – o nome do rio Solimões faria alusão ao monarca. Na América viveriam as "tribos perdidas" de Israel, e não poucos observadores tentaram encontrar analogias entre costumes e vocábulos índios e hebraicos. Cf. Moacyr Scliar, *Caminhos da Esperança (A Presença Judaica no Rio Grande do Sul)*, p. 18.

10. *A Majestade do Xingu*, pp. 209-210.

11. Theodor W. Adorno, *Teoria Estética*.

RECORTES 113

enigma. É por isso que esse romance que se constrói como uma resposta à sua própria pergunta, se oferece à leitura como um campo aberto de questões.

1.3. UM CONTISTA UBÍQUO

No deserto Moisés exercerá uma atividade que se pode considerar como educativa frente ao povo de Israel. A cidade de Cades, situada num oásis, cujo nome (*kodesh*, em port., "santo") indica que aí se venerava a um deus local, torna-se o centro de um desenvolvimento singular que durará quarenta anos, período em que o povo ali reunido aumentará em número. Unem-se a ele grupos de famílias que mantêm relações de parentesco próximo com os filhos de Israel, formando uma nova unidade étnica. Nos quarenta anos de peregrinação entre Cades e o golfo de Eilath, morrem todos aqueles que se lembravam de haver comido o pão de escravos do Egito. Cresce uma nova geração de nômades, que não podia continuar errante, posto que a vontade formativa de Moisés tinha ascendência sobre ela, e ele apontava a direção de sua fome de terra – a Canaã, designada a Terra da Promissão.

É para essa terra que os judeus diaspóricos apelarão a cada dia, a cada ano, sempre que estiverem diante de uma situação de crise. É esse movimento em direção ao futuro sempre adiado que servirá de estrutura formal para a série de contos reunidos em *A Balada de um Falso Messias*.

O povo no deserto mantinha uma relação singular com uma terra que ninguém jamais havia visto, porém, apesar disso, fazia passar por sua pátria, tratando de chegar a ela. Aqui o conceito de pátria tem sua raiz não no desenvolvimento de gerações enraizadas em um território, mas na crença de que a missão divina não poderá cumprir-se fora dela[12].

O texto literário constrói-se sobre uma ambigüidade: uma vez criado, ele é para sempre reescrito. Essa operação evidencia-se de forma consciente através da paródia[13], expediente técnico que descobre o outro no mesmo, um significante novo recoberto pelo antigo, o novo emergindo na superfície do código preexistente. Persiste o número dois, mas imbricado num tecido único – duas vozes e uma harmonia, duas cantigas entoadas conjuntamente.

Um texto interage sempre com seu intertexto e quando esse procedimento é consciente aflora o interlocutor sem que o leitor se obrigue a uma tarefa exegética de erudição e paciência no sentido de revelá-lo.

12. Cf. Josef Kastein, *Historia y Destino de los Judios*.
13. Cf. Linda Hutcheon, *Uma Teoria da Paródia*.

No caso do escritor Moacyr Scliar, a recorrência do contraponto bíblico bem como da Cabala e de outros elementos da cultura judaica perfaz sua obra, conforme já se viu[14]. É o que ocorre no conto "A Balada do Falso Messias". O autor traz para o século XX (1906) o falso Messias e seu profeta, respectivamente Shabtai Zvi e Natan de Gaza, que viveram, de fato, no século XVII, quando se promoveu uma rápida ascensão e súbito colapso do movimento sabatianista (1655-1666) entre os judeus.

Povo que sofrera todas as tribulações que o exílio e a perseguição poderiam acarretar, e que ao mesmo tempo desenvolvera uma consciência extremamente sensível da vida realmente vivida entre os pólos do Exílio e Redenção, necessitava de pouco a fim de dar o passo final para o messianismo[15].

Shabtai Zvi e Natan de Gaza aparecem e liberam as energias e potencialidades latentes acumuladas gradualmente durante as gerações que os antecederam imediatamente.

As implicações psíquicas profundas do messianismo judaico são apresentadas no conto através da interação entre judeus-russos, refugiados do *pogrom* de 1906, e os judeus orientais Shabtai Zvi, nascido em Smirna, na Ásia Menor, e Natan de Gaza, na Palestina. Desde o início, pode-se testemunhar um sentimento etnocêntrico por parte dos judeus russos: "Eles já estavam no navio, quando embarcamos. Shabtai Zvi e Natan de Gaza. Nós os evitávamos. Sabíamos que eram judeus, mas nós, na Rússia, somos desconfiados. Não gostamos de quem é ainda mais oriental que nós"[16].

Apesar da desconfiança, os dois grupos aproximam-se para fazer frente ao perigo comum: o bandido brasileiro.

O narrador do conto prepara gradualmente o terreno para o aparecimento do Messias. Ao longo de meses, enquanto o grupo comunitário empreende sua luta para se adaptar ao novo trabalho, Shabtai Tzvi vive isolado e estuda:

Durante meses não vimos Shabtai Zvi. Estava trancado em casa. Aparentemente, o dinheiro tinha acabado, porque Natan de Gaza perambulava pela vila, pedindo roupas e comida. Anunciava para breve o ressurgimento de Shabtai Zvi trazendo boas novas para toda a população[17].

Até o momento em que aparece transformado, quando também irrompe no conto o herói popular local, "o bandido Chico Diabo", que

---

14. Moacyr Scliar, *A Guerra no Bom Fim*; *O Exército de um Homem Só*; *Os Deuses de Raquel*, para destacar só alguns.

15. Cf. Gershom Sholem, *A Mística Judaica*.

16. Moacyr Scliar, *A Balada de um Falso Messias*, p. 11.

17. *Idem*, p. 14.

entra direto numa cena de humilhação e destruição: o massacre dos touros, dos quais arranca os testículos e os come. Será preciso acumular muito desespero e desgraça para que a comunidade aceite seguir Shabtai Zvi como seu Messias, que induz a comunidade a abandonar tudo: casas, lavoura, escola, sinagoga, a construir um navio – o casco, com a madeira das casas; as velas, com os xales de oração – e atravessar o oceano em direção à Palestina.

Os preparativos para a partida se suspendem quando Shabtai Zvi é chamado para curar, ao lado de curandeiros locais, uma enfermidade fatal de Chico Diabo, causando um rebuliço no grupo que foge ameaçado.

Apesar de vencer o diabo (figurado no bandido Chico Diabo), que morre, e de transformar a água em vinho tal como Jesus, consagrado este pelos cristãos como o Messias, Shabtai Zvi é desacreditado pela comunidade judaica que segue para Porto Alegre, onde alguns acabam fazendo fortuna, dedicando-se ao comércio, ao ramo de imóveis etc. Ao final, Natan de Gaza envolve-se em negócios de contrabando, e Shabtai Zvi, todos os dias, à mesa de um bar, silenciosamente, transforma o vinho em água.

De um lado, o desejo ancestral da volta à Terra Santa, de outro, o apelo à fixação num espaço alheio, apropriado à força da permanência municiada pela exploração do trabalho, pelo acúmulo do lucro, pela degradação do homem no sentido marxista do termo. Entre a redenção e a degradação vence a última, apesar dos sinais ofertados pelo Messias. Percorre o conto um tom de ironia amarga referente ao destino do povo eleito, seduzido pelos falsos deuses, pelo bezerro de ouro, destino privilegiado que se dilui no apelo coletivo do lucro inerente à sociedade contemporânea.

No que concerne ao personagem Barão Franck – filantropo austríaco que patrocinou a vinda dos judeus a Porto Alegre – sua figura constrói-se simultaneamente à de Shabtai Zvi. A imagem abstrata do Barão ("Éramos muito gratos a este homem que, aliás, nunca chegamos a conhecer"[18].) toma rapidamente a figuração do falso messianismo contemporâneo: o capitalismo. "Alguns diziam que nas terras em que estávamos sendo instalados mais tarde passaria uma ferrovia, cujas ações o barão tinha interesse em valorizar"[19].

"A Balada do Falso Messias", conto que também dá título ao livro, tem sua importância relevada por desenhar o espaço temático em que se inscreverão de uma certa forma os demais contos da coletânea. Na base da projeção desse espaço estão dois elementos: um ancestral, calcado nos arquétipos judaicos, outro presente, ligado à terra para onde imigraram e de onde emigrarão, no arrefecimento das gerações, os sonhos de uma volta para sempre adiada. E é essa idéia de adia-

18. *Idem*, p. 12.
19. *Idem, ibidem.*

mento a pedra de toque de todo o livro. Adiada a redenção do povo judeu, a vida que vai sendo vivida é sempre um rascunho de vida, intervalo, em que retrospecção se confunde com prospecção, e o presente com o provisório. Esse último tem a precariedade do projeto que não o inclui, apesar da troca da opção mística proposta por Shabtai Zvi pelo realismo prático da instalação comercial em Porto Alegre.

No conto "Ano Novo Vida Nova", a marca do adiamento transfere-se de uma frase feita para outra: "vida é dor", "vida é combate", "vida é preocupação", "vida é alegria", "vida é emoção", "amanhã será outro dia", "vida é miséria". Funcionando como estrutura de apoio, as frases proverbiais levam a personagem, errante nos caminhos do cotidiano, a defrontar-se com a angústia do ano novo que, no entanto, se repetirá também na frase feita do projeto adiado: "Ano Novo, Vida Nova: amanhã arranjarei uma uva". Esta deverá fornecer a semente de onde nascerá a parreira que se multiplicará no vinhedo que dará o champanhe, fim da solidão dos fins de ano.

A espera do milagre da multiplicação que deverá transformar a vida aparece no conto seguinte, "Escalpe", no desejo de uma mulher em obter os cabelos de outra "muito mais compridos, muito mais bonitos".

Num e noutro caso, a motivação do desejo é mesquinha e irrisória, e o elemento – objeto do desejo – que deverá simbolicamente acionar a transformação tem a insuficiência que lhe é própria face às reais necessidades do homem.

A sobreposição dos cabelos da outra transformados em peruca acaba formando uma estranha moldura alheia e própria, mas sempre estéril em seu artificialismo, semente que não vinga a redenção, tal como a da uva.

Sobreposição também incompleta é a que Alice realiza ao tentar imitar a aranha que devora o seu macho ("Aranha"). O máximo que consegue é comer um biscoito em forma de aranha e morder a perna peluda de Antônio que a afasta com um pontapé.

Em "Ofertas da Casa Dalila", o narrador relaciona-se com duas Dalilas: uma jovem, bonita, protagonista de filmes pornográficos; outra velha, gorda, dona de loja, que, no entanto, o seduz pela imagem projetada, da moça que dizia ter sido, numa tela nos fundos da loja, em sessões clandestinas e gratuitas para atrair fregueses e fazer concorrência com a loja dos pais do seduzido. O herói que vem de São Paulo chega ao templo da corrupção em Porto Alegre, mas tomba esvaído sem forças nos braços de um simulacro de beleza e, tosquiado, depois de entregar a loja dos pais à sedutora, volta para São Paulo.

Em "Testemunho", o número dois manifesta-se em seu duplo plano formal: poético e narrativo. O narrador, poeta e vendedor de aspiradores de pó, acidentado e com as pernas amputadas, passa a viver com quem o atropela. O senhor Alexandre, que recolhe o atropelado narrador, convive com este, ambos escondendo-se do ódio que sentem na conversa constante que mantêm, até que outro acidente, um derrame, emudece para sempre o anfitrião. E o poeta vendedor, impossibilitado de vender, assiste, impotente, ao assassínio do velho pelos parentes ambiciosos, enquanto verseja estrofes populares de louvaminhas ao produto que lhe valeu a desgraça e a redenção: o senhor Alexandre.

Parasita de seu próprio infortúnio, o narrador-poeta-vendedor vive na ausência dos gestos a parca compensação da má poesia, e, no narrado, o desenho de um tempo que não se completa, já que está sempre alheio a si mesmo e indiferente aos acontecimentos que o preenchem.

O presente, cruzado pela herança cultural e pela promessa de reencontro futuro com a mesma, vai configurar-se, então, como espaço onde o escrever não é mais do que um projeto, um rascunho do conto que se contará, adiando-se para além da obra, tal como ocorre nos pequenos esboços de "Os Contistas", reunidos para um lançamento.

Aqui, o narrador, também convidado, padece a demora do uísque, a escassez da salsicha e a repetição da pergunta inevitável dos demais contistas "E tu, o que estás escrevendo?", com a indefectível resposta, um conto chamado "Os Contistas".

Enquanto responde pelo desejo do estômago e pelo projeto intelectual, o narrador, que escreverá um conto sobre os contistas, fala dos que estão presentes ao lançamento, de si mesmo, até que, terminado o conto que Moacyr Scliar escreve, fica um projeto do conto que o narrador não escreveu.

A duplicidade, agora projetada no foco narrativo, tecerá o jogo do eu que escreve (*flashes* dos contistas presentes e ausentes) e do eu que se inscreve (narrador sujeito da enunciação e objeto do enunciado) suspendendo-se, porém, as regras que encaminhem o jogo para um final possível.

Para contar esse adiamento, Moacyr Scliar formaliza iconicamente a matéria de que trata, realizando uma forma de conto que é na verdade seu próprio adiamento. Esboço, rascunho, projeto, assim como as vidas contadas são projetos de vidas.

Desse modo, a impressão de rascunho que se tem, uma vez terminada a leitura dessa coletânea, pode ser vista como funcional, e talvez seja a forma privilegiada para contar o que conta.

É nesse sentido que o conto "A Balada do Falso Messias" delineia o espaço temático e formal da obra.

No primeiro caso, dispõe a ubiqüidade e a idéia de adiamento que a ela se liga; no segundo, apesar de tratar-se, talvez, da narrativa mais bem acabada do livro, ou por isso mesmo, o conto se apresenta também como uma espécie de alegoria do escrever. Da mesma forma que Shabtai Zvi não arrasta nos seus passos as multidões e termina solitário com o narrador, na mesa de um bar, transformando, num truque de prestidigitação, o vinho em água, assim também os contistas irão rascunhando as obras definitivas que lhes darão o tempo necessário para que se revele o vendedor, o freqüentador de lançamentos, o comerciante etc., que em cada um deles habita.

Escrever não carrega atrás de si nenhuma multidão, não opera nenhuma transformação fundamental. Apenas faz, como nos gestos compridos das mãos do falso Messias, o truque solitário que não multiplica a uva, mas transforma o vinho em água.

Também no livro de contos *A Orelha de Van Gogh*, estão presentes duas direções narrativas sobrepostas: uma delas alude à matriz judaica, ainda que os textos não se refiram a judeus, ao mesmo tempo que aponta para a realidade cotidiana brasileira, por caminhos muitas vezes oblíquos.

O livro reúne vinte e quatro contos em geral breves. "As Pragas", o mais longo da série, abre a coletânea e, de certo modo, confere-lhe um rosto, já que imprime alguns traços e alguns procedimentos básicos presentes na elaboração dos demais textos.

Na Bíblia, é graças à provação a que Deus submete os egípcios (as pragas) que os judeus conseguem se libertar do cativeiro e partir rumo à Terra Prometida. Scliar reverte o ponto de onde emana a sua narrativa, e o episódio é contado pelo viés de quem sofre as pragas: uma família no campo. Com as pragas, a pobreza e a morte abatem a família que se desestabiliza, a ponto de, em situação de fome extrema, preferir uma vaca, sua última fonte de alimento, à vida do filho primogênito que acaba por morrer.

Aí, as pragas estão inseridas no curso da vida que se organiza num círculo fechado e sem saída, sugerido pela própria organização do conto que (quase) termina onde começa. Não há deus que salve, nem povo eleito que se beneficie. Subtraída a divindade como marco de oposição, sobra o homem preso ao cerco das contingências de uma vida pobre e sujeita à adversidade de outras pragas.

Nesse conto, a reversão do ponto de vista entra como ingrediente que elabora o novo a partir de um código pré-existente, recurso paródico também presente em "Diário de um Comedor de Lentilhas", no qual o texto bíblico continua sendo a referência primeira, dessa vez recortando o episódio de Esaú e Jacó, os gêmeos competitivos que passam também pela ficção de Machado de Assis, e de Milton Hatoum.

O protagonista é Esaú, às voltas com sua indignação por ter trocado os direitos de primogenitura por um simples prato de lentilhas, elucubrando as maneiras de transformar a derrota em vitória. O que se passa com Esaú estaria registrado em seu diário, encontrado por pesquisadores que abandonam seu estudo, mas nele se inspiram para abrir uma lucrativa firma de exportação não de lentilhas, mas de outra leguminosa em alta na bolsa de valores: a soja.

Se a saída da primeira narrativa resulta na valorização do mais fraco, nesta se agiganta ironicamente a astúcia que escora o forte, o poderoso. Entre os dois, a simpatia do autor recai sobre o fraco, sendo a pobreza, o sofrimento físico, a doença e a morte temas de contos bem realizados, como "Marcha do Sol nas Regiões Temperadas", "Misereor", e "Não Pensa nisto, Jorge", ainda que essa adesão não seja nunca direta, pois há sempre o anteparo do humor, da ironia que, de certo modo, mascaram a cumplicidade do autor.

Entre as duas direções narrativas há um ponto de convergência de coalisão que o autor controla, ainda que, em sua ubiqüidade, mantenha um pé em cada uma.

1.4. A TERRA PROMETIDA EM PORTO ALEGRE

A duplicidade de planos também está presente no romance *Os Deuses de Raquel*. O primeiro, narrativo propriamente dito, evoca todo um mundo judaico enxertado em Porto Alegre. O segundo vem marcado pelo comentário bíblico destacado do primeiro inclusive pela utilização de uma tipologia gráfica que se incumbe de diferenciá-lo do corpo narrativo. Trata-se de uma colagem ou de uma organização intersectada, feita de fragmentos justapostos e que por força da justaposição vai estabelecendo relações de contaminação a ponto de se poder falar de um duplo movimento conjuntivo-disjuntivo.

A disjunção vai-se encaminhando para a conjunção ao longo da obra, a tensão criada vai-se resolvendo numa absorção constante da narrativa que, ao fim, acaba por englobar o comentário transformando o intertextual em intratextual.

O curioso desse procedimento formal é que ele corresponde totalmente à matéria de que trata.

A apresentação da trajetória da personagem central – Raquel –, fortemente carregada dos problemas que um judeu enfrenta enquanto grupo minoritário na diáspora, é acompanhada pela perseguição de um olho que não a abandona um só instante, que a vigia em todos os seus atos.

Olho de Deus? Jeová, o deus da justiça que nada perdoa, que a enxerga inclusive em sua recôndita tentação de abandonar o grupo a que pertence para aderir ao fascínio das imagens e do ritual cristão? Que a acompanha nas noites de solidão, entre o sonho e a vigília, quando a voz do corpo não encontra eco e no silêncio da noite se debruça sobre si mesma num gesto de auto-sexualidade?

Mas também o olho do narrador sempre presente, perscrutador de sua criatura recortada dos livros sagrados e perdida num mundo dividido, onde o sagrado e o profano, o pecado e o castigo, o bem e o mal, ainda guardam seus limites bem definidos. Mundo em que a filha de Israel anda de automóvel, toma laranjada, vai à praia, trabalha numa loja de ferragens, tudo isso num contexto *gói* (não-judeu), que a atrai, ao mesmo tempo que a retrai: os gestos de aproximação desse mundo a um tempo acessível e inacessível vão tecendo suas malhas e nelas Raquel vai se perdendo. Impossível devolvê-la à sua matriz mítica. Fora de lugar, dividida, humana, à mercê dos olhos de Deus, criador primeiro, e do narrador, seu intermediário, é mais fácil confiná-la ao universo da ficção ou mesmo remetê-la à realidade, espaço de que se nutre e cujos problemas privilegia.

Lançada num jogo cujas regras desconhece, Raquel que estudou num colégio de freiras por causa do capricho do pai, latinista frustrado e comerciante a contragosto, não pode se casar com um *gói*, por impedimento familiar. Mas é também impedida de estabelecer relações de amizade com Débora, "judia de gueto", isto é, de estirpe inferior, moradora do Bom Fim, bairro de judeus em Porto Alegre. Sofrendo pressão do grupo mais forte e sem condições de se situar diante dele ou mesmo de aderir a ele, sua resposta é a vingança, mas a vingança mesquinha, lançada sobre a balconista, sobre o rapaz que lhe enche o tanque de gasolina, sobre Isabel, sobre todos a quem puder lesar de uma ou outra maneira.

Mito encarnado e dividido, Raquel nos reenvia tanto a um código cultural e literário, já que vem recortada da Bíblia, como à realidade, porque se trata de uma personagem degradada num mundo também degradado que, em vez de oferecer-se a ela como problemático e movê-la pela angústia a decifrá-lo e a oferecer-lhe resistência, configura-se enquanto espaço que propicia metaforicamente a sua queda. A terra do povo eleito transforma-se em cidade (Porto Alegre), e o olho de Deus em olho do narrador.

O narrador assume e de certo modo denuncia esse embate, no nível da narrativa, e a tensão entre a ficção e o mito se resolve com a "vitória" da ficção, mas de uma ficção que remete o leitor ao real, enquanto o mito permanece como um contraponto latente, distante e quase perdido.

Num mundo mesquinho, reificado, problemático, a cujo cerco é difícil se opor, e que para um judeu se apresenta como mais problematizado já que lhe é necessário assumir uma posição (de grupo? contra o grupo? individual? enquanto judeu?), a narrativa de Scliar oferece uma saída digamos positiva na figura de Miguel, o louco, o que dedica sua vida para a reconstrução do templo de Deus, tarefa incumbida na Bíblia ao rei Salomão. Mas o templo que constrói lenta e pobremente transforma-se em tarefa de vida, meta, e não tem por finalidade salvar os judeus, reuni-los para mantê-los coesos; então, para que o templo? Ação individual de um louco? Referido como louco, Miguel é a personagem mais coerente da obra, e o templo é o espaço que constrói para ele, espaço sagrado não de Deus, mas do homem. O lugar que ocupa não lhe é ofertado, mas conquistado, construído. E o olho que persegue Raquel de começo a fim revela-se como sendo o de

RECORTES

Miguel que na sua "loucura" se coloca como sujeito, como o outro, presença que obriga o eu a se situar enquanto tal. Por isso, presença incômoda e repudiada. Oferecendo resistência à degradação, sofrendo o processo de destruição que o cotidiano impõe aos homens, sua resposta não é a da entrega, da aquiescência da queda, mas a da resistência. Essa a resposta. Essa a saída.

O narrador demiurgo, mediador de Jeová, oferece à sua criatura a única saída humana: manter-se enquanto homem.

Onipresente, onisciente, é o olho de Miguel que percorre a obra e acompanha Raquel em seu trajeto entre deuses de barro, e é o seu gesto, homólogo ao do narrador (é ele, em verdade, o narrador) que revela a linguagem cifrada do mito em história vivida.

> – Não sou Miguel. Sou aquele cujo nome não pode ser pronunciado.
> Sorrio.
> – Chama-me Jeová –
> ....
> Vou mostrar-lhe o Templo, finalmente concluído. Quero que veja o Livro, o Livro que agora termino de escrever que conta tudo destes dias. Os dias de Raquel. Destes deuses: os deuses de Raquel[20].

Terminado o Templo, espaço sagrado onde se projeta o homem, é possível contar a sua história, velada no Livro sagrado, revelada na ficção.

1.5. CAPITANEANDO SONHOS

Que têm em comum o messianismo judaico e as utopias libertárias do século XX? Uma tradição religiosa indiferente à esfera política, voltada para o sobrenatural e o sagrado, e um imaginário social revolucionário, geralmente ateu e materialista? Parece evidente que a religiosidade messiânica tradicionalista e ritual dos rabinos e dos talmudistas não tem nada a ver com a ideologia subversiva anarquista de um Bakúnin ou de um Kropótkin. No entanto, o papel cada vez mais ativo dos intelectuais judeus, a partir da metade do século XIX, na produção de idéias radicalmente contestatórias, estimulou a tentativa de procurar raízes religiosas judaicas nas utopias socialistas[21].

É a partir das análises de Gershom Scholem que Michel Löwy desenvolve essa questão em seu sugestivo livro *Redenção e Utopia*[22].

---

20. *Os Deuses de Raquel*, pp. 124-125.
21. Cf. Michel Löwy, *Redenção e Utopia (O Judaísmo Libertário na Europa Central)*.
22. Ver principalmente o capítulo "Messianismo Judaico e Utopia Literária", pp. 19 e ss.

122 ENTRE PASSOS E RASTROS

Também no romance de Scliar – *O Exército de um Homem Só* – a questão messiânica pintada com tintas esquerdizantes está representada.

A epopéia picaresca do filho de imigrantes judeus Mayer Guinsburg começa antes da revolução russa de outubro de 1917, precisamente depois do *pogrom* de Kischinev. Personagem quixotesca por excelência, Mayer ocupa o lugar central dos problemas de sua família. Humanista desvairado, herói do Novo Mundo, rebelde e irreverente, ele demolirá o Velho Mundo e tudo que ele carreia: a religião judaica, o valor do estudo, a vida burguesa, abraçando em seu lugar, com fanatismo, as teses socialistas, pretendendo transformar as utopias em realidade viva, o que ele vai tentar nas terras do pai de um amigo, criando a Nova Birobidjan. Em seu imaginário profético, via essa criação como um estado judeu autônomo. Ele acreditava no poder soviético de atribuir aos judeus uma terra onde eles poderiam desenvolver sua cultura ídiche. Adaptando o pensamento de Marx e de Rosa de Luxemburgo, em quem enxergava seres mitológicos, à sua própria visão absurda e caricatural do colonizador, ele planeja a fundação da primeira colônia coletiva com sua namorada Léa e seu amigo José Goldman, enquanto pretende deixar para trás a tradição judaica em que é iniciado.

Como seu pai não alcançou realizar o sonho de tornar-se rabi, pretende induzir seu filho a realizá-lo, incentivando-o ao estudo: "estuda, meu filho, estuda; lembra-te do que dizia rabi Yochanan Ben Zacai: Foste criado para estudar a Torá"[23].

Mayer, não se sabe onde adquirira, tinha conhecimento dos textos da tradição e respondia ao pai à moda do debate talmúdico (*Pilpul*), usando a fonte judaica para seus propósitos. Homem de ideologia, ele insiste na prioridade da ação sobre o estudo e apresenta a religião como o ópio do povo. Diante da ignorância total do pai ("Quem é Marx?"[24]), Mayer expõe-lhe uma lição básica de justiça nos moldes socialistas: "Não deve haver o 'meu' nem o 'teu'; deve ser: 'o que é meu é teu, o que é teu é meu' "[25].

Por essa via, o pai é levado a citar o tratado de *Pirkei Avot* ("Sentença dos Pais"), o mais conhecido e popular dos 63 tratados da Mishná. Recolocando as palavras de Mayer na clave do comentário ético e das regras de conduta, ele introduz o filho ao parágrafo das quatro essências humanas, a partir do qual cita o ideal da tradição: "O homem santo é aquele que diz: 'o que é meu é teu, o que é teu é teu' "[26].

Nessa citação, o dito de Mayer desloca-se e cria-se uma ressignificação irônica de suas palavras, estabelecendo-se no nível verbal uma tensão entre socialismo e ética judaica à qual o filho dará as costas.

23. *O Exército de um Homem Só*, p. 23.
24. *Idem*, p. 24.
25. *Idem, ibidem*.
26. *Idem, ibidem*.

Durante longos anos, os três amigos acalentarão grandes ideais: igualdade, solidariedade, revolução. Mas esses ideais sofrerão retração e lançarão o protagonista para dentro da moldura burguesa de vida, com casamento, filhos e trabalho responsável. Uma história pessoal de tropeços, pobreza, riqueza, casamento, separação, amantes, termina numa velhice em que o ritual da religião de sua infância retorna, canalizado na reza. Velho, o personagem desiste de buscar a verdade, de lutar contra o absurdo da vida. Não lhe resta senão a prece, que funciona mais como droga que como expressão religiosa.

A contraface da busca da Terra Prometida mediada pela ideologia socialista pode ser encontrada em *A Estranha Nação de Rafael Mendes*. O romance desenvolve-se em dois planos:

1. o presente: corresponde à leitura dos cadernos que Rafael Mendes obtém de um genealogista e que foram escritos por seu pai;
2. o passado: que se presentifica no desdobramento da apresentação das gerações que antecederam o Rafael Mendes do presente.

O início cinematográfico e misterioso (quem deixou o pacote? o que ele contém?) e o final em aberto estão ligados por um desenvolvimento descontínuo, por uma paisagem textual anárquica, que mistura os planos num caleidoscópio de situações diversas. Do ventre da baleia, onde o profeta Jonas é lançado, aos escândalos financeiros e à corrupção do poder no Brasil, sucedem-se peripécias que enfeixam a tumultuada história dos cristãos-novos através dos tempos. Intrigas, perseguições aos judeus, a Inquisição, revoluções, presságios, sonhos, o Mito da Árvore de Ouro que fascina e determina várias gerações, tudo isso está articulado no romance.

Entretanto, a racionalidade do dinheiro é a tônica das relações apresentadas. O que se busca é a Árvore de Ouro, esse é o Paraíso Perdido e a Terra da Promissão.

O romance é cheio de efeitos cinematográficos, de ações que se sucedem rapidamente, lançando as personagens numa atmosfera irreal. Como o romance se nega à técnica da minúcia realista presente, por exemplo, em *O Exército de um Homem Só*, o cenário deslizante, as personagens planas que caminham por zonas ilimitadas compõem uma fábula vertiginosa, com todas as características da ficção pós-moderna.

O texto de Scliar oscila entre o romance que enfoca a micro-história familiar e aquele que desdobra grandes painéis históricos. O primeiro tipo gera suas personagens mais bem desenhadas, como é o caso do anti-herói quixotesco capitão Birobidjan (Mayer Guinsburg), personagem carregada de lirismo e força. O segundo tipo utiliza sempre da mediação de procedimentos cinematográficos na configuração do tempo e do espaço, filtrando tudo numa espécie de realidade de segundo grau, geradora de simulacros.

124 ENTRE PASSOS E RASTROS

No meio-fio entre essas duas tipologias, podemos situar *O Centauro no Jardim*. Também nele sonha-se com a Terra Prometida.

A micro-história familiar lança seu foco em Guedali, o quarto filho do casal Tartakowsky, nascido numa pequena fazenda do interior do Rio Grande do Sul, no distrito de Quatro Irmãos. Leão, seu pai, homem rude e duro, conduziu sua família à colônia agrícola, encorajado pelo Barão Hirsch que tinha a convicção de que só o trabalho da terra poderia afastar os judeus de serem vitimados por outros eventuais *pogroms*.

O nascimento da estranha criatura, um centauro, conturba a família, mas o pai reconhece-o como uma criança judia, submetendo-o à circuncisão, conforme a lei. O centauro vive inteiramente isolado do mundo externo, sua mãe incumbe-se de vesti-lo e alimentá-lo, e as irmãs dedicam-se a ensinar-lhe música e leitura. Como ser mitológico, estranho às origens judaicas e gaúchas, ele é excluído do espaço familiar e social. Como judeu, ele é aceito em família, porque traz na carne a marca da circuncisão.

A dolorosa consciência de sua dupla especificidade, a maldição da diferença que o exclui, será posta à prova quando o centauro foge de casa e lança-se à vida. A passagem por um circo, o conhecimento do sexo, do amor por outra centaura – Tita –, seu casamento com ela, o abandono do espaço telúrico e romântico substituído pelo social urbano, a mutilação das respectivas partes eqüinas, a assimilação ao grupo hegemônico, viagens ao Marrocos, galopes nos Pampas, nada disso traz serenidade ao tormento identitário duplo de Guedali, marcado em sua anomalia física. Assim, ele põe-se em movimento aspirando à Terra Prometida que não se limita a uma imagem simbólica. Ao se ver livre das patas, a personagem se dá conta de sua irremediável condição de prisioneiro, e sua ambição maior, seu "Paraíso Perdido" estará voltado à recuperação da infância e da forma de centauro.

Como em outros relatos, Scliar incorpora o sonho ao "real", tratando-os em pé de igualdade. Com isso, constróem-se duas narrativas sobrepostas: uma da perspectiva do Guedali ex-centauro que releva o sonho montado como um intrincado labirinto aninhado nas glórias do passado. Outra, a de Guedali homem, a narrativa linear que retoma o fio da história da fraude que foi sua vida transformada em alienação e opressão.

Paulo, amigo de Guedali, e Bernardo, seu irmão mais velho, são as personagens que estarão sempre a caminho, à procura da Terra Prometida. Bernardo a procurará no Brasil. Já Paulo, movido por aspirações maiores, planejará uma maratona gigante que iria do Novo Mundo ao Velho Mundo. Lá, no berço da humanidade e do judaísmo, estaria a paz da Terra Prometida[27].

---

27. Associo esse romance de Scliar ao conto de Isaac Babel, "Guedali" (p. 317), que trata da ocupação de cidades da Polônia Oriental pela cavalaria cossaca. Aí, um

1.6. UM PRISMA AO REVÉS

Analisar a forma como o judeu é representado na literatura de Moacyr Scliar exige que se coloque no mesmo campo relacional os termos judeu e não-judeu, posto que a identidade de um está dada em confronto com a do outro.

Travando o processo de construção da identidade, e, inclusive, impossibilitando seu desenvolvimento, encontramos o estereótipo, entendido aqui como uma forma fechada, cristalizada, acumuladora de traços distintivos que não se baseiam na observação, sendo, assim, insuficientes para identificar a especificidade de um sujeito, já que se alçam como pura abstração.

A história assinala, ao largo dos séculos, a projeção de estereótipos do judeu por parte do não-judeu, mas é provável que o inverso também seja verdadeiro. Sem entrar em considerações históricas, sociais e psicanalíticas acerca de estereótipos, chamo a atenção para o fato de que, quando a imagem do *outro* se constrói apenas de elementos apriorísticos, enturva-se a nitidez do reflexo e cria-se uma espécie de subjetividade sem lugar, sem nome, sem função: uma subjetividade extra-histórica.

É justamente da percepção do outro, do não-judeu, na obra de Moacyr Scliar, que pretendo tratar, num arco que vai do estereótipo à sua possível ruptura.

Na ficção do escritor gaúcho, uma primeira geração de judeus, constituída por emigrados da Europa Central foragidos dos *pogroms* que assolaram a Rússia em princípios do século XX, chega ao Brasil trazendo na bagagem o sonho de desembarcar na Terra Prometida.

> Saímos da Rússia em 1916 – conta Avram Guinzburg, irmão de Mayer. – Viemos de navio, vomitando muito... Mas felizes, se bem me lembro. Felizes, sim; meu pai não queria mais saber da Rússia. Depois do *pogrom* de Kishinev, só pensava no Brasil[28].

É o Barão Hirsch quem leva as famílias de judeus russos às colônias do Sul do país. Entre o sionismo de Theodor Herzl – primeiro visionário do Estado Judeu – e o idealismo do Barão, existe uma diferença. Enquanto o primeiro projeta um estado que vincule o judeu a uma pátria (sua pátria?), o segundo abriga, no fundo, o propósito de transformar o judeu em *gói*, falante do português, ligado a uma terra estrangeira que, talvez, um dia ele sinta como sua[29].

---

velho judeu, abatido pelo massacre tzarista, consegue alimentar inusitadas esperanças de uma nova cultura que surgiria do encontro da Revolução com a Tradição.

28. *O Exército de um Homem Só*, p. 17.

29. Além da oposição entre sionismo e a implantação do judeu na agricultura de países da América, havia as *aliyot* (ondas imigratórias) para a Palestina, independentes

126 ENTRE PASSOS E RASTROS

Na visão do Barão, a transformação dos judeus num povo semelhante a outros povos só seria possível através de sua radicação na terra, do trabalho manual e agrícola, renegando, assim, seu pendor urbano voltado ao comércio miúdo, alfaiataria e fabricação de móveis, a fim de apagar o estigma diaspórico do judeu errante.

Leão Tartakovsky, em *O Centauro no Jardim*, afirma: "O Barão não nos trouxe da Europa por nada. Ele quer que a gente fique aqui, trabalhando a terra, plantando e colhendo, mostrando aos *góim* [pl. de *gói*] que os judeus são iguais a todos os outros povos"[30].

Debatendo-se entre o desejo de transpor as diferenças e ser iguais aos outros, e a impossibilidade de abandonar a relação de pertença ao próprio grupo étnico, os primeiros imigrantes são atores e espectadores do fracasso da empresa do Barão. Abandonaram as colônias, motivados imediatamente pela má qualidade do solo e por problemas administrativos, fugindo para as cidades, onde passam a exercer as funções com as quais estavam historicamente familiarizados.

Se a primeira imagem do *gói* em *(O Ciclo das Águas)*[31] é um cromo calcado da literatura de viajantes, que ignoravam o que iriam encontrar (Esther pergunta ao médico do navio que a leva à América se Buenos Aires era habitada por índios, qual o idioma falado no lugar etc.), uma vez chegados à terra brasileira os judeus têm a oportunidade de observar de perto a cultura e o modo de vida dos nativos e compreendem, então, a distância que os separa deles. Começa aí o tempo das tentações e dos sentimentos de culpa. O diferente, o *gói*, converte-se, rapidamente, no centro da atenção, do interesse, do amor, do temor e do desprezo.

Mesmo fora do gueto do Bom Fim, a relação do judeu com o não-judeu é ambígua, conforme se pode observar em *Os Deuses de Raquel*, no qual Ferenç Szenes, um judeu húngaro, latinista, foge do convívio com os judeus, indo viver num bairro distante, o Partenon. Para confirmar o corte com o judaísmo, sua filha estudará num colégio de freiras com o pretexto de aprender o latim. Mas quando a jovem se apaixona por um *gói*, sua mãe reage como se estivesse no gueto:

Um homem destes, minha filha, um desconhecido, sabe lá quem é ele, um *gói*, e, casado ainda por cima...

É *gói*, sim, gritou Raquel, e daí, o que é que tem? *gói* é gente, e Francisco é muito melhor que o judeus do gueto...[32]

de qualquer ideologia, movidas pela pobreza nos países de origem e também pelo anseio de retornar a uma terra mítica.

30. Moacyr Scliar, *O Centauro no Jardim*, p. 19.

31. Esse romance é analisado no corpo do ensaio "Entre Braços e Pernas: Prostitutas Estrangeiras na Literatura Brasileira do Século XX". Ver Parte IV.

32. *Os Deuses de Raquel*, p. 68.

É a incoerência dos pais em relação aos valores da tradição judaica que resulta no juízo crítico da filha sobre os membros de sua comunidade, o que os pais não admitem. Tampouco admitem que Débora, judia do Bom Fim, intervenha com o propósito de dissuadir Raquel, sua amiga de infância, de seu propósito de unir-se a um *gói*. A amiga atuará como porta-voz da sensibilidade judaica, refletindo tanto a imagem construída do *outro* pelos olhos do judeu, como sua suposta imagem vista pelo *outro*.

> Já sei de tudo, tu andas com um *gói*, casado ainda por cima; não imaginas o perigo, *gói* é *gói*, hoje és a queridinha dele. Amanhã uma judia suja. E mesmo que tudo desse certo, mesmo que vocês pudessem se casar, em que religião os filhos seriam batizados?[33]

A percepção de Débora é emprestada de seus pais. Não é produto de observação, mas de convicção: o *gói* seduz e abandona; o *gói* é agressivo, ladrão e bêbado.

> Goldman! – gritou Mayer, assustado. – Isto é coisa que um judeu faça? Puxar a faca para um amigo?[34]

É através dos olhos infantis, em *A Guerra no Bom Fim*, que desfilam personagens não-judias hostis: o polaco sempre bêbado, ameaçando fazer picadinho de judeu; os negros da colônia africana, assustadores e agressivos, exceção feita ao negro Macumba com quem Nathan intercambia seu prato de comida judaica, por um pouco de arroz e feijão.

Quanto à mulher *góia* (fem. de *gói*), ela encarna o instinto do mal que passa sempre pelo corpo: são lúbricas como a mulata Madalena com quem Elias se casa, levando-a ao Bom Fim, para desgraça da família e curiosidade dos mais jovens: "E daí, meus judeuzinhos? Querem me comer?"[35]

A essa lista de figuras intimidadoras, agrega-se a do alemão, aliada sempre à pecha do nazismo, que acabará, de fato, transpondo a "solução final" da Alemanha e Polônia a Porto Alegre, ao transformar, numa cena de canibalismo, um velho judeu em churrasco, num dia de carnaval.

Vivendo a ilusão da emancipação e do enriquecimento (Mayer), a indiferença em relação à tradição dos antepassados (Raquel), a carência de uma educação judaica (Marcos), o arrivismo (Guedali), a aspiração mais recôndita e, ao mesmo tempo, mais profunda desses (anti) heróis parece ser a de conciliar um "espírito" judeu com um corpo *gói*, buscando eliminar a diferença ao menos num plano aparente.

---

33. *Idem*, p. 71.
34. *O Exército de um Homem Só*, p. 126.
35. *A Guerra do Bom Fim*, p. 45.

128 ENTRE PASSOS E RASTROS

Assim, o culto ao corpo *gói*, no centauro Guedali (é importante lembrar que o corpo sempre foi discriminado ao longo da historia judaica em benefício da superioridade do espírito), começa a se fazer pela eleição de uma alimentação que difere da judaica tradicional.

A sopa de beterraba, o peixe, o pão ázimo da Páscoa são alimentos saborosos para os judeus, mas não o são para Guedali, cujo enorme ventre de cavalo e longos intestinos pedem comida mais adequada.

Também Mayer Guinzburg, para grande pesar de seus pais, insiste em comer carne de porco, a fim de infringir os preceitos alimentares judaicos e sonhar com a materialidade do corpo *gói*.

Nos relatos de Scliar, o corpo dos judeus sofre as mais grotescas e angustiantes metamorfoses. É na singularidade física e nas moléstias que o judeu manifesta sua fragilidade e necessidade de atenção. A vagina dentada de Rosa (*A Guerra no Bom Fim*) e a parte eqüina de Guedali (*O Centauro no Jardim*) são maneiras de apontar a dificuldade e mesmo a impossibilidade de confronto com o mundo exterior, além de estigmatizar a diferença.

É contra essa diferença que o distingue que se rebelará o centauro Guedali ao longo de sua trajetória. Casar-se-á com Tita, a centaura *góia*, far-se-á operar para amputar sua parte eqüina, deixará sua família, partirá de Porto Alegre e converter-se-á num próspero homem de negócios em São Paulo, desprendendo-se de suas duas culturas de origem: a judaica e a gaúcha.

Numa segunda etapa, buscará romanticamente suas origens, voltando sozinho, sem a mulher e os filhos, à terra onde nasceu e passou sua infância, numa tentativa de readaptar-se ao estilo de vida rural. Reencontrará seu amigo de infância – o índio a quem um dia chamou Peri – numa nítida citação do romance de José de Alencar, e ambos trabalharão a terra como patrão e empregado.

Mas a roda da história não retrocede. Nem Guedali encontra o que busca, nem o índio mantém o potencial mágico de seus ascendentes, fracassando em sua promessa de transformar o patrão, por um dia, outra vez em centauro. O processo de mestiçagem étnico e cultural segue seu curso, é o que nos informa, numa visão nada eufórica, a ficção de Scliar. Os seres híbridos que freqüentam seus romances são os que vivem na carne a situação de crise permanente de identidade, tendo que amputar uma de suas partes para poder sobreviver.

Quem são os *góim* que o centauro Guedali espia por um buraco da cortina do circo onde trabalhava? "Gente pobre: peões das estâncias vizinhas, operários, soldados, empregadinhas; mulheres de tetas caídas, crianças desdentadas. [...] Desconhecidos. *Góim*"[36].

36. *O Centauro no Jardim*, p. 75.

RECORTES 129

Também são os pobres dos barracos da Vila Santa Luzia os mencionados em *(O Ciclo das Águas)*, onde as crianças morrem de diarréia e desnutrição.

"Meu projeto tinha como objetivo final uma vida feliz"[37], diz Marcos no romance, enquanto Joel, em *A Guerra no Bom Fim*, dirá: "Tenho que ficar rico – A pobreza mata"[38].

Os judeus de segunda geração buscam, na obra de Scliar, a redenção no esquecimento consciente de seu passado coletivo, e o passe mágico que mudará sua situação é o enriquecimento. Esse é o projeto maior. Para alcançá-lo, será necessário pôr as origens entre parênteses, secularizar o passado igualando-se aos outros, não como queria Mayer Guinzburg em sua utopia romântico-revolucionária, mas pela via homogeneizadora do capitalismo, o que obrigará os judeus a afastar-se da esfera estrita de sua comunidade, para começar a pensar, a conduzir-se e a atuar como a burguesia. Porém, mesmo distanciados de suas raízes, os personagens não logram livrar-se delas.

Exilados de si mesmos, Raquel, Joel, Bernardo (irmão de Guedali) e o próprio Guedali, assim como seu amigo Paulo, movem-se o tempo todo. Raquel, ao volante de seu automóvel, atravessa Porto Alegre de um lado a outro; Joel sobe e desce morros em seu consultório dental ambulante; Guedali cavalga nos pampas. Todos estão a caminho. Para Paulo, a distância das corridas vai aumentando, a tal ponto que planeja participar de uma maratona gigante que partiria do Novo Mundo em direção ao Velho. Lá, no berço da humanidade e também do judaísmo, talvez esteja a Terra Prometida. Há nesse trânsito uma busca e, ao mesmo tempo, a certeza de uma falta, o que faz oscilar pendularmente as personagens, que não conseguem encontrar seu ponto de equilíbrio.

Se o exílio de si mesmo caracteriza as personagens judias de Scliar, essa é também uma das questões postas pela literatura contemporânea que aponta o vazio como um dos traços do homem de nossos dias. Por essa via, a condição de exilado seria universal e, por extensão, seria possível entrever no exílio do judeu a metáfora da aspiração humana por uma terra ideal que é, certamente, a idéia que passa pela cabeça de Bernard Malamud, quando diz que "todo homem é judeu".

É preciso atentar para o dado de que não se pode confundir a visão estereotipada do *gói* que circula pelos textos ficcionais de Scliar, urdida pelo jogo de relações das personagens entre si, e entre personagens e narrador, com a visão do escritor Moacyr Scliar. Ele fará o esforço de quebrar a visão monolítica do estereótipo ao tornar equiparáveis judeus e negros em *A Guerra no Bom Fim*, por exemplo. Aí, as pequenas alegrias da mulata Marieta são as mesmas de Shendl, esposa

37. Moacyr Scliar, *(O Ciclo das Águas)*, p. 104.
38. *A Guerra no Bom Fim*, p. 78.

de Samuel, assim como suas frustrações. Judeus e negros mantêm a equivalência de seus destinos, determinada pela pobreza comum.

A quebra de moldes também é visível, no mesmo romance, quando o autor toma posição em relação aos conflitos entre árabes e israelenses, pondo em cena o personagem árabe Abu Shihab, apresentando-o como aquele que perdeu sua pátria e sua terra em 1948, tomada pelos judeus.

Como Joel criança que combatia os nazistas em suas brincadeiras de rua, Abu Shihab investe contra o inimigo judeu. A equivalência entre ambos vai se estabelecendo de diferentes modos, a tal ponto que Joel se reconhece no olhar do outro, porque no sofrimento, na injustiça e na frustração são especulares.

O mesmo movimento que leva Scliar a criar em seu romance um plano que expresse o ângulo do árabe faz também que ele dirija seu olhar solidário para a pobreza e para aquele que sofre e fracassa. Esse modo abarcador de ver o outro, que implica solidariedade mas também ceticismo e crítica, está longe da visão estereotipada das personagens. Mas de que lugar, ou a partir de que posição Moacyr Scliar vê a realidade?

Há dois componentes em sua obra: a expressão de uma identidade étnica, e a manifestação de um modo de sentir e pensar nacional.

Scliar situa-se fora e dentro de seu grupo, adota como tema a condição daquele que é diferente, identifica-se com ele, mas escreve na língua hegemônica, inserindo-se, com seu estilo coloquial, com sua visão crítica da realidade e com o traçado de seus anti-heróis, na literatura que está se desenvolvendo no Brasil nas últimas décadas.

Vivendo de dentro a experiência de hibridização cultural de que trata, a mescla de duas cosmovisões e de duas memórias coletivas tão distantes uma da outra, Moacyr Scliar é o representante mais fecundo desse encontro particular nas letras brasileiras contemporâneas.

Parte IV

Por Linhas Múltiplas

1. Pequenos Vencedores & Grandes Náufragos

Só conseguimos alcançar o que um romance quer dizer quando ele termina. Aparece um desvio, uma mudança de ritmo, algo externo, que faz que a forma se condense numa imagem que prefigura a história completa. Esse algo, entretanto, está já na origem, e a arte de narrar consiste em adiá-lo, mantê-lo em segredo, e fazê-lo emergir quando não se espera.

O romance[1] de Bernardo Ajzenberg[2], contado por um narrador-personagem em primeira pessoa, longe de ser linear é uma tela que multiplica e cinde a visão de um traçado de vida, que se dá a ver também de outros lados, através de um mecanismo mínimo que se esconde na textura da história e é seu centro invisível. Há uma articulação, um levíssimo engaste que aninha a múltipla visão. E arrematar o romance exigiu do autor descobrir o ponto de intersecção que permitisse entrar na outra trama, que agora compete ao leitor desvendar.

O título do romance, *Variações Goldman*, evoca *Variações Goldberg*, obra das mais importantes do compositor barroco alemão Johan Sebastian Bach. Por sua vez, essa música e seu intérprete canadense Glenn Gould (1932-1982) reaparecem como matéria no livro *O Náufrago*, do escritor austríaco Thomas Bernhard, no qual o pianista é apre-

---

1. Bernardo Ajzenberg, *Variações Goldman*.
2. Bernardo Ajzenberg nasceu em 1959, em São Paulo. Escritor e jornalista, tem publicados os seguintes romances: *Carreiras Cortadas* (1989), *Efeito Suspensório* (1993) e *Goldstein & Camargo* (1994).

sentado como tendo atingido o ponto máximo de interpretação possível, o que o situa numa fronteira inalcançável para outros pianistas e, por isso, trágica, a ponto de levar um deles ao suicídio. O livro de Bernhard aninha-se como uma espécie de livro dentro do livro, pois ele é o alvo da atenção da personagem feminina Dorieta Mangano, que o traduz com paixão, ao mesmo tempo que, incansável, faz soar a música de Bach na interpretação de Gould como *Leitmotiv* do romance. Como uma caixa chinesa, as variações estruturam tanto a música como o romance de Ajzenberg em diferentes níveis, criando um contraponto o mais das vezes dissonante. Como se vê, a rede criada ultrapassa a mera citação, pois as obras convocadas como referências projetam uma imagem exterior ao romance propriamente dito, mantendo as escolhas feitas pelo autor em seu horizonte, mas arma também uma malha tal que o que é externo vira interno à obra, o que é tema passa a matéria estruturante, multiplicando as significações e vínculos do romance, como procuro explicar na leitura que privilegio.

A construção em abismo, onde uma forma se replica vertiginosamente ao infinito, estabelece, de imediato, um paradoxo, pois o que é infinito será contido no fio linear da linguagem que, no romance, tem um início e um fim. Para contorná-lo, o autor usa um processo de construção circular e deslizante que refaz a figura do infinito – por isso o início do romance retoma o seu final –, ao mesmo tempo que solta a trava de outros níveis simultâneos de circularidade que ressoam na narrativa.

Quem é Sílvio Goldman, o narrador-protagonista de onde emana a narrativa?

Filho de uma família classe média judia de São Paulo, norteada por valores burgueses, onde "prestígio", sucesso, acomodação e discriminação vincam sua marca. Sílvio é visto pelo pai como "inconsistente", por não privar com a família do mesmo norte. "Dom Casmurro paulistano, nos finais do século XX"[3], "homem furta-cor"[4], "Sinédoque de curto alcance", "óculos parados no ar", "calça rastejante"[5], "egoísta e ciumento", é assim que sua mulher o define. "Um alienado", "egoísta", "filho-da-puta"[6], é a imagem que seu amigo Dario apresenta dele ao final do romance. "O sardento besta", "o imbecil", são os epítetos sobre que o narrador-protagonista se sustenta e que denunciam sua baixa auto-estima. Se ele é tudo isso que dizem dele, é também o que o leitor pode ver através de seu desempenho: responsável, trabalhador, atencioso com a filha, ama a mulher e os sobrinhos à sua maneira, é conflituoso; nada disso, entretanto, subtrai dele o traçado de um derrotado incorrigível, porque gira em parafuso – e nisso reside

3. *Variações Goldman*, p. 252.
4. *Idem*, p. 254.
5. *Idem*, p. 264.
6. *Idem*, p. 304.

seu caráter técnico de variações – aprisionado a um destino que não escolhe, cerco de autofagia e morte ao qual não consegue imprimir outra direção. Entretanto, se falta ao personagem definição, ele é decidido na aproximação com Dorieta, que se tornará sua mulher. Personagem complexa, paradoxal, dura, excessiva, franca, imprevisível; a tradução, profissão a que se dedica de corpo e alma, é, talvez, a chave que melhor possa explicá-la.

A cena de Dorieta debruçada sobre o livro de Thomas Bernhard para traduzi-lo é a imagem interna correspondente à cena do leitor voltado à leitura das *Variações Goldman*, de Bernardo Ajzenberg, que, por sua vez, pede também a tradução de seus múltiplos sentidos. Uma imagem refrata a outra, alude a outra, mais uma vez traçando o trânsito circular entre registros. Compete a Dorieta traduzir, isto é, transportar um texto de seu idioma original para outro. Não se sabe através do romance como ela concebe a tradução, mas é possível depreendê-lo de seu desempenho. Como ela recusa a idéia de traduzir textos que não sejam literários, ao contrário de Dario, amigo do casal, que os prefere, vê-se que não lhe interessa transpor meramente os conteúdos de um idioma a outro, o que transformaria a linguagem em um meio de um conteúdo, mas sim encarar a linguagem como verbo vivo e vivificador, armadilha que lança o sujeito a uma esfera mágica de pregnâncias que impulsionam a ação. É dentro de uma constelação romântica que a personagem se debate e vive, oscilando entre o êxtase, equivalente à aproximação do sublime, à elevação da arte (representada maximamente na peça de Bach na interpretação de Gould e no romance de Thomas Bernhard), e a contrapartida do confinamento na mediania do real.

Esse movimento pendular pontua sua obsessão em relação à tradução da obra de Thomas Bernhard que ela se empenha em realizar, mas que reduz a cinzas, porque a editora desiste de publicá-la. Indica, ainda, sua pertinência à esfera da criação, sua aproximação da arte, sua luta em tentar fazer seu texto coincidir, de algum modo, com o texto original, para preservar sua presença, que, por sua vez, ultrapassa os limites da arte e vira experiência, vida, e também morte, pois a personagem imprimirá à sua vida o mesmo ritmo passional que aplica a seu trabalho. Assim, ao traduzir, ela vivencia as modulações da música de Bach, criadas pela aceleração e desaceleração do pulso de Gould que vai de variação a variação e dentro de cada uma delas, seguindo a pressão da melodia, que nesse caso é também a pressão dos afetos.

> Você seria capaz de se lembrar do *Untergeher*, Sílvio? Aquela declaração de amor à arte, embutida num suicídio. Lembra? [...] A maior declaração de amor que eu vi. E foi com o suicídio que essa declaração se fez. [...] Mas você é incapaz de compreender o significado disso. Seria a saída para mim também? Afinal, nesse estado, o que fazer?[7]

7. *Idem*, p. 262.

136 ENTRE PASSOS E RASTROS

No leito de morte, presa à doença e à dor, é a iminência do abismo que fará o laço entre a personagem e o intérprete Glenn Gould:

> O êxtase, como um fio delicado, ele dizia, liga entre si todas as músicas, liga quem executa a quem ouve a música. Só a doença pode produzir algo desse tipo, se você me entende. Sinto isso aqui, nessa cama. Aprendi com ele. As *Variações Goldberg*. Você nunca entendeu o porquê de eu adorar tanto aquela música tocada pelo Glenn. Uma execução sublime, acima da capacidade de um homem comum. Você jamais será capaz de compreender isso, Sílvio[8].

É insuportável para o marido a dose de êxtase que a personagem emana; mas ao mesmo tempo preso à música de Bach desde o momento em que conhece a mulher, Sílvio passará a ouvi-la em outra interpretação, executada por uma orquestra de cordas cheia de vivacidade, o que indica o desejo de varrer a melancolia de sua vida, que não deverá ser pautada por extremos, mas figurar-se como o *locus amoenus* de pequenos sucessos e fracassos. A esse rebaixamento de tom se perfilarão muitos outros: Sílvio, embriagado, irá viver a falsa proximidade entre gozo e morte, o "prazer total", com duas prostitutas decadentes num motel da Marginal Pinheiros. Ao final, o protagonista construirá com Gleice, a moça trivial que conheceu num avião, uma relação amorosa assimétrica, pois a tornará sua secretária, encerrando-a no mundo sem surpresas de uma pauta diária a ser obedecida.

O autor, entretanto, dará relevo à experiência tumultuada e cáustica que foi o casamento de Sílvio e Dorieta, delegando a esta um lugar de destaque no andamento do romance, ao abrir-lhe a possibilidade de contradizer o ponto de vista do narrador, seu marido. No hospital, a longa fala da personagem, um monólogo, reverterá a narrativa de Sílvio, iluminando seus pontos-de-cegueira. Uma outra versão da história vivida por ambos é contada a contrapelo, desestabilizando o leitor que contava com a certeza de um único relato. Assim, o texto constrói-se e se desconstrói, sustentado no meio-fio de uma fala que projeta sua própria negação. Portanto, ficam no ar questões como a paternidade de Sílvio, declarado estéril em diagnóstico médico, assim como sua aproximação com Dom Casmurro. Não há como resolvê-las.

Mas se Sílvio é um personagem que sossobra, atribuir-lhe a tarefa do relato não implica relevá-lo? Alçado a narrador, podendo assim atribuir sentido a sua vida, o fracasso não vira redenção? Se é verdade que ele se redime na e através da linguagem, o que o coloca num registro próximo ao de outros criadores caros a Dorieta, a redenção não dura, porque a mulher caça-lhe a palavra; assim, aquele que conta passa a ser contado, e é essa articulação surpreendente que dobra a narrativa para um outro nível, modulando-a em nova variação.

---

8. *Idem, ibidem.*

PEQUENOS VENCEDORES & GRANDES NÁUFRAGOS 137

Há outro engaste na estrutura que acrescenta muito a seu sentido. Trata-se de sua referência ao judaísmo.

Num cenário que é a cidade de São Paulo cortada por ruas e avenidas, vivenciada em bares, cinemas, praças, parques, hospitais, circulam personagens, formando uma boa amostragem de tipos característicos dos anos 1980 e 1990 que é quando a ação do romance transcorre: o travesti, a mulata, o filho bastardo, profissionais liberais, crianças pedintes, e também os membros da bem-sucedida família Goldman, de cuja árvore Sílvio é galho. Os sentimentos contraditórios que a personagem carrega, muitos deles têm a ver com um traço de identidade mal formulado. Suas hesitações com relação ao judaísmo são trazidas à tona na fala de Dorieta, quando o alerta: "Você tem origem judaica, [...] mas não sabe o que fazer com ela; se a joga no lixo, se a bebe por inteiro, se a desfaz em partes e funde a sobra num mosaico novo. Você se sente superior a isso mas é de modo artificial, temeroso"[9].

E, ainda, quando ela o tacha de indeciso, impostor, omisso, ressaltando o alívio de ter-lhe nascido uma filha mulher, situação que o poupava de decidir se o filho iria ou não sofrer circuncisão, e acaba por prognosticar-lhe ironicamente o destino comum de sua família:

Sílvio Goldman, homem cheio de saúde, legítimo e puro representante ashkenazi, neto de comerciantes prósperos dos anos de glória do Bom Retiro, filho de engenheiro bem-sucedido e reconhecido socialmente, o grande doutor Alfredo, de uma mãe prestimosa, sempre presente, a dona Dorinha, engajada nos eventos beneficentes da comunidade – ainda hão de te presentear, todos eles unidos num esforço heróico, hão de presentear com uma "Sílvio Goldman – Projetos e Construções Ltda"[10].

A família Goldman é a típica família classe média alta que não formula para si mesma o que significa ser judeu no Brasil, hoje. Como os laços que ligam os membros da família ao judaísmo não são religiosos, e como não há uma problematização de como essa identidade pode ser construída, a herança judaica se fragiliza e se embaralha com os ideais burgueses de ascensão econômica, traduzindo-se numa prática oca de alguns ritos como a circuncisão, o *bar-mitzvá*[11] e na segregação em relação ao não-judeu em casos de união por casamento, o que Dorieta, aliás, sofre na pele. Tudo isso mesclado com regras de sociabilidade que se transformam, afinal, no verdadeiro elo responsável pelo estreitamento dos laços familiares. É no interior dessa herança fragilizada que Sílvio se debate; ele a desafia, mas se sente preso a ela. A aproximação do personagem com sua família, esboçada no final do

9. *Idem*, p. 255.
10. *Idem*, p. 256.
11. Rito que marca a passagem para a maioridade do menino aos treze anos de idade.

138 ENTRE PASSOS E RASTROS

romance, depois de o narrador-personagem ter perdido a filha, o pai, a mãe, o amigo, a mulher, todos mortos, é frágil, é um fio ao qual ele tenta se agarrar. Entretanto, essa família é uma das variantes de outras tantas representadas no romance. Também aqui o autor atua com ferocidade e ironia, desmantelando a aparência de um suposto núcleo familiar coeso, mostrado como insustentável. Desse modo, o abandono, a solidão, a confusão e as hesitações que o protagonista vive, embora passem pelo crivo do judaísmo, são sintoma de uma crise mais ampla que atinge uma geração, uma época, em relação à qual ninguém está a salvo.

Há, entretanto, uma breve passagem no interior do romance, essa sim me parece específica e iluminadora de um traço judaico. No último capítulo, Sílvio recebe seu sobrinho Plínio em seu escritório, e os dois conversam sobre religião. O tema desliza para a existência de Deus negada por um e afirmada pelo outro, e aí o tio conta um episódio ao sobrinho:

> Contei a Plínio, naquele dia, dos três homens que se reúnem toda manhã numa mesa próxima à minha no Chez Bougnat para ler e trocar idéias sobre a Bíblia. Os três usam óculos. O mais velho, de cabelos grisalhos, já quase brancos, tem dentes avançados como de coelho. O mais novo, de vastos cabelos e barba negra que lhe toma todo o rosto, é um urso sorridente. E o terceiro, mais magro, pálido, tem barba rala, parece um bode. Os três animais – assim brinquei com Plínio –, o coelho, o urso e o bode, lêem trechos da Bíblia no *coffee shop*; a cada dia um dá aos demais uma espécie de informe ou resumo de algum capítulo, e os outros dois fazem comentários sobre aquilo[12].

Esse relato apresenta imediatamente o intuito de rebaixar os três homens pela homologia estabelecida entre eles e os respectivos animais, apontando também o absurdo ou o ridículo do deslocamento incompreensível da presença diária desses leitores e comentadores da Bíblia num café em plena manhã paulistana. Se a intenção do romance era essa, o episódio pode ser lido de outra maneira. Os três judeus formam um *cartel* que identifica uma forma judaica de estudar, ler e comentar o texto bíblico. É sobre a ruína do Segundo Templo, centro que reunia a atividade religiosa, além da cultural, política, social e econômica, que se constrói o edifício invisível do judaísmo feito de palavras, transformando-se seu povo em leitor e letrado. Por que os judeus, que de outro modo não se distinguiram em nenhuma das grandes descobertas da antigüidade, puderam levar a cabo a invenção da arte da leitura? Essa energia foi extraída da relação muito particular que mantinham com o divino, com o Nome de Deus. Todos os comentários midráshicos[13] estão ancorados nesse nome inominável e se fazem a partir da Torá considerada como a palavra divina. Como está

12. *Variações Goldman*, p. 299.
13. Comentários inscritos no *Talmud*.

PEQUENOS VENCEDORES & GRANDES NÁUFRAGOS   139

proibida formalmente toda figuração pela imagem ou pela escultura, Deus se incorpora na linguagem, realçando ainda mais o prestígio da letra. Portanto, é na leitura que ele se revela. Mas não na simples leitura. Esta requer comentário e interpretação a partir do dado que o nome de Deus é um código não decodificável (o tetragrama YHWH), e seu giro auto-referencial, por ser tautológico, não o esclarece. Quando a divindade diz de si "Sou aquele que sou" o predicativo não acrescenta um atributo ao sujeito, mas se dobra sobre ele, criando um cerco intransponível, tornando deslizante a aproximação com o divino. Essa realidade inapreensível de Deus, termo excluído na ordem dos significados, suporta uma cadeia quase infinita de significantes que sobre ela deslizam sem jamais fixá-la. A concepção de Deus aparece desde então como o próprio paradigma da linguagem.

Ler, estudar, comentar significam, no judaísmo, criar variações infinitas sobre o mesmo tema e uma forma de aproximação com o divino. Se o estudo matinal num local público como um bar cria uma inadequação, um estranhamento, pela dissonância entre a ação realizada e o espaço vetorizado para outras funções, o que o relato diz é: ou procura-se Deus não importa onde (inclusive num bar), ou o sagrado está desvirtuado, profanizado numa mesa de bar. De qualquer forma, os três judeus continuam diariamente lendo e comentando, e são eles que respondem, em código, à disputa do tio e do sobrinho sobre a existência de Deus: Deus criou o homem ou o contrário? Deus está em nós? etc. É claro que essa prática de leitura e comentário supõe um deslizamento de sentidos a partir do texto matricial e tem por base a convicção de que a linguagem detinha uma mensagem de alcance universal, cujo desaparecimento equivaleria a uma catástrofe histórica comparável ao dilúvio. A mensagem não é propriamente a afirmação da existência de um Deus único na raiz de todas as coisas, e acima de tudo, mas a necessidade de ritualizar a vida segundo os preceitos judaicos.

Essa prática de variações interpretativas ilustrada no curto episódio contado de esguelha dentro do romance é parelha a todas as variações sobre que se constrói o romance de Ajzenberg, e, mais do que isso, ela parece enlaçar de forma abrangente as variações que o romance articula, por ser a que apresenta maior amplitude, já que incide no sentido do homem no mundo e sua relação com o divino. É ela, portanto, que parece amarrar e conter as outras, por ser a mais geral. Perdeu-se, no entanto, o sentido que o episódio contém ou pode conter, por isso ele é visto e relatado pelo narrador em registro cômico. É pelo viés cômico que se mede a distância entre narrador e a tradição judaica, vivenciada por ele e seus familiares como um movimento cumprido automaticamente, como um compromisso entre o desejo de desfazer-se de uma herança recebida e o de a perpetuar, revelando uma posição da qual não está mais seguro, pois há um ensinamento cujo sentido se perdeu. Um pouco como o universo literário de Kafka onde os mensageiros circulam, mas as mensagens não chegam a seu destino pois se perderam. O vazio de Deus, ou o vazio de sentido que a crença em Deus preenche, põe em movimento a cadeia das variações, fabricando incessantes deslocamentos, traduções, trocas.

Poder-se-ia argumentar que esse vazio é a marca geral de nossa existência, de judeus e não-judeus, em tempos pós-modernos, o que é verdade. Mas há um "efeito midráshico", chamemos assim, que estrutura o pensamento de Ajzenberg nas *Variações Goldman*, como estrutura a necessidade de ler e comentar a Bíblia evidenciada nos três homens deslocados numa mesa de bar, como estrutura a criação da peça musical barroca, e todas as repetições de maior e menor monta no romance. Entretanto, se a variação mais ampla se dá em torno do vazio, nem a música, nem a literatura preenchem esse vazio, embora se apresentem como um sucedâneo, isto é, como um lugar de salvação possível.

Finalizando, entro eu também num trajeto circular e retomo o início dessa reflexão para frisar que a imagem mais abstrata decantada no romance de Ajzenberg está ligada, a meu ver, ao universo simbólico que, comprimido nas repetições, citações e variações, releva a *diferença*. Tradução, interpretação e judaísmo (baseado numa Escritura que jamais cessa de se escrever), nas três instâncias há um texto originário que se realiza na passagem para outro texto. É a esse movimento que pluraliza textos e posições que chamo de diferença, o que inclui o debate dos pontos de vista e de discursos no interior do romance, tudo imbricado num mesmo solo paulistano, palco onde se encena a vida conduzida até seus mais cruéis limites.

2. O que Foi que Ele Disse?

O que foi que ele disse? A busca de respostas a essa pergunta constrói as vigas mestras deste trabalho. Sabe-se, entretanto, que a escuta é seletiva, o que põe logo em cena um outro sujeito e dois lugares de enunciação: o primeiro focaliza o texto ficcional; o segundo, embrenha-se nos interstícios, ecos e entrelinhas do texto, escavando um lugar à margem e em torno dele, mas sempre emulado por ele. Daí o ir e vir da ficção a considerações da construção do judaísmo no Brasil.

O texto a que me refiro é *O que Aconteceu, Aconteceu*, primeiro livro de ficção do editor, ensaísta, tradutor e crítico Jacó Guinsburg[1], que indicia desde a ilustração da capa uma direção de leitura. O relógio, cujo mostrador apresenta duas séries numéricas dissonantes e uma delas não seqüencial, pontuará os textos no corpo do livro, aludindo à mescla de tempos em que os textos foram criados (eles não são datados) e aos diferentes tempos que neles emergem: o presente da escritura e da leitura, a presença das emoções, dos sonhos e desejos frustrados, a memória invasiva que laça em sua rede fragmentos que resistem ao esfacelamento, lacunas indizíveis que se encorpam em outras águas, fluindo de diferentes regiões para um tempo que aponta o futuro.

---

1. Jacó Guinsburg nasceu na Bessarábia e aportou no Brasil aos três anos de idade, pouco depois da Revolução de 1924. Editor, ensaísta, tradutor, autor de vasta obra, foi também professor de Crítica e Estética Teatral na ECA-USP, além de professor colaborador do programa de Língua Hebraica, Literatura e Cultura Judaicas, da USP.

142 ENTRE PASSOS E RASTROS

A lógica de um tempo não mensurável pelo relógio subjaz a um processo singular de historicidade, em que a transmissão, a necessidade de lembrar, de dar sentido a letras mudas e falas sussuradas se impõem como marcas distintivas do judaísmo diaspórico de que o texto de Guinsbug não está isento. Muito ao contrário. O apelo à memória como um dever difere da memória "involuntária" que imprime movimento à obra de Proust. A resistência ao esquecimento, o enfrentamento da crise da memória e da tradição na modernidade, que tanto ocupou a reflexão de Walter Benjamin, entre outros pensadores, como Buber, Scholem, Ernst Bloch, Lukács, tem relevância na coletânea, o que se depreende desde o início, a partir de sua dedicatória, na qual o avô-autor transmite para o neto o legado de imagens de um mundo alavancado pela ficção, mas plantado na experiência.

Sob o imperativo bíblico de *Zakhor, Israel!* (*"Lembra, Israel!"*), o povo judeu é intimado a lembrar, ação que se faz a partir de uma topologia singular de tempo, em que a cena presente e a passada se reconhecem uma na outra[2].

Essa mistura de tempos que correm em linhas diversas e se cruzam ou traçam paralelas encontra uma homologia na proliferação de gêneros que o volume reúne – conto, crônica, ensaio – e que avançam o sinal vermelho preservador de seus limites, corroborando na composição de objetos híbridos que culmina, como se verá, no estilo.

A primeira parte do livro, protagonizada pela dupla Srulik (diminutivo em ídiche de Israel) e Brodski, marca uma das linhas temáticas mestras da coletânea: a imigração dos judeus do Leste europeu para o Brasil e sua adaptação no país. Já o primeiro conto ("O que Foi que Ela Disse?") dá a nota à série, ao promover um qüiproquó em torno de jogos lingüísticos montados a partir da homofonia ruço/russo – que desestabiliza o recém chegado Srulik, equilibrista de um fardo de roupas a serem vendidas de porta em porta pelas ruas de São Paulo, e também do anseio de se dar bem deste lado do Atlântico. O desejo de aprender o idioma, e de apressar a entrada nos domínios da norma culta, torna-se visível em situações de contágio entre as línguas em contato (o ídiche e o português), resultando em situações bem cômicas. A expressão "tit mir a fasch favor" literalmente "faça-me um faz favor" vira moeda corrente; (a rua) "Benjamin Constant" acomoda a nomeação a um formato ídiche e deságua em "Biniúmen Constantz"; o tempo verbal mais-que-perfeito do português sem equivalente no idioma bíblico passa a ser usado indiscriminadamente para aludir a qualquer ação pretérita, engessando os acontecimentos do dia-a-dia num tempo que os fagocita para sempre. Todas as elucubrações em torno dos sentidos emanados pelo novo idioma armam uma ponte com

2. O assunto é amplamente tratado no livro de Yosef Haim Yerushalmi, *Zakhor – Jewish History and Jewish Memory.*

O QUE FOI QUE ELE DISSE? 143

as elocuções e comentários conhecidos pela dupla de personagens versada em estudos bíblicos e talmúdicos, embrenhando-os na espessa floresta dos sentidos e dos sentidos dos sentidos, partilhada também pelo narrador que circula da Bíblia ao *Talmud*, acrescentando-se o fato de se notar nele os ecos da boa literatura ídiche da virada do século XX, que tem em Scholem Aleichem, Mêndele e Peretz, seus lídimos representantes.

É o tom tanto do suporte oral como da escrita da literatura ídiche que esses contos mimetizam. Mais do que isso: os idiomas em contato intercambiam signos, um contexto lingüístico e semântico transita para outro, a ponto de o modo de ser de uma língua transportar-se para outra, criando, tradução encoberta, *um texto ídiche escrito em português*[3]. Uma visão de mundo, o modo de ser das personagens, a forma de perguntar e de responder, a ironia, confrontos que fazem faísca e produzem humor, o tipo de solução para os conflitos, enfim, o autor alcança explorar, na primeira parte do livro, um potencial expressivo de linguagem tal, que fica depositada nas vozes das personagens imigrantes em coro com a do narrador uma história da imigração dos judeus no Brasil.

Embora a Bíblia e o *Talmud* estejam referidos na primeira parte de forma ligeira e em tonalidade cômica, eles reaparecerão explorados adiante de outra maneira. Nessa parte, o "espaço hermenêutico" escapa da exegese do texto sagrado e ganha lugar no registro psíquico, onde o cruzamento de diversos sistemas de interpretação impregna o modo de ser dos personagens, habilitando-os a seguir as pistas dos enigmas impostos pelo novo mundo, pela nova sociedade de que passam a participar.

É a pregnância desse sistema, do qual Deus está bem distante, que transparece em seus desdobramentos, transformado num modo de estar no mundo. Esse modo, por seu lado, aponta para um passado coletivo de vida comunitária que se desfez por força da emigração, mas que se recupera no texto não como relato do que passou, mas principalmente como tom, sonoridade, alusão. Um pouco como na ópera *Moisés e Arão*, em que Schoenberg, na tentativa de enunciar aquilo que não pode ser dito ("a palavra que falta"), busca, através dos sons não articulados da música, um caminho para o indizível. A sonoridade a que me refiro é essa invocação a partir da linguagem que se movimenta como que guiada por um ponto virtual – que não está, mas soa

---

3. Poder-se-iam armar alguns parâmetros comparativos entre o estilo de Guinsburg nessas narrativas e o de Isaac Bashevis Singer, mas são casos distintos, uma vez que o primeiro escreve em português, e a "tradução" de um idioma a outro não se dá concretamente. Já Bashevis Singer escreveu em ídiche e seu texto foi efetivamente traduzido para o inglês (e demais idiomas), mantendo mais ou menos as marcas da língua de origem, dependendo da tradução.

144 ENTRE PASSOS E RASTROS

no texto, aludindo à trajetória de séculos dos judeus na Europa. Desse modo, estar no Brasil é também estar fora, reeditando o estatuto anfíbio do ser judeu que vive num entrelugar, atravessando, permanentemente, como Moisés, o deserto, sem entrar na Terra Santa.

Por sua vez, a sucessão linear dos relatos na coletânea pede não só a leitura horizontal correspondente, mas a contrapartida de uma leitura vertical, dissonante, arqueológica, que apura o ouvido para distinguir as camadas discursivas que compõem o estilo narrativo.

O impacto da chegada ("...foi assaltado por uma profusa sarabanda de cores em que predominavam verdes e amarelos iluminados"...), o fascínio pelas mulheres mulatas e negras e o sonho de tê-las na cama ("O Sonho de Srulik"), a curiosidade em relação aos novos hábitos alimentares (arroz, feijão, banana), a cervejinha, o futebol, os encontros no Café e Bilhar Caravelas, o apelo de integração, enfim, têm a contrapartida da fidelidade solidária aos hábitos judaicos representada, nos contos, pela eleição do ponto de encontro – Copo de Chá – gerido por Tzipe-Iente; pela necessidade de se organizarem em associação, e assim se fortalecerem e se defenderem de possíveis agressões externas, que de fato ocorrem, como, por exemplo, o episódio em que Srulik é atacado por anti-semitas na rua e perde sua mercadoria adquirida a duras penas:

> Nunca pensei que fosse passar no Brasil por uma experiência como essa. Se tivesse acontecido na Polônia com certeza eu não teria estranhado. Lá era coisa de todo dia. Mas ter de correr aqui, com um bando de anti-semitas atrás, gritando, como num *pogrom*: "Pega judeu! Todo judeu é comunista! Todo capitalista é judeu! Vamos livrar a pátria dessa praga!"[4]

O rompante fascista é o traço inscrito, na ficção, dos ecos de uma política nacionalista e xenófoba apregoada durante o Estado Novo, que, aliando-se a facções ideológicas totalitárias européias, tinha como palavras de ordem: "O Brasil para os brasileiros", submetendo à exclusão a diferença, que podia se manifestar na língua, no credo, na aparência, na conduta, na etnia etc.[5]

O curioso é que a experiência dramática vivida por Srulik é equilibrada pela presença de uma "senhora morena bem escura" que o pôs porta adentro, salvando o judeu da turba de vândalos que, fora, distribuía entre pares sua mercadoria. O lado que salva não tem a força, o poder, daquele que exclui; além disso, salvar a vítima dos maus-tratos do grupo agressor não implica enfrentá-lo. De qualquer modo, a cena é exemplar para se entender a *contemporização* como um traço diacrítico de um modo de ser brasileiro, pouco afeito a manter o *estra-*

4. Jacó Guinsburg, *O que Aconteceu, Aconteceu*, p. 47.
5. Cf., a propósito, o conto "Linho 120", cuja ação se passa em 1937, em pleno Estado Novo.

O QUE FOI QUE ELE DISSE?

nho em território delimitado, conclamando-o, ao contrário, a incorporar as práticas sincréticas, num movimento que não exclui, mas dilui a diferença.

Esse jogo ambíguo de exclusão e inclusão, agressão e acolhimento, também caracterizou a política do governo de Getúlio Vargas em relação à imigração, no período que vai de 1930 a 1945. Entretanto, dificilmente se poderia distinguir as restrições impostas aos judeus daquelas impostas pelo governo norte-americano de Franklin Roosevelt, ou pelo governo britânico, no mesmo momento. Aliás, dada a flexibilização das regras estabelecidas na prática pelo governo brasileiro da época, o Brasil acabou se tornando um importante porto para o fluxo de judeus provenientes da Alemanha hitlerista, que encontravam fechadas as portas dos Estados Unidos[6].

É de se destacar também nas narrativas a tendência dos judeus imigrantes a se agrupar em organizações trabalhistas, que formam um espaço leigo de possibilidades de agregação, não controlado pelas autoridades religiosas, aliás, nunca referidas. Esses embriões de organização comunitária, com certeza gestados numa prática política radicada nos países de origem, podem ter servido de modelo aos filhos dos imigrantes já incorporados à sociedade hegemônica, na segunda parte do livro, que tratará principalmente dessa geração. Aí, outra será a maneira de contar as histórias. O perfeito domínio da língua do narrador prescindirá do contraste com os tropeços verbais de seus personagens já acomodados ao país. Alguns jovens freqüentarão os bancos universitários, militarão clandestinos no Partido Comunista, sonhando reverter a situação política do país em pleno Estado Novo, fazendo frente à discriminação, ao fascismo, à repressão. Os ecos da Segunda Guerra Mundial se farão ouvir, a ascensão do nazismo e o extermínio dos judeus não passam incólumes aos que sobreviveram por não estarem lá. Outros jovens sentir-se-ão atraídos pelos ídolos de ouro ("Míriam"), anunciando um destino de alienação, consumismo e aburguesamento que se cumprirá.

A insistência da referência bíblica na coletânea merece ser ressaltada. A marca singular dos antigos escribas e intérpretes judeus da Bíblia Hebraica foi a de impedir seu fechamento através dos séculos[7]. Interpelado pelo enigma da escritura sagrada, o leitor é sempre convo-

---

6. Cf. o ensaio de Roberto Grün, "Construindo um Lugar ao Sol: Os Judeus no Brasil"; também Jeffrey Lesser, *Welcoming the Undesirables: Brazil and the Jewish Question*.

7. É bom frisar que a Bíblia suporta tanto o aprisionamento na prática dos preceitos que incluem os papéis, as leis e rituais a serem obedecidos, como a maleabilidade dos desdobramentos interpretativos. Ela suporta essa via de mão dupla, pois ao ser a matriz fundante do aprisionamento, já que ao instaurar a lei a existência ganha seus limites, ela é também o lugar da origem, da palavra revelada, acionando a partir dela um movimento ininterrupto de comentários.

146 ENTRE PASSOS E RASTROS

cado a uma leitura que abole a repetição. Se a leitura não reedita a escrita, há nela uma urgência de exterioridade, a exigência de êxodo, de busca de um outro lugar de leitura e de um outro dizer[8]. O que significa que o texto sagrado não se embalsama num sentido único, o que, se, de um lado, impede a idolatria ou o fetiche da posse do sentido, de outro, inscreve um grão profano na prática religiosa. Ou, conforme as palavras de Henri Atlan[9]: "Os paradoxos da linguagem e de suas significações são de tal ordem que um discurso sobre Deus que não seja idólatra, que se abstenha de apreender ou conquistar seu Nome, é, inevitavelmente, um discurso ateu".

É esse "ateísmo" que abre, a meu ver, o flanco para a inscrição da Bíblia na literatura. A retomada de episódios, temas, formas fertiliza tanto a literatura ocidental em sentido amplo, como, em sentido estrito, a literatura judaica.

Também a coletânea de Jacó Guinsburg retoma a Bíblia de diferentes modos. No conto "O Mandamento" (a referência é ao "Não cobiçarás a mulher do próximo"), Davi e Urias são sócios de uma loja de móveis. O primeiro é solteiro, enquanto o segundo é casado e acolhe o amigo em casa repetidas vezes. Apesar da atração pela mulher do amigo ser recíproca, Davi abdica de seu desejo.

> Não era observante. Mal se lembrava dos preceitos da religião que lhe haviam sido incutidos na infância e na adolescência. Não guardava sequer de maneira estrita as festas religiosas. Apenas quando soubera da morte de seu pai, em vez da oração diária que o filho deve recitar em memória do morto, resolveu ir à sinagoga aos sábados pela manhã. [...] Todo aquele mundo de crenças e tradições, de onde procedia, se lhe tornara cada vez mais distante. Percebia-o, mas o fato não lhe provocava nenhum sentimento de culpa. Era como se tudo aqui na América tivesse desgastado aqueles caracteres hebraicos em que estava condensado o seu modo de ser[10].

O rei Davi transposto para o Brasil, vivendo no século XX, não trairá o amigo, preparando-lhe uma cilada que o levaria à morte, conforme a Bíblia. É ele que foge e morre no asfalto, atropelado por um automóvel. O desgaste da observância religiosa não o torna menos judeu, e a lei é cumprida não por obediência a Deus, mas porque se transformou em princípio ético que molda o comportamento, fazendo que se dê relevância ao próximo, ao outro, antes que a si.

Nesse sentido, a história do triângulo amoroso bíblico é "corrigida" no conto. Monta-se a triangulação virtual a partir da intertextualidade bíblica, mas, uma vez potencializada, ela não se realiza; há uma mudança de rota em que a obediência à lei é uma exigência que rege a vida do judeu até mesmo em plagas brasileiras.

---

8. Ver, a propósito, o capítulo "Interpretação: Errância e Nomadismo da Letra", em Betty B. Fuks, *Freud e a Judeidade: A Vocação do Exílio*, pp. 115-140.

9. *Apud* Betty B. Fuks, *op. cit.*, p. 119.

10. *O que Aconteceu, Aconteceu*, p. 81.

O QUE FOI QUE ELE DISSE?

Também Saul, que tem seu homônimo bíblico, aparece na coletânea ("Camaradas"), estudante de engenharia e militante do Partido Comunista, então na ilegalidade. Numa ação de guarda de uma estação de rádio[11], onde tudo caminhava bem, ele é atacado por um bando de arruaceiros e leva um tiro.

A narrativa é acrescida de uma coda em que intervém a voz autoral em diálogo com um amigo recém-operado num hospital, em que este diz: "Olha, li aquilo que você escreveu. Pareceu-me que você inventou toda essa história só para provar que no Partido nenhum judeu podia ser um herói de verdade?" Ao que a voz autoral contesta: "Bem, mas você achou a personagem convincente? Mesmo sem Jonatan e com muitos camaradas filisteus?"[12]

Deixando de lado os efeitos talvez brechtianos decorrentes da inclusão da instância autoral no corpo da narrativa, recurso que desestabiliza os limites entre ficção e "realidade", e atendo-me à referência bíblica, também aqui o autor procede a uma "correção" de rota. A narrativa refere-se ao episódio que envolve Jonatan, filho de Saul e dedicado amigo de Davi. Este, só com seu escudeiro e o auxílio divino, atacou os filisteus, fazendo-os fugir em pânico. O ato heróico na Bíblia tem a contrapartida do fracasso da atuação no presente da narrativa. Durante os últimos séculos, a posição do herói na ficção ocidental escorregou escada abaixo, de modo que temos a sensação de olhá-lo de cima, vivendo uma cena de malogro ou de absurdo. Ora, ao erigir seu personagem como anti-herói, o autor ancora o leitor na realidade histórica, além de tirar de cena o auxílio divino que, segundo tudo indica, está em baixa. Se Deus não é referido, é mencionada a participação no Partido Comunista[13] que contou, de fato, com a adesão de muitos judeus-brasileiros, tanto durante o período em que o Partido permanceu clandestino (governo de Getúlio Vargas), como durante a ditadura que inicia em 1964, quando a vinculação ao Partido é substituída pela adesão a outros grupos com opção pela luta armada.

No relato "Da Mulher na Bíblia", há um preâmbulo no qual se oferecem as coordenadas de como o autor entende o Livro dos livros. Em seguida, o recorte e o rearranjo de fragmentos e personagens que, uni-

---

11. Parece que a narrativa alude à ação comunista junto à antiga rádio Tupi (1945? 1946?) que iria transmitir o discurso que Luís Carlos Prestes estava proferindo no Pacaembu.

12. *O que Aconteceu, Aconteceu*, p. 101.

13. A esquerda judaica já imigrava vinculada ao movimento socialista operário judaico – o Bund, partido originário da Rússia, transferindo para o novo país suas formas e métodos de organização. Com a declaração da ilegalidade do Partido Comunista na década de 1920, mantida ao longo do Estado Novo, o Bund canalizou suas atividades para a cultura, criando o Centro de Cultura Progresso e, depois, com o fim do varguismo, fundando a escola Scholem Aleichem e, em 1950, a Casa do Povo e o Teatro de Artes TAIB. Cf. o trabalho de Dina Lida Kinoshita "O ICUF como uma Rede de Intelectuais".

148 ENTRE PASSOS E RASTROS

dos, formam uma espécie de genealogia do feminino fenomenologicamente situado. A gênese é devotada a Eva, a mãe do gênero humano, mulher que transforma Adão em sujeito da história, desencadeando nele seu potencial humano. Depois dela, o nome apagado de suas filhas, numa história ressaltada como tendo sido escrita por varões, embora, é claro, elas tivessem participado na construção da descendência humana. Em seguida, Sarai e Abrão têm seus nomes mudados por Deus, pois alteram de posição na vida: Abrão toma posse mística da Terra Prometida e já tem cumprida a promessa da descendência tornando-se pai, enquanto Sarai, de estéril passa a procriadora, e mais do que mãe de um filho, ela será a mãe de um povo, perdendo seu nome a marca do possessivo, em hebraico *iod* ("i"). Assim, Abrão passa a Abraão e Sarai, a Sara. Mencionam-se, ainda, o episódio da salvação do marido que passa a irmão aos olhos do faraó que toma Sara como mulher; a bênção da procriação ao casal em idade avançada, o nascimento de Isaque. Assim, Eva ajudou Adão, Sara salva Abraão, e as filhas de Lot induzem o pai, embebedando-o, a dormir com elas, a gerar descendência. Uma empresta autonomia ao homem, outra salva-o da morte provável, além de ajudá-lo a se aproximar de si mesmo, de seu destino, acompanhando-o quando instado a deixar a terra e a família e seguir para outra terra (*lech lechá*). É curioso observar que ambos mudam de nome. Quando Abraão ganha uma letra do nome de Deus – *hei* ("a") parcimoniosamente Sara perde uma letra do nome de Deus – *iod* ("i"). Há aí uma oposição, um ganha/outro perde, que talvez possa ser vista como necessária para a manutenção da incompletude da presença do Senhor entre os homens, criando, assim, uma falta que emule potencialmente o desejo de busca de aproximação com a divindade.

Por trás da multiplicidade de faces, onde situar a condição feminina? como se constrói e se mantém o feminino, grão de um alimento permanentemente cobiçado pelo homem, mas nunca completamente alcançável?

A bricolagem de perfis e ações da mulher, figurada numa linguagem que se torce em inversões, metáforas, paralelismos e segundos planos, retoma um estilo que tem como fonte a Bíblia, atualizada e recriada para outros leitores de outra época e lugar.

Como nos faz notar Henri Atlan[14], a obediência ao segundo mandamento[15] evita a ilusão da posse do sentido e gera um certo ateísmo da escritura, aberta a novas interpretações. A traição à leitura imutável

---

14. Betty B. Fuks, *op. cit.*, p. 119. Cf. também Henri Atlan, *A tort et à raison. Intercritique de la science et du mythe.*

15. "Não farás para ti imagem esculpida de nada que se assemelhe ao que existe lá em cima, nos céus, ou embaixo na terra, ou nas águas que estão embaixo da terra." Esse mandamento é um impedimento para o culto, o fetiche, porque se trata de uma lei antiidolátrica em sentido amplo. Fixar um sentido e alçá-lo a único e verdadeiro pode ser entendido como uma forma de idolatria.

O QUE FOI QUE ELE DISSE? 149

é a aposta na escrita sempre renovada que enfrenta o risco da significação fixa que paralisa a leitura e impede a escrita. O texto bíblico "escrito" hoje, no Brasil, repõe em circulação a questão borgiana expressa no conto "Pierre Menard, Autor del Quijote", em que o contexto de leitura transforma o mesmo em diferente[16]. Esse jogo entre o mesmo e o distinto, no caso da Bíblia, obriga-nos, a nós leitores, a nos situar lá e aqui, antes e agora, dentro e fora, num arquivo de conflitos, choques e elipses, entre os quais o leitor se move.

A leitura da Bíblia pelo ângulo da mulher inscreve o livro ancestral num debate dos mais importantes da segunda metade do século XX, referente à mudança da posição da mulher, sua entrada no mercado mundial de trabalho, e todas as decorrências desse deslocamento na vida cotidiana. Nesse sentido, Guinsburg atualiza o Texto ao mesmo tempo em que desloca a posição de subordinação da mulher na Bíblia, dando-lhe destaque a partir de sua abordagem.

Prosseguindo no cumprimento de seu destino de "língua mataborrão" que vai absorvendo os idiomas em contato[17], mas também emitindo inovações à língua hegemônica, o ídiche configura-se como um idioma presente na vida do dia-a-dia – *mameloschn* ("língua materna")[18]. Já o hebraico mantém uma distância da intimidade do idioma falado, por ter sido historicamente escrito e fundamentalmente litúrgico até o momento de sua revitalização. Assim, os ecos de cada uma dessas línguas no texto ficcional de Guinsburg têm a ver com sua própria história. A primeira aparece em seu suporte oral, marcando o tom das falas, o brilho das imagens etc. A segunda deixa, no uso lexical rebuscado e na sintaxe erudita, o rastro de uma língua de base escrita, que soa estranha em português.

16. Como se sabe, o conto pretendia resumir vida e obra de um apócrifo escritor francês pós-simbolista que se propõe a (re)escrever o *Quixote*, mas sem alterar uma sílaba, uma vírgula, uma errata. Com respeito ao estilo, elucubra o autor, Cervantes usa a língua de seu tempo; em Menard, o esforço arcaizante do estrangeiro... Cf. de Emir R. Monegal, *Borges: Uma Poética da Leitura*, pp. 77 e ss.

17. Para uma melhor compreensão da história da língua ídiche, remeto o leitor para o livro de Jacó Guinsburg *Aventuras de Uma Língua Errante*, no qual o autor percorre os séculos, retraçando o trajeto do idioma, de sua formação na Idade Média até a produção artística contemporânea. O autor ressalta o caráter aberto da estrutura do ídiche, "sua larga capacidade criativa e forte permeabilidade às influências locais", tendendo, por isso, a se regionalizar com facilidade. Ver também de H. Vidal Sephiha, "Langues juives, langues calques et langues vivantes".

18. Charles Melman, em *Imigrantes: Incidências Subjetivas das Mudanças de Língua e País*, faz uma distinção entre "a língua que se sabe" e a "língua que se conhece". "Saber uma língua (afirma ele) quer dizer ser falado por ela", esta é "a língua materna". Só ela autoriza o locutor a falar como "mestre". "Já conhecer uma língua quer dizer ser capaz de traduzir mentalmente, a partir da língua que se sabe, a língua que se conhece". Esta seria a "língua de escravo". Para esse autor, mesmo quando não é falada, a língua materna está presente nas outras línguas que a pessoa passa a falar, atuando sobre ela.

150 ENTRE PASSOS E RASTROS

Estranha também é a inversão pela qual o judeu diaspórico chega à Terra Santa, Israel, nos dias de hoje, quando antes seu acesso se dava mediante a "subida" espiritual, a *aliá*, termo designativo de imigração e/ou retorno. A torção topográfica se faz na pena do narrador-viajante que chega a ela "descendo" de avião ("Israel em Três Tempos"). Além disso, ela ficou próxima, é "logo ali", pois as distâncias diminuíram. Nela, as figuras de profetas saídos da Bíblia escanhoaram suas barbas e convivem com um vozerio babélico de línguas que "se encontram e desentendem". Em meio ao congestionamento de trânsito, *outdoors*, a cena internacional do McDonald's e edificações à Miami Beach, dá-se o encontro entre dois amigos, um antigo sionista, vivendo em Israel, e outro antigo marxista, vivendo no Brasil. Passados muitos anos, os sonhos pioneiros do primeiro sofreram estremecimento, enquanto a expectativa do segundo de encontrar a Terra Santa também se frustra. O país obteve um desenvolvimento admirável, mas ficou longe daquela terra anunciada a cada ano no mote *Lashaná habá b'lerushalaim*.

Quanto ao tão discutido e almejado processo de paz entre judeus e árabes ("O Processo de Paz"), também pontuado na coletânea, o autor usará de um recurso bem judaico para tratar dele: o cômico. O enredo marca a conclamada astúcia judaica convocada para se sair de situações drásticas. Scholem, um judeu cumpridor dos mandamentos e dedicado ao estudo e à oração, não tem meios para sobreviver. Enquanto pensava em como resolver satisfatoriamente essa situação, ouviu uma manifestação: Abaixo os judeus! Morra Israel! Para o mar o Estado sionista! Que Alá queime o ianque Satã!

Pela fresta pode ver que um bando enfurecido de rapazes trigueiros, de jeans e camisetas do *heavy metal*, ululava raivosamente, arremessava pedras contra um grupo de não menos jovens soldados, morenos e loiros, e queimava bandeiras de Israel e dos Estados Unidos em fogueiras votivas[19].

Foi aí que lhe ocorreu uma idéia. Como todos os dias e a toda hora havia manifestações similares com queima de bandeiras, um bom negócio seria repô-las, mediante sua fabricação, uma vez que os árabes não as fabricariam, pois isso seria uma indignidade aos olhos de Alá. Restava um problema a resolver: como fazer o produto chegar ao mercado consumidor, isto é, aos árabes? Scholem lembrou-se de um amigo árabe, que tinha uma barraca na feira: Abu Aba, também ele devoto e temente a Deus. Assim nasce a Flag & Flags, que encontrou imediato sucesso, confirmando mais uma vez que de Jerusalém vem a luz!

Essa história traça por linhas tortas um ponto de encontro entre judeus e palestinos. Para montar a chave cômica, o autor promove um

19. *O que Aconteceu, Aconteceu*, p. 152.

O QUE FOI QUE ELE DISSE?

desdobramento, de modo a enxergar o judeu *fora* de si, isto é, como ele é visto pelo não-judeu, o que lhe permite tomar emprestado um certo estereótipo, porém manipulado segundo seus interesses. O judeu espertalhão, que sabe tirar proveito econômico das situações, típico ator do humor judaico, tem a astúcia de procurar a parceria do árabe também estereotipado, seu duplo especular, para juntos tirarem vantagem de uma história de vandalismo e de desentendimentos entre irmãos.

A questão é que o relato que tem por cenário a agressão e a exclusão recíproca aponta para um encontro possível, como o que ocorre entre Scholem e Abu. O conto se fecha com uma nota que pretende desestabilizar seu cunho ficcional, através de uma referência à "realidade".

2 de novembro de 1999.

Dando prosseguimento ao processo de paz, e imprimindo-lhe o devido ritmo, bandeiras foram queimadas na data de ontem, dia primeiro, na cidade de Gaza e, hoje, dia dois, na Noruega ocorreu a solene abertura da Segunda Conferência de Oslo, com a presença do presidente palestino Yasser Arafat, do primeiro-ministro israelense Iehuda Barak e do presidente Clinton acompanhado de seus *mariners*, entre outras personalidades do mundo político.

Para consignar a relevância de tais eventos foi publicado no *New York Times* e no *Jerusalem Post* simultaneamente o seguinte comunicado:

Paz aos homens de boa vontade que se empenham em cumprir os desígnios do Senhor, é o que deseja o board da *Flag & Flags*. Amém. Assinado por Scholem Burd e Abu Aba.

Afinal, quais são os desígnios do Senhor: que o judeu e o árabe vivam unidos ou que alimentem a luta entre si? Essas instâncias disjuntivas são articuladas no relato, de modo que uma dependa da outra. Aí está a graça[20].

Outro será o efeito alcançado com o uso do estereótipo do judeu no conto "Imagens", no qual um ator patina na representação do mesmo, constrangido a ser as variações do mesmo Shylock, com ou sem barba, em diferentes peças teatrais. O poder de aprisionamento que engessa o sentido e o ator, no registro sério, cria uma brecha de abertura, no cômico, pela adição de uma dobra a mais, que permite à personagem entrar no estereótipo para sair, tirando partido desse movimento.

Em outras narrativas, um narrador inquieto captura a melancolia advinda do sentimento de perda ("Alô Marcão"), ou, atento, registra a desigualdade social no Brasil, a exclusão dos pobres ("Maria"), não

---

20. O escritor Arthur Koestler, que escreve o verbete "Humor" da *Encyclopaedia Britannica*, vol. V, retoma a discussão sobre a "gramática" do humor e afirma que rimos quando percebemos um choque entre dois códigos de regras ou de contextos, ambos consistentes, mas excludentes entre si.

ENTRE PASSOS E RASTROS

deixando de circular pelas esferas "intelectuais" para apunhalar o escritor de olho no mercado, o crítico que do alto de sua onipotência decide os destinos de uma obra, ou os acadêmicos em simpósio armado por discursos da moda.

Muitas são as vozes, dicções e gêneros que a coletânea de contos de Jacó Guinsburg enseja. Em parte porque foram escritos em períodos diversos, em parte porque enunciam o judaísmo inserido no Brasil em versões flutuantes, como construções que trabalham o hibridismo em diferentes estágios e através de várias entradas, dinamizando não só o processo transcultural a que o judeu se submete no país na linha do tempo, como também diferentes imagens possíveis de judeidade. Há assim, nos contos, um processo contínuo e simultâneo de situar-se e deslocar-se a partir do reconhecimento de que os lugares são sempre múltiplos, sendo possível articular coalizões entre diferentes sujeitos a partir das especificidades materiais e históricas dos lugares que ocupamos. Ser judeu e ser brasileiro são termos que não caminham juntos. Cada um deles carrega um conjunto de referentes que conformam diversas realidades políticas, históricas e respondem a diferentes percepções públicas sobre o que cada um significa. Mas é possível, e as narrativas o fazem, escavar os entre-lugares, isto é, o cruzamento das identidades, línguas, espaços, entidades e culturas, cruzamento esse que evita a polaridade de binários, forjando uma terceira posição que reconhece as duas outras, mas flui em trilho próprio[21].

É a partir de uma "costura" híbrida que o livro de Jacó Guinsburg entra para o mapa ficcional brasileiro, articulando diferenças e ampliando as fronteiras multiculturais da representação estético-etnográfica da imigração. Em esfera mais abrangente, os textos, embalados em cadência irônica e metonímica, vão compondo e decompondo um cenário, signo móvel, onde as formas e a significação transmutam permanentemente, rastreando uma realidade que excede. Daí o título da coletânea (pinçado numa fala de Srulik), que lembra a letra de uma canção ídiche, mas também sugere que o real nos ultrapassa.

---

21. Cf., a propósito, Homi Bhabha, *The Location of Culture*.

3. Sobre Romãs, Maçãs e Outros Frutos

Este ensaio reúne duas poéticas díspares. Uma aponta para fora: paisagens, natureza, cidades, recantos perdidos, objetos. Outra, aponta para a própria linguagem.

Cada uma delas organiza-se dentro de um sistema que tem sua lógica. A primeira compõe figurações temáticas, em que o judaísmo transparece como híbrido entremeado com elementos tropicais, brasileiros. Já a segunda organiza-se como um universo insondável, que se cumpre em formas instáveis, dispersas, que renunciam a significações exteriores ao próprio trabalho da linguagem. É nela, portanto, que se inscreve o judaísmo.

Assim, de um lado, restrinjo-me ao livro *Cânticos*, de Lúcia Aizim[1], e, de outro, tomo a obra de Moacir Amâncio[2] como objeto de análise, porque há um mesmo projeto que a une e move.

Em Aizim, observa-se o compromisso com a construção de imagens primordiais, unindo gênese a formas arquetípicas, vinculadas tanto ao judaísmo como ao Brasil. Lembranças da infância dão corpo a seres singulares que denunciam a origem diferenciada do estrangeiro,

---

1. Lúcia Aizim nasceu na Ucrânia e vive no Rio de Janeiro. Começou a publicar poesia em 1974, tendo escrito também contos, um romance, além de literatura infantil.

2. Moacir Amâncio, *Do Objeto Útil*; *Figuras na Sala*; *O Olho do Canário*; *Colores Siguientes*; *Contar a Romã*.

Moacir Amâncio é doutor em literatura hebraica e jornalista em São Paulo. Publicou textos de prosa experimental antes de começar a escrever poesia. Sua primeira coletânea data de 1992.

alimentando uma atitude contemplativa voltada à tradição, mas que se nutre também da vida do dia-a-dia.

Já a poesia de Moacir Amâncio faz-se à custa da atração por formas fortes porém instáveis – que podem ser tragadas a qualquer momento, num simples virar de página, e também do empenho em entregar as formas a seus próprios limites, sem interferência direta do sujeito lírico, mantido obnubilado, entre parênteses. Como o poeta trabalha primordialmente com substantivos em sua composição, o poema cria uma espécie de carapaça, de superfície resistente feita de condensação e rigor formal que, no entanto, apresenta certo grau de instabilidade determinada por vários fatores, sendo um deles o de lançar a carapaça sem suporte de sustentação, imprimindo à composição uma notação onírica, que lembra a pintura de De Chirico, enquadrada aqui pela moldura da página. É dessa indefinição radical que a poesia extrai sua força. O atrito, a oposição permanente das partes conjugam um drama, cujos contendores são a própria linguagem. É nesse plano que o leitor encontrará, com certeza, os vínculos dessa poesia com o real, enfatizado em seu movimento dúbio e conflitivo, em seus descompassos e ambigüidades, mas não só. O conflito no nível da linguagem amplifica também uma noção de ambivalência que tem a ver com o judaísmo, conforme se verá adiante.

Aliás, a poesia de Amâncio é o único texto, dentre os reunidos neste volume, em que o judaísmo se encontra decantado sempre e apenas na própria linguagem. Mas, caminhemos por partes:

3.1. ENTRE LILASES, JACAS E ROMÃS

A poesia de Lúcia Aizim lida com temas impressionistas representados de maneira mais ou menos impressionista, tentando aproximar arte e existência. Nela, o corpo, a figura humana é o lugar ambíguo que organiza a construção do mundo poético numa relação entre interior e exterior. Em outras palavras, ou o poema se dobra sobre o próprio sujeito invadindo espaços anímicos, como lembranças, sentimentos, ou ele se volta para fora e reflete a paisagem, a natureza, a cidade, o espaço doméstico, sempre permeados pela visão do sujeito. Estamos, pois, diante de uma composição lírica na acepção tradicional.

É a partir desse filtro que a poesia se volta aos mistérios do cotidiano mais imediato, surpreendendo em miúdos pormenores uma carga de revelação, relevando a sondagem de um veio sempre tomado como essencial. Ela também se espraia pelo viés confessional, denso, especulativo, em que o apresentado, ao mesmo tempo que relata, constrói aquele que relata: o sujeito lírico. Assim, o leitor é introduzido num circuito que vai da "experiência" à sua representação emocional; do "dado" à investigação de seus efeitos no sujeito. Entre o passado e o

SOBRE ROMÃS, MAÇÃS E OUTROS FRUTOS

cotidiano, engolfados ambos na crise da mulher madura, forma-se a base existencial da angústia de um espírito delicado, mas sem repouso. A menção à linhagem genealógica forma o campo poético do exílio judaico, onde se inclui o sujeito.

Avó

Senta, a
avó, nesta cadeira
de palhinha e me conta.
Conta a tua história.

Muda.
Após longa, longa pausa
descerrou os lábios: lembro
a neve, a fonte, os lilases.

Eram tão bonitos os lilases!
Na pequena aldeia onde nasci[3].

A paisagem da Ucrânia, local de origem do núcleo familiar da poeta, permeia o poema escrito em redondilha maior, forma de largo uso na poesia luso-brasileira, que chega a Aizim principalmente através da lírica camoniana, com a qual a poeta dialoga mais de perto. Veja-se um fragmento do poema que segue, onde se pode ler obliquamente o poema "Babel e Sião", de Camões, e também alguns toques da prosa de Bernardim Ribeiro, *Menina e Moça*:

SÚBITO ALÉM

Eis que a uma sorte de encosta
chego. Região de meu exílio.
Aqui no meio de arvoredos.

Reclusa.
À margem de um canteiro
de antúrios sentei-me e chorei.
E as águas de meus olhos
eram tantas quanto cristalinas
as águas em olhos de menina.
[...][4]

Figuras espectrais, a avó, o avô, a mãe, formam a teia familiar, armando em plano mais abstrato a figura do estrangeiro ("Eras o furacão, a águia,/o que não tinha pouso", p. 33), do judeu errante, aquele que tem que se reinventar para poder sobreviver em distintos territórios e habitar diferentes idiomas.

3. Lúcia Aizim, *Cânticos*, p. 11.
4. *Idem*, p. 78.

156 ENTRE PASSOS E RASTROS

Mas a poesia de Aizim alude a outro exílio, o exílio de Deus. O abandono e o desamparo do homem carrega a reboque a queda da palavra divina, mantida insondável e intangível:

METALINGUAGEM II

[...]
Já não se podem pronunciar
as palavras sagradas.
Recusam-se. Nem forma nem cor
tampouco a sonoridade se revela.

Restam apenas, fragmentos,
libélulas, gota suspensa,
sob a asa de um devaneio.
E fios, tênues, de pensamento
voam[5].

O Livro onde se inscreve a palavra divina, que historicamente funcionou como motor exegético ou de emulação interpretativa, servindo de ponto de união de um povo, é representado como um texto que não se deixa ler. Esgarçado, restam dele os fios soltos de um tecido outrora sagrado que reaparece, entretanto, enquanto sonho e mesmo ilusão. Nesse sentido, o sagrado decanta-se em outro registro, sinalizando tanto uma situação de crise que reflete um aspecto do judaísmo no Brasil, como também a impossibilidade de sair do campo em que a crise se dá. Assim, os restos, os fragmentos em suspensão do livro sagrado perfazem o plano escritural e poético de Lúcia Aizim, como se vê, por exemplo, no poema que segue:

PASTORIL

[...]
Ao longe um jovem surgindo
e o seu rebanho. Sonho?

Cabelos anelados, fonte de orvalho
e gesto largo. Por acaso eu passava
por uma moita: ouço-o conversar
com o amigo – A minha amada
é esbelta como a palmeira
e bela como a estrela. [...][6]

Retomando o padrão bíblico e poético do *Cântico dos Cânticos* adaptado aqui a uma natureza tropical onde proliferam cajus, mangas e jacas, o pastor perde de vista o espaço fechado (lembre-se que no *Cântico dos Cânticos* os amantes transitam do espaço aberto para o

5. *Idem*, pp. 98-99.
6. *Idem*, p. 107.

SOBRE ROMÃS, MAÇÃS E OUTROS FRUTOS

fechado), o abrigo, a casa, e é instado a fugir, antes que o vejam, para, então, transformar-se em palavra. Fora de lugar, pastor e amada no espaço aberto e ilusório da natureza anunciam uma espécie de anacronismo na forma amorosa que não tem mais o beneplácito do amparo de Deus. Assim mesmo, essa modalidade amorosa é retomada na poesia, mantendo os ecos de um jardim e de uma natureza ancestral abortada, subsistindo enquanto fragmento, alusão.

São esses fios soltos que atravessam a poesia de Aizim e que a vincam a uma pertinência judaica: "[...] Há a lenda, o salmo, a luz das velas./Há sempre algo que me prenda"[7].

Entretanto, trata-se de um modo de ser judaico inserido no Brasil, isto é, que sofre os efeitos de uma nítida ampliação da esfera da experiência vivenciada no país e que passa a alimentar os poemas. Aproximando-se da matéria bruta do mundo vivido, mas mantendo o legado diaspórico do deslocamento, a poeta aproxima as partes neste curioso poema-montagem:

GÊNESE

No princípio eram céu e terra
E na terra ardia o sol em demasia
para maio. Havia entanto ligeira
brisa agitando as folhas das palmeiras.

E a escuridão chamou a noite
E à noite nós dormimos. E depois
houve a expansão das águas
a rodear a ilha. Ilha das Flores.
E à noite dormimos e de novo acordamos.

E acordados vimos não só aquela ilha
mas árvores, frutos e folhagens.
E foi tarde e foi manhã. E após

Fez-se divisão dos luzeiros.
Além da luz do sol – moviam-se
miríades de estrelas iluminando
os bairros, as ruas, as casas
além da luz menor – a lua.

Mais tarde ficamos sabendo
que no coração das florestas
habitavam macacos, onças, antas,
e infinidade de seres vivos.
E tudo isso era o Éden para onde
o destino nos levara. A verdade
é que outra vez dormimos. E quando
nos levantamos. Vimos
o amanhã
e tudo estava por fazer ainda.

7. *Idem*, p. 121.

158 ENTRE PASSOS E RASTROS

O homem era carne e sangue
devia olvidar o passado.
E com alfanje e agonia
erguer esta nova pátria
corporificá-la.

Nós sua semente
seu adubo[8].

Se em outros poemas Lúcia Aizim utiliza uma forma poética marcadamente luso-brasileira para tematizar o exílio e o desterro judaicos, nesse poema procede ao contrário: tomando emprestado o tom e uma seleção do léxico de *Gênesis*, ela cria o jardim do Éden. Mas, ao invés de expulsar dele o homem e a mulher condenando-os à errância, ela os insere nesse espaço que é Rio de Janeiro-Brasil – e delega a eles, que vêm de fora, a missão de construir a nova pátria. Além disso, a partir da quarta estrofe, quando o poema se torna mais descritivo, há uma alusão à "Carta de Pero Vaz de Caminha" e aos relatos dos viajantes dos séculos XVI e XVII, propiciando uma fusão mais mediada do texto bíblico, que também é modelo para os viajantes, com um colorido brasileiro sugerido por um Éden habitado por macacos, onças e antas.

Observe-se, ainda, a transição, na segunda estrofe, do tom bíblico para o dos relatos dos Descobrimentos, sugerida pela imagem de "expansão das águas", de alargamento do mundo, por meio da aventura marítima.

Essa ambivalência fundamental acarreta a coexistência permanente de anseios conflitantes na poesia de Aizim. De um lado, o legado do judaísmo (diáspora, religião), de outro, fatores incontroláveis de interferência de uma cultura local que carreia um modo de se posicionar frente à vida, apontando-lhe *de fora* um sentido. É a busca desse sentido, porém num plano inefável, um dos motivos que lança a autora na aventura poética, sendo essa busca a própria constituição do sentido perseguido. Desse modo, a perseguição acaba por ser seu próprio alvo. Esse é um dos diapasões sobre o qual se constrói, a meu ver, a poesia de Lúcia Aizim.

3.2. COMER A ROMÃ/CONTAR A ROMÃ

Ler a poesia de Moacir Amâncio é confrontar-se com o hermetismo. Superfície fechada, ela ganha presença ao ser iluminada por um motor de luz indicador de sua existência. Feita como unidade fechada em si mesma, essa poesia dificulta a abertura de fendas por onde o leitor possa ir ao encalço dos sentidos. Para assim se constituir, ela releva um tipo de composição que incorpora afirmação e negação

8. *Idem*, pp. 193-194.

ao mesmo tempo, neologismos, uma sintaxe quebrada, a inclusão de línguas estrangeiras, a construção de frases poéticas que *partem* de um sujeito lírico, mas não o incorporam. Trata-se de uma forma fechada que pede a aproximação paciente do leitor e um modo de olhar atento aos detalhes, impondo-se como uma espécie de charada a ser decifrada, sempre, é claro, com base no próprio texto.

Essa característica estende-se, em maior ou menor grau, a todos os livros de Moacir Amâncio reunidos como um mosaico caleidoscópico, no qual diferentes peças formam um todo maior que a soma de suas partes. Mais adequado seria aproximar essa obra da imagem mais complexa do zodíaco, associada a estrelas, templos, lugares onde se celebram mistérios e iniciações, imagens essas que figuram, afinal, na poesia em questão. O zodíaco é em si mesmo símbolo e também conjunto de símbolos particulares, em que a significação varia segundo as relações que as partes em movimento mantenham entre si.

A forma estética, ponto de ruptura com o real, objeto feito de palavras, mostra-se, na poesia de Amâncio, plantada em terreno pantanoso, como se verá adiante, mas sedimentada externamente em matéria calcárea, baseada no estranhamento, dificultando a emergência de sentidos, já que sua chave de leitura não fica à mão: "joga dentro a chave/após resolvê-la"[9].

Numa época em que a dinâmica vertiginosa dos mercados financeiros e da produção e circulação de bens prevalece, transformando tudo em mercadoria, a forma hermética, que recusa a concessão e a facilidade, adquire relevância.

É no primeiro de seus livros – *Do Objeto Útil* – que o autor inicia o percurso poético, passeando o olho por objetos, sem se ater a reproduzir a redondeza do mundo. Ao contrário, nega-a, em nome de uma mirada própria, suposta no movimento do olho que olha o olho – ou como diz nos seus versos: "dentro deste olho/um outro espreita o branco", acabando por engendrar nos poemas um ritmo e um imaginário atentos a uma representação do real[10]. Nesse livro, embora mais discursivo e menos hermético que os outros, lançam-se as coordenadas de um projeto poético tomado como eixo da produção dos demais.

Uma das coordenadas está na perturbação provocada pela poesia de Amâncio ao colocar em xeque a associação do lirismo com a passagem obrigatória do mundo pelo sujeito e sua expressão conjugada, já que sua poesia constrói-se através da dessubjetivação, isto é, do esvaziamento de sentimentos, memória e confidências, embora haja um desejo manifesto de contar e contatar o real. Nesse caso, a mímese faz-se por *flashes*, estilhaços, capazes de trazer para a linguagem uma cor, uma luz, um fruto, um bicho, uma coisa, um corpo ou partes do corpo, fora da

9. *O Olho do Canário*, p. 12.
10. Cf., a propósito, a "orelha" do livro, assinada por Fernando Paixão.

cadeia que rege o real, como se fossem partes pinçadas. Aí, não se sabe se o real é a substância que cria a matéria que compõe o mundo poético, ou se o poema é o modo como o mundo se constrói e se mantém.

A dessubjetivação, por seu lado, faz-se em dois planos: esvaziam-se as dicções de outros poetas, apesar de se poder detetar, em diferentes níveis, rastros da poesia de alguns, como Francis Ponge, João Cabral de Melo Neto, Carlos Drummond de Andrade, por exemplo, mas são sempre aspectos superficiais, que não autorizam classificar a poesia de Moacir Amâncio nesta ou naquela família poética.

Num segundo plano, esvazia-se a referência a um sujeito lírico, tanto que o pronome "eu" não comparece em nenhuma composição do autor, embora possa se afirmar que o sujeito transparece no olhar que seleciona e compõe, como na própria escrita poética.

Trata-se de um sujeito encoberto, que cede passagem em favor de objetos, coisas, frutos, animais, e, num plano mais abstrato, cores, sons, ritmos, entes flutuantes que precisam ser tocados pela escrita para se ancorarem no texto, cenário móvel, que pode ser uma sala-de-estar, uma cozinha, um jardim, ou outro espaço qualquer. Entretanto, para que a cena se monte, o objeto precisa entrar no arco do olhar; precisa ser visto por um olho, e para que isso se dê é necessário que sobre o objeto incida a luz, e assim a cena vai-se compondo, enquanto evita a todo custo qualquer forma de espelhismo, de reflexo, que provocaria o estancamento do movimento ("un ojo, sí, pero/en sí no refleja"[11]). Assim, nem bem se inscrevem cena e texto, transfiguram-se, matéria de frágil presença, que logo passa.

> Mas todo texto um prefácio
> conjugado após, dobrar
> de página assim, é líquida,
> logo ao olhar se conforma,
>
> bate no já, vai porém[12].

Se o presente da escritura se esvai com o final da frase tornada passado, a materialização do texto em página labiliza-se em líqüido, substância que se conforma sob o impacto do olhar.

É sob o mesmo impacto que a figuração dos objetos transparece ou some, dependendo de a luz ou a sombra incidir sobre eles, subvertendo permanentemente a relação espaço-temporal.

> Um objeto posto
> em função é lua
> por faltar a cor.

11. *Colores Siguientes*, p. 15.
12. *O Olho do Canário*, p. 14.

SOBRE ROMÃS, MAÇÃS E OUTROS FRUTOS 161

Os azuis virão
com fúcsia e carne,
roxo mais vermelho.

As farpas comuns
também são reflexo:
basta o movimento.

Súbito iluminam[13].

Também a participação dos sentidos se torna lábil, quando o poema se musicaliza. Sabe-se que ao se apossar da invocação musical a linguagem subtrai-se da prosa e se faz poesia. Não seria a poesia aquilo que extrai o significante do código léxico para alçá-lo ao ponto de onde o não-sentido, próprio da música, dá a ouvir o que tem de inaudito? A palavra poética alimenta a continuidade musical forjada pelas vogais, pelo ritmo, em contraposição à descontinuidade dos significantes. Enquanto no mundo do descontínuo existe a discriminação dos objetos, os limites entre uma coisa e outra, a esquerda e a direita, o antes e o depois, o mundo do contínuo, despertado no momento em que soa a música, abre as portas para um outro registro, em que o novo sempre renovado irá colocar entre parênteses os limites espaço-temporais forjados a partir do registro descontínuo. Aí, um novo impulso guia o poema "para algum lugar", "em direção a", carregado do poder de desestabilizar as significações alcançadas.

um sorriso
o teclado
do piano

ele estala
estrelas
com os dedos
um sorriso
o teclado
do piano

ele escrala
escrevas
com os aedos[14].

O som de um piano traz o alto para baixo, as estrelas para o teclado e o sorriso que *é* também teclado por força de uma operação metafórica puxa a reboque a incorporação do c (de *teclado*) e r (de *sorriso*) em *ele escrala*, híbrido que tem por função adensar um sentido pela pura incorporação de fonemas consonantais, criado por uma operação sonora, e não por seleção lexical. Um registro musical contínuo atra-

13. *Contar a Romã*, p. 24.
14. *O Olho do Canário*, p. 44.

vessa o poema contrapondo-se ao plano descontínuo dos significantes. A invocação musical imanta o poema para um lugar outro compondo-se um conjunto particular a partir do qual proliferam os sentidos.

A operação de registros distintos acompanha a composição de poemas de Amâncio. A pintura e a palavra também interagem em sua poesia, sendo que a palavra *pinta* o "quadro" ou vice-versa, resultando imediatamente a indefinição do objeto, que acaba se inscrevendo numa zona fronteiriça, que propicia um diálogo entre as duas formas distintas de expressão. Veja-se a citação que segue, parte do insólito livro *Colores Siguientes*, escrito em espanhol, no qual um poema longo, formado pela sucessão de peças breves que compõem um mundo barroco transfigurado e alucinado por estranhas cores, aromas, sabores e sons, forja um espaço como máscara dramática do estranhamento poético em êxtase[15]:

> Las casas son blancas,
> el cielo más blanco
> y el campo más
> más blanco.
>
> Les falta presencia –
> situación de cosa
> en libro
> abierto.
>
> Hasta que la mar
> o alas de cigüeña
> llegue con los vientos
>
> y explique la cal,
> sol del mediodía –
> colores siguientes.[16]

O branco crescente a partir da casa, do céu e do campo arma um campo pictural semelhante à conhecida tela de Maliêvich "Branco sobre Branco", onde o vazio branco não marca presenças. Será preciso inscrever o movimento ("la mar, alas de cigüeña") para criar situações de coisa na página, onde, em relação recíproca, uma explique a outra, sob o sol a pino do meio-dia, o eterno colorista, que traz no bojo "colores siguientes". O poema termina nos dois pontos e lança o leitor para o nada, para o abismo que é, ao mesmo tempo, uma pletora de cores não nomeadas. É a pintura que cria o poema ou o poema que cria os campos de cor? A ambiguidade, terreno movediço de limites borrados, está presente aí, como também na passagem que o autor promove de um idioma a outro, da poesia à prosa.

---

15. Veja-se, a propósito, a resenha de Claudio Daniel, datada de 15 abr. 2000, no Suplemento de Cultura do jornal *O Estado de S. Paulo*.

16. *Colores Siguientes*, p. 42.

Branco. Por quê? Espreita no mar ardósia, todo lado ângulo: O habitante da rosa-dos-ventos. E a rosa vertebrada – agulhas e triângulos em campo redondo – vera abstração, o lugar, comum. Qualquer alvo pode sair desta sala e ir para outra mira. Qualquer pássaro mergulha de vazio a vazio na espontânea criação de abismos. No ar flor articulada em movimentos, jogos de uma mancha permite a passagem[17].

Onde encontrar a matriz da ambivalência que rege a poesia do autor? Uma resposta possível seria escorá-la na afirmação de Susan Handelman quando diz que "Ela [a ambivalência] é o legado que Moisés deixou ao povo judeu"[18]. A autora refere-se à Bíblia Hebraica e observa que o texto revelado contém uma verdade explícita, porém não absoluta, já que se ancora em implícitos que demandam a interpretação permanente. Essa a forte marca diferencial do judaísmo. Cada passo interpretativo produz mais interpretação. Entre o que revela e o que vela, a linguagem bíblica protagoniza o drama em que se debate a verdade e sua suspensão.

Se a ambivalência é um traço da linguagem em geral, ela é levada ao paroxismo pelo idioma hebraico. Língua consonantal ramificada a partir de radicais, o seu modo de operar se faz pela formação de palavras que, como o origami, se desdobra em múltiplos sentidos paralelos do mesmo leque semântico, mas também de sentidos contrários, sem falar dos cognatos fonéticos. Por outro lado, por ser uma língua consonantal, as palavras podem ser lidas de diferentes formas, inclusive com sentidos antagônicos, "palavras terremoto", como diz o poeta: "Porém não se trata de algo imóvel, é uma palavra terremoto[19].

É o próprio autor quem apresenta no livro *O Olho do Canário*[20] uma explanação a respeito de poesia, da linguagem em geral e do hebraico em particular:

Todo idioma tem momentos de fala própria, não se refere ao uso que dele faz este ou aquele escritor. Refere-se ao cristal de uma palavra, exemplo, capaz de resumir o sol ou coisas mais graves. Dvr, davar, ônix do hebraico.

Ninguém acredite seja o bicho uma onomatopéia, essa incompletude em exercício, perífrase espiralada. Pois d(a)v(a)r, palavra, também quer dizer coisa. Porém não se trata de algo imóvel, é uma palavra terremoto. Entre outras significa relacionar (convergência para o logos), guiar, mostrar o neelam escondido, sujeitar e, magma originário, destruir.

17. *O Olho do Canário*, p. 26.
18. *Apud* Zygmunt Bauman, *Modernidade e Ambivalência*. Susan Handelman afirma que talvez a única coisa que Deus legou aos judeus, através de Moisés, foi um texto de sentidos inesgotáveis para interpretação. Assim, o grande imperativo de Israel e o segredo de sua história residiriam na interpretação. A necessidade de interpretar, por seu turno, reside na ambivalência do texto revelado não conter a verdade absoluta. Assim, o conhecimento da ambivalência e a capacidade de conviver com esse conhecimento seriam, segundo a autora, a dádiva de Deus ao povo judeu.
19. *O Olho do Canário*, p. 31.
20. Cf. pp. 31-32.

ENTRE PASSOS E RASTROS

[...] O mesmo verbo que ordena e cria, destrói – d(e)v(e)r, pestilência. [...]

Assim, consagram-se diferentes opostos simultaneamente. Não será o idioma hebraico uma das bases da poética que sustenta a poesia polivalente de Moacir Amâncio?

A referência a essa poética não implica apenas incluir o paradigma, fazendo-o ressoar no sintagma, prática comum à elaboração poética, em que o primeiro se presentifica nos ecos, rimas e alusões presentes no corpo do poema. O idioma hebraico cria na sucessão a simulta-neidade de sentidos e contra-sentidos, sentidos e mais sentidos que digladiam entre si, que trabalham *contra* si, forjando, em última ins-tância, uma zona de instabilidade, onde um sentido apela para outro diferente.

Além disso, as estruturas paratáticas, também características do texto bíblico, estão presentes na poesia de Amâncio, corroborando a ambivalência. A sucessão de orações coordenadas, postas lado a lado, independentes, isoladas, carregam um sentido, porém a justaposição cria contradições, incompatibilidades que as tornam mutuamente excludentes. E a pergunta do leitor é: qual o lugar central da estrutura de interpretação? A parataxe implica ausência de hierarquia, falta de perspectiva, criando um vácuo do entendimento. A presença marcante de substantivos líqüidos (versos feitos de água?) aponta para essa ins-tabilidade e acaba por construir um campo ambíguo, pois vinca ao mesmo tempo um sentido e seu avesso.

Não é também no interior dessa contradição que circula o fruto romã?

A série "Comer a Romã", em *Contar a Romã* [21], conjuga movi-mentos de direções opostas (engolir e falar) e ilumina a fruta (em hebraico, *rmn*) que começa a ser descrita, vista de dentro: dentada ("conservas entre teus brancos/dentes de papel"), ela se vê como uma "ampla boca, dor da terra, semeadura e maçãs". Em seguida, ainda vista de dentro,

[...] torna-se o vermelho
com o ponto branco dentro,
cristal no limite líqüido

uns olhos em coleção,
olhos para serem vistos,
favos de papel lavrados

em tanino, são granadas,
mas uma vez dedilhadas
perdem o peso do cálculo e

se desfazem em jouissance.

21. Cf. pp. 101-102.

A fruta antropomorfizada (dentes, boca, olhos, dor), porém sempre comestível (come-se a si mesma?), é vista, mas vê; é granada, isto é, feita de grãos, mas é também granada, projétil em forma de romã, artefato bélico com câmara interna que leva carga de arrebentamento a ser lançada com a mão ou com arma de fogo. Assim os versos constroem-se como a banda de Moëbius, superfície não orientável, em que um lado é também o outro, o dentro é também fora. Por seu turno, a gestação do fruto, "concreto resultado de vermelhos", é sincrônica com a inscrição da palavra romã no poema, quando "o traço sempre súbito corisca". Ao final,

A prática vermelha das romãs
distribui-se nuns súbitos cristais

entalhes soletrados tantas letras

quanto podem à flor da boca os olhos.

os cristais contidos na romã entalham letras, são palavras que os olhos lêem, ainda que a fruta continue fruta "à flor da boca"[22].

Lembre-se, ainda, que esse fruto tem presença, na tradição judaica, a partir da Bíblia. O sumo sacerdote usava pequenos sinos em forma de romã nas orlas de sua veste, que serviam para anunciar ao povo sua presença no Templo (Ex 28: 33; Eclo 45: 9-10).

Assim, o fruto remete às Escrituras (com o sentido de adorno, som, anunciação), mas é sempre comestível. Entretanto, a palavra romã alude à ausência do fruto que, por sua vez, contém palavras. Que palavras? Talvez aquelas "terremoto" que sustentam o próprio ato criador e que têm no idioma hebraico sua matriz. Por essa via, "comer a romã" equivale a "contar a romã", fruto e arma de guerra, objeto da natureza e da cultura, referência mística e secular, instinto e simbolização. Veja-se a propósito a passagem bíblica, na qual se inscreve na função de ornato e de anunciação o ponto zero da romã:

E farás sobre suas orlas romãs de estofo de azul celeste, e púrpura, e carmesim, sobre suas orlas, em redor; e campainhas de ouro, no meio delas, em redor. Campainha de ouro e romã, campainha de ouro e romã, sobre as orlas do manto, em redor. E estarão sobre Aarão para servir; e será ouvida sua voz em sua vinda ao lugar da santidade, diante do Eterno, e em sua saída, e não morrerá. (Ex 28: 33-35)

A anunciação promovida pelo som do sino em forma de romã abre o espaço de enunciação de Aarão em lugar sagrado, estabelecen-

---

22. O poeta Paul Celan utiliza processo análogo de condensação e inversão da função convencional dos sentidos em vários poemas. Cf. o poema "Die Posaunenstelle", última estrofe: "hör dich ein/mit dem Mund". Em português: "escuta bem/com a boca". Cf. Paul Celan, *Gesammelte Werke in fünf Bänden*.

166 ENTRE PASSOS E RASTROS

do-se um jogo entre dois elementos em hebraico: *Makom/HaMakom* (em português "lugar"/"o lugar" e "onipotente"), em que se distinguem espaço físico e um dos nomes atribuídos a Deus na Bíblia, contaminando-se os sentidos que o substantivo propicia, que passa a *lugar* e *não-lugar*[23]. Este último sentido tem a ver com a não-espacialidade da divindade judaica que recusa a imagem, circunscrevendo-se à inscrição na linguagem. Referida por uma multiplicidade de nomes, culminando com o anagrama ilegível YHWH, a divindade judaica é indeterminada: ela tem lugar na linguagem, mas esse lugar é de sentido inatingível.

O embaralhamento de *lugar* e *não-lugar* está também presente na composição poética de Amâncio, quando escapa do português a idiomas estrangeiros (espanhol e inglês, além da inserção de palavras em francês, italiano), na utilização da matriz do hebraico como guia de composição poética. Além de embaralhar, de mudar de posição na passagem de um idioma a outro, esses recursos radicalizam o exílio do poeta frente à língua em geral. No que refere ao português, quebra-se sua possível homogeneidade, destituindo da língua materna o lugar a ela atribuído por Heidegger, quando dizia ser ela o *Heim*, o lar do ser ("Language is the house of Beeing"[24]). Vale lembrar que o conceito de pureza lingüística foi muito ativo durante o nazismo, que varreu da língua alemã – literatura e livros escolares – os estrangeirismos e articulou, como meta de uma raça pura, uma língua pura. Assim, talvez se possa ver, na opção pela heterogeneidade e descontinuidade lingüística na poesia de Amâncio, uma posição pós-holocausto assumida pelo poeta ao articular, no plurilingüismo, uma linguagem sem casa própria, em situação de exílio[25].

"Não tenho mais que uma língua e ela não é minha; minha língua *própria* é uma língua inassimilável para mim. Minha língua, a única que me ouço falar, é a língua do outro"[26], afirma Derrida. O filósofo pode estar se referindo nessa citação ao fato de, não obstante ter nascido na Argélia, usar o francês; mas pode também estar apontando para o dado que a língua que nos habita não nos é própria porque

23. *HaMakom*: uma das formas de se referir à imanência, na tradição judaica. Lê-se em *Midrash Rabá* (Gn 49): "E chegaram ao lugar. Rabi Huna, em nome de Rabi Ami, assim falou: por que trocamos o nome do Santo, Bendito Seja, e o chamamos Lugar (*Makom*)? Porque Ele é o lugar do mundo e o mundo não é o lugar Dele. Deduz-se do que está escrito (Ex 33-21) 'Eis que há um lugar comigo'. Oh, que o lugar do Santo, Bendito Seja, é o lugar do mundo, mas o mundo não é o seu lugar", em Moacir Amâncio, *Dois Palhaços e Uma Alcachofra*, p. 30.

24. Martin Heidegger, "Letter on Humanism".

25. Theodor Adorno apresenta a idéia de que as palavras estrangeiras podem ser utilizadas como uma forma de resistência contra os nacionalismos lingüísticos em dois ensaios: "Wörter aus der Fremde" e "Über den Gebrauch von Fremdwörtern".

26. Jacques Derrida, *El Monolinguysmo del Otro*.

SOBRE ROMÃS, MAÇÃS E OUTROS FRUTOS

anterior e posterior a cada um. Nos dois casos, a situação de exílio fica definida como um processo interminável e indefinidamente inacabado de desidentificação.

Buscar na língua, qualquer que ela seja, uma língua de expressão implica duplicar o exílio, traçando o descentramento como linha de fuga. Se nunca se possui uma linguagem, se é ela que habita cada um, só livrando-se da própria língua que se encontraria a língua própria. Eis aí a grande traição. Proust afirmava que "os grandes livros são escritos numa espécie de língua estrangeira"[27]. Escrever, para Moacir Amâncio, é uma forma de desenraizamento e, ao mesmo tempo, o empenho em conquistar o valor irremediável de uma ausência. Nessa recuperação impossível revela-se um vínculo mais profundo e inalienável que qualquer posse. A referência ao desenraizamento deve ser vista de forma ampla, tanto do território geográfico – condição do homem contemporâneo –, como da língua. Observe-se, a propósito, no poema inédito que segue, a evocação do sentido de desapropriação e volatilidade, ao apresentar o homem desenraizado, sem cidade, sem rio nem mar:

> não tens cidade
> nem
> rio
>
> e tampouco
> tens
> o mar
>
> diz o homem
> que vinha
> vindo
>
> pelo vento
> com seu
> oou
>
> esse homem
> e já
> passou

No texto, o homem vem vindo pelo vento "com seu oou". O "oou" é a única "bagagem" que porta. Entretanto, "seu oou", de quem? O "seu" refere-se a homem ou a vento? A ambos, que, no cruzamento, se tornam símiles, gerando a ambigüidade que se mantém. Quanto ao "oou", embora não se articule em palavra, funciona como eco de "voou" e está contido em "passou", nesse poema-passagem que hesita, permanecendo na fronteira.

---

27. *Apud* Gilles Deleuze, *Crítica y Clínica*.

168 ENTRE PASSOS E RASTROS

Sendo judeu por opção e por empenhado estudo da língua hebraica e da tradição judaica, o exílio, tema recorrente na literatura judaico-brasileira, não forma parte de sua experiência, a não ser em sentido abrangente como traço vincado na condição do homem contemporâneo. Entretanto, é o estranhamento da e na linguagem que ressalta como o lugar do exílio em sua poesia. É nela que está contido o imperativo bíblico da memória (*zakhor*, em hebraico)[28].

A inscrição do hebraico, uma das fontes de produção desse estranhamento, marca o lugar em que se arquiva o sagrado, o legado dos mortos e da história do povo judeu, anunciado desde o primeiro livro e programaticamente acionado nos demais.

Os Mortos

Doem, os falhos enigmas,
não no vago corpo deles,
doem em nós, alguns leitores,
os esquecidos da língua
onde se guardam escritos.
Deveremos aprendê-la
– alfabeto e reconquista –
para soletrar iguais dimensões de solidão?[29]

Mas o trânsito entre idiomas tensiona esse lugar, desestabiliza-o permanentemente para mantê-lo, porém, como "matriz terremoto", que precisa ser sempre reposta, reinventada.

Assim, ao brotar no branco da página, a palavra poética cria uma ordem fugaz. Cromo suspenso no abismo, ela alude a si mesma, estranhando-se, mas evoca também internamente um modelo lingüístico milenar, carregado do passado mítico e místico que pede transmissão. O poema é o lugar movediço da transmissão (*Makom/HaMakom*). Desse modo, o instantâneo contém a tradição, o instável contém o passado, o limitado contém o infinito, o poema, cada poema determinado contém o indeterminado. Escrever, então, para Moacir Amâncio, é estar no eixo mesmo da ambigüidade e manter-se aí, em exílio, foco de luz atraído pelo sorvedouro de águas secretas, pelo que espreita na sombra e remói em segredo.

---

28. Edmond Jabès, em *Le seuil et le sable*, afirma que existe uma memória que é mais antiga que as lembranças, ligada à linguagem, à música, ao som, ao barulho, ao silêncio; essa memória se deixa despertar por um gesto, uma palavra, um grito, uma imagem etc. Como diz o poeta, "memória de todos os tempos que adormece em nós e que está no coração da criação".

29. Moacir Amâncio, *Do Objeto Útil*, p. 38.

4. Entre Braços e Pernas: Prostitutas Estrangeiras na Literatura Brasileira do Século XX

1. O intuito deste trabalho é o de alinhavar, através da leitura de textos literários, uma reflexão sobre um aspecto particular da imigração no Brasil – a prostituição de mulheres estrangeiras. Sabe-se, e a historiografia que trata dos processos imigratórios datados do final do século é vasta, que o surto desenvolvimentista da cidade de São Paulo atinge dimensões impressionantes do ponto de vista industrial, comercial e demográfico, que acabam por transformá-la no pólo mais importante do Brasil, e num de seus mais influentes centros de decisão política. E isso se deveu em grande parte aos imigrantes que aportaram no país para substituir o braço escravo, que deixa de ser explorado com a abolição da escravatura, em 1888, respondendo à demanda de ampliação das áreas cafeeiras que exigiam crescentes aportes de mão-de-obra. Um facção da elite econômica – os fazendeiros do café – detentores, então, do controle político do estado, optaram pela imigração para resolver o seu problema de auferir lucros mediante o trabalho barato, incentivando e subvencionando a vinda ao país de grande contingentes de trabalhadores europeus[1].

---

1. Antes de 1920, o governo federal, que representava os grandes fazendeiros, apoiava a "europeização" do Brasil, o que significava mais que simplesmente substituir o trabalho escravo pelo assalariado; significava o branqueamento literal do que era considerado uma cultura degenerada, negra e mestiça. Após os anos 1930, o consenso existente entre os agentes brasileiros do poder em relação à política imigratória cai por terra à medida que o governo federal inicia sua tentativa de centralizar o poder ao invocar novas

170 ENTRE PASSOS E RASTROS

Abdelmalek Sayad, em seu livro *A Imigração*[2], chama a atenção para uma questão que pode parecer elementar, mas é, a meu ver, fundamental: a de que a imigração tem de ser vista como "um fato social completo", que leve em conta a existência do "emigrante", aquele que saiu de sua comunidade, sociedade, país, e a do "imigrante", aquele que chegou a uma terra estranha. O paradoxal, mostra Sayad, é que ambos são a mesma e única pessoa. O imigrante "nasce" no momento em que assim é designado pela sociedade que o acolhe. Mas desconhecer o que antecede esse momento é uma das versões do etnocentrismo, que mutila uma das partes de seu objeto, a parte relativa à emigração.

Embora o princípio colocado possa parecer banal, é interessante observar como a figuração desse objeto se organiza de forma fragmentária, enfatizando-se ora o imigrante, com o apagamento do emigrante, ora o inverso, dependendo dos interesses postos em ação.

Em termos da produtividade do trabalho no campo, na cidade, nas indústrias nascentes, interessava que o imigrante fosse uma máquina, sem nenhum outro aporte que não o do trabalho efetivo. Vejam-se, a propósito, os dispositivos repressivos criados pelo Estado[3]

---

ideologias que apoiassem o autoritarismo político federal. Isso levou a uma divisão entre aqueles que haviam detido o poder anteriormente e o novo regime. As elites tradicionais, geralmente compostas por grandes fazendeiros, continuavam a favorecer a mão-de-obra barata acima de qualquer coisa, mostrando-se até mesmo ocasionalmente dispostos a apoiar a entrada de grupos culturalmente indesejáveis, como os japoneses. Contudo, a posição favorável à "mão-de-obra barata" era crescentemente combatida por uma coalizão de grupos que buscavam restringir ao máximo a imigração. Os militares, fortemente imbuídos de idéias racistas comuns entre autoritários europeus e temerosos de que os estrangeiros trouxessem o comunismo para o país, argumentavam em favor de uma suspensão quase total da imigração. Políticos também utilizavam uma retórica xenofóbica e lutavam por uma legislação imigratória restritiva. Os sentimentos da classe média eram reforçados por grupos nativistas, especialmente após o *crash* econômico de 1929. Tais organizações buscavam a volta a uma política de imigração que colocasse a cultura cristã européia acima de todas as outras. Cf., a propósito, Jeffrey Lesser, *O Brasil e a Questão Judaica (Imigração, Diplomacia e Preconceito)*, pp. 33 e ss.

2. Abdelmalek Sayad, *A Imigração ou os Paradoxos da Alteridade*. O autor, nascido na Argélia, mas radicado na França, estuda os imigrantes argelinos que vivem em Paris, Nanterre ou Saint-Denis, e também aqueles que retornaram às suas aldeias de origem na Cabília, os favelados de Argel, de Constantina etc. O sociólogo trabalha com um dado que escapava a todos os observadores que abordavam a "imigração", restringindo-se ao ponto de vista da sociedade receptora, o que lança luz ao problema dos "imigrantes" apenas quando os imigrantes "constituem um problema"; os analistas omitiam as questões sobre as causas e os motivos que poderiam ter determinado as partidas e sobre a diversidade das condições de origem e das trajetórias. Abdelmalek rompe com esse etnocentrismo inconsciente e devolve aos imigrantes a sua origem e todas as particularidades a ela associadas e que explicam muitas das diferenças observadas nos destinos posteriores.

3. Cf. Jeffrey Lesser, *O Brasil e a Questão Judaica*; Maria Luiza Tucci Carneiro, *O Anti-Semitismo na Era Vargas (1930-1945)*; Henrique Rattner, *Tradição e Mudança (A Comunidade Judaica em São Paulo)*; Boris Fausto (org.), *Fazer a América*.

ENTRE BRAÇOS E PERNAS: PROSTITUTAS ESTRANGEIRAS... 171

para obstruir a circulação de idéias alienígenas, marcas de línguas estrangeiras, publicações de periódicos de comunidades estrangeiras etc., podando, assim, o lastro de fora que deveria ser apagado, para se erigir a identificação do estrangeiro com o mesmo, quebrando-se, à força, qualquer jogo de alteridade.

Em contrapartida, a literatura brasileira do século XX é amplamente protagonizada por prostitutas estrangeiras aglutinadoras do desejo masculino[4], justamente por ocuparem o lugar esfumado da "outra", da que veio de fora. É sobre a prostituição feminina estrangeira que vou me deter daqui para frente, para observar como há duas medidas para um mesmo modelo imigratório.

Macunaíma, personagem do romance homônimo de Mário de Andrade, um dos marcos do modernismo brasileiro, envia, em linguagem empolada e paródica, uma carta às Icamiabas[5] suas súditas, na qual relata como ele, nascido "no fundo do mato virgem" vê a cidade de São Paulo. Entre as notícias, as prostitutas estrageiras ocupam lugar de destaque:

> Sabereis mais que as donas de cá não se derribam à paulada, nem brincam por brincar, gratuitamente, senão que à chuvas do vil metal, repuxos brasonados de *champagne*, e uns monstros comestíveis, a que, vulgarmente dão o nome de lagostas. [...]
> Falam numerosas e mui rápidas línguas; viajadas e educadíssimas, sempre todas obedientes por igual, embora ricamente díspares entre si, quais loiras, quais morenas, quais fôsse *maigres*, quais rotundas; e de tal sorte abundantes no número e diversidade, que muito nos preocupa a razão, o serem todas e tantas, originais de um país somente. Acresce ainda que a todas se lhes dão o excitante, embora injusto, epíteto de "francesas". A nossa desconfiança é que essas damas não se originaram todas na Polônia, porém que faltam à verdade, e são iberas, itálicas, germânicas, turcas, argentinas, peruanas, e de todas as outras partes férteis de um e outro hemisfério.

4. A prostituição estrangeira existe no Rio de Janeiro desde o início do século XIX. Durante a primeira metade desse século, as prostitutas eram portuguesas tanto do continente como dos Açores e da Madeira, ou escravas de ganho induzidas a esse trabalho por seus senhores. A partir de meados do século, o panorama modifica-se, com a chegada de mulheres vindas da Europa e que se instalam tanto no Rio de Janeiro, em Santos, em São Paulo, como nas principais cidades-porto do país. Do diversificado leque de nacionalidades destinadas ao mercado da prostituição, francesas e polacas são as que se tornam sinônimo de prazer. Tal *status* circunscreve-se ao fenômeno da *belle époque* vivido pelas principais cidades brasileiras – Rio de Janeio e São Paulo – e do continente como um todo. Assim, a influência francesa dita modas e idéias, arquitetura e comportamento, valores e atitudes para as elites políticas e intelectuais, impondo o fetichismo da mercadoria européia que vai das roupas às mulheres. Cf. Beatriz Kushnir, *Baile de Máscaras*; Margareth Rago, *Os Prazeres da Noite*; Míriam Moreira Leite, *A Condição Feminina no Rio de Janeiro (Século XIX)*; Martha de Abreu Esteves, *Meninas Perdidas (Os Populares e o Cotidiano do Amor no Rio de Janeiro da Belle Époque)*; Luis Carlos Soares, *Rameiras, Ilhoas, Polacas...*; Néstor Perlongher, *O Negócio do Michê*.

5. Cf. o ensaio de Maria Augusta Fonseca, "A Carta pras Icamiabas".

172 ENTRE PASSOS E RASTROS

O olho clínico do personagem registra não só as prostitutas, mas a farsa de todas se apresentarem como francesas ou polacas, as mais bem cotadas na época. Além disso, ele menciona o champanhe, a lagosta, enfim, a introdução de hábitos alimentares e de consumo de bebidas associados à sociabilidade, a lugares de encontro, que, de fato, têm a ver com sua atuação nas grandes cidades brasileiras do início do século XX.

Já no século XIX, as "mulheres públicas" do Rio de Janeiro foram recrutadas não só entre as brasileiras, como também entre as estrangeiras, principalmente africanas libertas e européias. Machado de Assis trata da presença de prostitutas européias na cidade já nas primeiras décadas do século XIX, ao relatar o episódio do jovem Brás Cubas[6], que, no início dos anos 1820, fora mandado por seus pais à Europa para estudar direito na Universidade de Coimbra, porque se apaixonara por Marcela, espanhola encantadora e devassa. A paixão do jovem pela cortesã levou-o a cometer desatinos, e, por isso, acaba sendo embarcado à força para Portugal. No romance *O Bom Crioulo*, de Adolfo Caminha, há a prostituta portuguesa famosa por suas pernas, Dona Carolina, que mais tarde largaria o meretrício para viver do aluguel de quartos de sua casa na Rua da Misericórdia. Dando um salto de algumas décadas, em *Amar, Verbo Intransitivo*, Mário de Andrade apresentará não uma prostituta, mas uma preceptora alemã incumbida de instruir o jovem e iniciá-lo na sexualidade, incluindo o sexo higienizado no rol dos atributos de um processo de formação. Na outra ponta desse modelo de prostituição estrangeira, e no período que antecede o grande fluxo imigratório da virada do século, está a negra escrava, cujo corpo é devassado pelo colonizador português, marcando, com seu abuso, o símbolo da relação que iconiza a dominação, ou a forma de constituição da colônia. Aí, o estupro, a violência que se infiltra pela intimidade, traduz um conceito de economia patriarcal que funde o público e o privado e organiza a regra básica da sociabilidade brasileira. A invasão perversa do outro denuncia o negro como não-igual, e a permissividade do senhor não se confunde, como pode parecer, com falta de preconceito, mas se delineia como falta de distância, como invasão legítima do outro perpetrada pelo proprietário[7].

4.1. MENOS SEXO/MAIS-VALIA

Como Velásquez em "Las Meninas", Hilário Tácito pinta, no romance *Madame Pommery* (publicado originalmente em 1920), o qua-

---

6. Machado de Assis, *Memórias Póstumas de Brás Cubas*.
7. A observação é de Francisco de Oliveira em curso de pós-graduação no programa de Literatura Brasileira, USP, 2000.

ENTRE BRAÇOS E PERNAS: PROSTITUTAS ESTRANGEIRAS...

dro histórico da cidade de São Paulo do início do século e deixa um espaço na tela para pintar-se a si mesmo com os pincéis na mão.

Entre o propósito declarado de narrar a vida da prostituta "francesa" – Mme Pommery – e os descaminhos que o conduzem à construção de uma identidade autoral opaca, pois já na origem ela se ancora num pseudônimo de José Maria de Toledo Malta (1885-1951), o romance conduz-se por um fio que vai e vem: parte do que conta ao objeto contado, vai do olho que se calibra permanentemente para funcionar como o de um narrador-cronista e faz uma parada na realidade segmentada – a representação da cidade de São Paulo e as transformações por que passa no início do século, a partir da instalação de um bordel de alta prostituição – para continuar se desdobrando do começo ao fim.

Como se vê, a figuração desse narrador-cronista não é simples. Sua proposta inicial é a de fazer um relato objetivo, colocando-se como testemunha ocular dos acontecimentos. Entretanto, esse ponto de vista deixa-se atravessar por falas alheias, carregando o texto de citações que mesclam o português com línguas estrangeiras, o registro erudito com o popular, a linguagem escrita com formas orais, cruzando perspectivas já cindidas a partir da própria matriz do relato que oscila entre ficção e história, pondo em xeque uma suposta unidade do sujeito que narra.

O resultado é um estilo precioso e ambíguo, apoiado no tom satírico e na ironia que dimensionam seus objetos de forma contraditória; assim, o grande é também pequeno, o que se constrói também se corrói. Esse jogo de contrários, aliás, está presente na própria construção do pseudônimo com que o autor assina seu único romance, e que, segundo ele, significa "rir calado"[8]. Se Hilário tem a ver com sentidos relativos à graça e ao riso, Tácito traz uma referência séria, erudita, evocando a figura do famoso historiador latino da antigüidade, Publius Cornelius Tacitus. É no curso errático do sério ao deboche que se constroem as digressões em cujas malhas se prendem "autor", personagem, narrativa[9].

Também o nome Pommery evoca duas conhecidas referências: Madame Bovary, protagonista do romance de Gustave Flaubert de mesmo nome, publicado em 1857, e Madame Pompadour, dama da corte de Luís XV, tornada célebre como a favorita do rei. Pommery é, ainda, a marca de um champanhe francês, que a protagonista orgulha-se de ter introduzido na noite paulistana. Note-se que na combinação

8. Cf. entrevista da esposa do autor – Maria de Toledo Malta Ferraz a Paula Ester Janovitch na dissertação de mestrado *O Menir de Pommery: A Cidade de São Paulo na Literatura (1890-1920)*. Essa dissertação constrói-se sobre a análise de *Madame Pommery*, de Hilário Tácito. Através da análise da protagonista, a autora monta a história da cidade de São Paulo, indo do referente à ficção, confundindo-se os limites entre ambos, e, desse entrelaçamento, extrai interessantes conseqüências.

9. Cf. a esclarecedora e aguda apresentação ao livro feita por Eliane Robert Moraes.

174 ENTRE PASSOS E RASTROS

Bovary-Pompadour justapõem-se duas fontes: uma literária, outra histórica, o que reforça a intenção do autor, aliás cumprida, de construir uma narrativa entre a ficção romanesca e a crônica de costumes. Retomando certo tom crítico do romance realista do século XIX que tinha por alvo o ataque à falsa moralidade burguesa e oferecendo, ao mesmo tempo, uma crônica da prostituição paulistana do início do século XX, o autor traz também para o texto os ecos da tradição francesa da sátira de costumes, permanecendo num espaço intervalar, que, ao final, ultrapassa esses limites, instalando o texto num lugar particular.

O romance aponta para um momento da vida paulistana em que a privatização do sexo, consubstanciada pelo casamento monogâmico e encerrada no quarto de casal, é valorizada pela Igreja, pela medicina higienista e pelo Estado. Na contramão, a prostituição instaurará formas coletivas e diferenciadas de circulação do desejo, acompanhando de perto a circulação do dinheiro[10].

Fica claro, no romance, que o dinheiro é o elemento dimensionador de um novo sentido para o sexo, porque ele tem o poder simbólico imediato de estabelecer os limites de como e por onde deve circular o desejo. Significante sem referente – um mesmo valor compra indistintamente automóveis, alimentos, medicamentos, arte, sexo –, o dinheiro abre espaço para a encenação de pulsões que não se realizam na relação conjugal normatizada pelo casamento. Também a prostituta é um significante que não se fixa num referente; de todos e de ninguém, ela é sempre uma projeção do desejo masculino.

A pergunta que subjaz a essa reflexão é por que, num contexto histórico que exigia o apagamento da cultura de origem para se obter um maior rendimento no trabalho e a adaptação imediata do estrangeiro à nova terra, a proveniência estrangeira da prostituta é supervalorizada?

Talvez essa necessidade – para além da representação da Europa como continente padrão do desenvolvimento que incluía cultura, produção de bens materiais, etiqueta, moda, formas de sociabilidade, a serem almejadas e, se possível, imitadas – esteja relacionada à natureza obscura do feminino. Embora a indagação sobre o feminino encontre uma resposta fácil em sua capacidade anatômica de procriar, a questão não se resolve por essa via, uma vez que as mulheres imigrantes que constituíam família ficavam fora dessa esfera, perfilando-se, ao lado de seus maridos, como braço de trabalho, e não como "pernas vagabundas"[11] conforme a metonímia utilizada no texto para designar

10. Cf. Michel Maffesoli, *A Sombra de Dionísio*. A reflexão desse sociólogo escapa da apreensão insistentemente normativa que caracteriza muitos trabalhos sobre o tema, privilegiando a função agregativa da prostituição, considerando-a lugar onde se refazem as solidariedades subterrâneas fundamentais.

11. "Pernas estangeiras, pernas de cantoras, pernas de bailarinas, são por natureza pernas vagabundas", *Madame Pommery*, p. 55.

ENTRE BRAÇOS E PERNAS: PROSTITUTAS ESTRANGEIRAS... 175

as prostitutas. É difícil dizer de que é feita essa natureza, por isso mesmo é possível afirmar sua obscuridade. E, porque obscura, ela imanta o sentido de desconhecido, estrangeiro, promovendo uma transposição metafórica em que feminino e estrangeiro se somam. Assim, o apelo que a prostituta estrangeira exerce estaria vinculado não apenas à importação de formas de práticas eróticas desconhecidas, mas, principalmente, ao fato de ela portar um sentido inalcançável, que sempre escapa. Recoberta de múltiplas imagens, repositório de atributos como independência, licenciosidade e poder, a prostituta é uma figura que brota no solo da modernidade associada à liberalização dos costumes, à desconexão com os vínculos sociais tradicionais e à multiplicidade de novas práticas sexuais. Enquanto a urbanização e o crescimento socioeconômico da cidade embaralhavam as tradicionais demarcações entre atividades masculinas e femininas com a entrada em cena das mulheres nas fábricas, no comércio, escritórios, escolas, ameaçando subverter os códigos cristalizados de sociabilidade e de participação na vida social, a figura da prostituta emerge como um poderoso fantasma no imaginário social.

A linha da vida de Madame Pommery, nascida Ida Pomerikowsky, é marcada pela itinerância. Filha de pai judeu-polonês charlatão e de mãe espanhola ex-noviça e devassa, nasce Ida, não se sabe bem onde, herdando "disposições para a disciplina (resíduo atávico de clausuras antepassadas) e taras patológicas de insofrível concupiscência"[12]. As marcas paternas, forjadas de um estereótipo de judeu, serão mais determinantes em sua formação: "Transmitiu-lhe o nariz adunco, estigma da raça, e, concomitantemente, o gosto das finanças, a cupidez e o faro mercantil"[13].

Aos três anos foge-lhe a mãe, e Ida passa a ser educada por uma preceptora cigana, também amante de seu pai. A formação de "guapa" e "salerosa" que incluía dançar, sapatear, ler a sorte, lidar com o ursos (o pai era domador de circo) etc. tinha por horizonte habilitá-la para auferir lucros ao pai que tinha em mente vender sua virgindade. Escolhido o pretenso estuprador e estabelecido o valor da operação, Ida passa uma rasteira no pai, fugindo com o dinheiro e a cigana, estreando na prostituição itinerante por conta própria, prática que a conduzirá a diferentes nações e cidades européias. Aos 34 anos, gorducha e outoniça, mas ainda em plena posse de seus poderes de sedução, a protagonista resolve acompanhar um marujo normando ao Novo Mundo. Resolve "fazer a América", chegando por acaso, ou por destino, ao porto de Santos, São Paulo. Vinha num cargueiro que parou para se abastecer de café e bananas para a República Argentina e descarregou vinho, sardinhas, bacalhau, dois mil volumes de Zola, quarenta caixas

12. *Idem*, p. 31.
13. *Idem*, *ibidem*.

176 ENTRE PASSOS E RASTROS

de champanhe e Mme Pommery que, já no primeiro bar, topou com a
ex-preceptora, a cigana Zoraida, com pose de dama respeitável, que fez
que não a viu, enquanto ostentava com ar de dona o seu consorte.
Ainda nesse bar, a protagonista toma sua primeira lição de Brasil:
"Aqui, quando um freguês não é doutor, é coronel"[14].

A descoberta de um clássico coronel serve como porta de entrada
para o seu entendimento do país. Se os coronéis são os ricos e poderosos do lugar, explorá-los torna-se sua meta imediata.

Em São Paulo, a protagonista exerce suas artes para sobreviver,
ao mesmo tempo em que toma a si a incumbência de "civilizar" a vida
airada da cidade, mediante a abertura de seu cabaré modelo, não sem
antes fazer um levantamento do comércio libertino local que aponta
para "a insipidez de nossos hábitos noturnos", "o meretrício indigente
e reles", "o elemento nacional anarquizado e incompetente". Como
vocifera o coronel Pinto Gouveia, reforçando a necessidade imediata
de levar a cabo a inauguração do bordel:

> Proclamam os nossos estadistas que não basta atrair para aqui os braços estrangei-
> ros. Que é preciso fixá-los; prever tudo, intentar tudo, para os ter em nossa terra, fixos e
> permanentes. Pois a mesmíssima coisa, sem falta nenhuma, é o que se há de dizer das
> pernas estrangeiras para as termos à mão: – fixá-las![15]

Se os freqüentadores da noite estão interessados em fixar "as pernas", e os estadistas e a elite econômica, "os braços", a voz a contrapelo
do narrador arremata um outro ponto de vista quando afirma:

> A cidade de São Paulo é uma capital cosmopolita, onde ao antigo elemento nacio-
> nal, ainda em maioria, se vieram misturar, numa indigesta confusão de raças e de civili-
> zações, outras gentes escumadas de todas as terras do mundo, desde a Grécia até o
> Japão.
> Daí a grande e natural instabilidade com que aqui se apresentam todos os usos e
> costumes, sempre inclinados a revestir formas, ora extravagantes, ora ridículas, no seu
> desenvolvimento excessivamente rápido, de contínuo perturbado por influências foras-
> teiras[16].

São oscilações como essa, feitas a partir da conjunção de vozes,
do deslizamento do ponto de vista e do tom, que forjam as medidas
híbridas com que o texto vai se alinhavando.

Mas para fundar seu empreendimento progressista, a protagonista
necessita de dinheiro. Falta-lhe capital, que ela consegue desse mesmo velho coronel solteirão em troca do privilégio de torná-lo seu amante oficial. Estabelecida a firma, a etapa seguinte é a da divulgação do
produto e serviços da empresa. Descarta, então, o coronel e seduz um

14. *Idem*, p. 43.
15. *Idem*, p. 55.
16. *Idem*, p. 122.

médico, o dr. Mangancha, diretor da Companhia Paulista de Teatros e Passatempos, que explorava o Teatro Cassino. O médico facilita-lhe a contratação de colaboradoras de qualidade, mulheres estrangeiras resgatadas do elenco do Cassino, e arranja-lhe, nesse mesmo teatro, frisas onde todas as noites ela luzia sua mercadoria.

Conseguida a clientela, os próximos obstáculos ao sucesso do empreendimento são de ordem burocrática, causados pelas regulamentações municipais. Para esses serviços Mme Pommery troca o dr. Mangancha por Romeu de Camarinhas, jovem bacharel da Intendência. Nessas alturas ela já é rica o bastante para rivalizar com os coronéis.

As alianças que faz e desfaz, segundo suas conveniências, indicam o acerto de sua compreensão do funcionamento da sociedade de então[17]. Ela afinal obtém os favores e os serviços de homens que representam algumas das principais instituições que alicerçavam a estrutura da República Velha: o coronel, o alto burocrata e o bacharel.

Graças ao uso eficaz desses favores, a protagonista consegue imprimir à prostituição uma perspectiva empresarial, transformando seu bordel-modelo numa máquina capitalista bem montada.

O romance enfatiza a importância do bordel enquanto "escola de civilidade", pois aí se aprendiam regras modernas de interação social no submundo, desfilavam-se as modas francesas e degustavam-se bebidas importadas, ao som de ritmos excitantes. "Cursar o Paradis Retrouvé ficou sendo, no conceito geral da gente fina, um título de merecimento e remate indispensável de toda educação aprimorada"[18].

Local de encontro de homens e mulheres de diferentes extratos sociais, de jovens e velhos, por lá circulavam literatos, jornalistas, políticos, fazendeiros, comerciantes, tornando-se passagem obrigatória para aqueles que queriam aprender os hábitos da vida noturna. Também as moças da sociedade absorviam indiretamente novos hábitos, comportamentos, além da moda parisiense, na medida em que imitavam as cocotes, verdadeiros "figurinos vivos e últimos modelos de elegância"[19].

Esse lado da sociabilidade e do aprendizado, no entanto, só se efetiva porque o bordel se impõe como o lugar simbólico privilegiado para propiciar fantasias de escape do isolamento da vida conjugal[20]. O papel de caftina que Mme Pommery exerce estabelece uma relação de

17. Cf., a propósito, o ensaio de Carlos Eduardo Schmidt Capela, "O Industrial e a Prostituta no País dos Coronéis", no qual o autor compara *Madame Pommery*, de H. Tácito, a *O Estrangeiro*, de Plínio Salgado. Devo a esse ensaio algumas posições de meu trabalho.

18. *Madame Pommery*, p. 131.

19. *Idem*, p. 123.

20. Em *Os Prazeres da Noite*, Margareth Rago estuda o romance de Hilário Tácito, no subcapítulo "A Máquina de Eva". Ela enfatiza a função "civilizadora" da prostituição e o instinto empresarial da protagonista.

178 ENTRE PASSOS E RASTROS

exterioridade com o desejo. Como empresária, ela envolve-se indiretamente com o freguês, promove encontros, articula contatos, calcula preços e margens de lucro, engendra inovações a serem implementadas para alcançar maior êxito do investimento. O luxo, o ambiente voluptuoso feito de tapetes, espelhos, iluminação, gravuras eróticas, bebidas afrodisíacas funcionam como um cenário de teatro, onde as mulheres, sempre fora de si, atravessadas pelo desejo do outro, encenam papéis de um roteiro fixo, que aponta para a promessa de um labirinto de sensações. Mas esse é um lado. Há, no romance, as manobras capitalistas da protagonista, que deixam bem claro, desde o início, o que ela ambiciona. E, se ela encena junto ao homem os seus papéis como prostituta ou como caftina, corresponder ao desejo do outro é o meio utilizado, como um trampolim, para alcançar seus objetivos. Primeiro, o dinheiro. Bem-sucedida em sua empresa, ela abandonará o negócio próspero, porque pretende agora partilhar dos "bons costumes", para tornar-se uma mulher "respeitável". Ela quer se casar e aumentar, quiçá, o patrimônio. Para isso, venderá o bordel e sairá de férias para a Europa, não antes de esboçar a lista dos candidatos para o lugar de marido. Não mais coronéis, burocratas ou bacharéis, é a vez dos comerciantes, e ela anota o nome de três novos-ricos, dois deles de origem estrangeira, o terceiro, talvez. Enfim, Mme Pommery sabe para onde sopra o vento. Figura determinada, arma-se do cabedal de astúcias aprendido em casa e nas andanças pela Europa, e, uma vez no Brasil, rapidamente aprende a mecânica de funcionamento da nova sociedade, transitando, com habilidade, por diferentes sistemas de valores e práticas.

Assim, o trânsito no espaço que caracteriza a personagem desde o início é também trânsito entre posições e papéis mobilizadores de seus interesses. Desenraizada, destituída de escrúpulos e de qualquer sombra de lastro ético, ela se mostra como uma caricatura vazia posta em circulação, como o desejo que se quer moeda numa sociedade capitalista. Na outra ponta, o autor, porque faz uso da caricatura, abre mão dos meios-tons e da espessura e abdica de qualquer pretensão idealizante em relação à sua criatura, relevando sua contribuição para a modernização dos prazeres, para a formação de novos hábitos e práticas na noite paulistana, ao mesmo tempo em que acentua o traço *kitsch* dessa mesma modernização em processo, apontando para o mau gosto de seu empreendimento que guarda vestígios do provincianismo. Veja-se, como exemplo, a maneira como descreve o bordel:

Poucos ornatos [havia na entrada]: um centro de metal branco na mesa grande, com flores murchas, e meia dúzia de estampas nas paredes, gravuras de nus cortadas da "Illustration". [...] As mesas eram de pinho encerado; mas as toalhas alvas cobriam tudo. As cadeiras, de palhinha; austríacas, ordinárias. Ordinário, aliás, era ali tudo que se via à vista de olhos sãos; mas a luz elétrica era excessiva, o champanha obrigado, próxima a tentação da carne. E, como a luz ofusca, o vinho embriaga e a luxúria trans-

ENTRE BRAÇOS E PERNAS: PROSTITUTAS ESTRANGEIRAS...

torna, as toalhas alvas, os copos, os quadros, as flores e a própria burra, tudo brilhava com um brilho sedutor[21].

Quer dizer, esse cenário se monta em duas faces, à maneira de um recorte cubista: se visto pelo biógrafo, aquele que almeja, na qualidade de cronista, "a verdade", põe a nu seu costado decadente e de falso luxo; mas, se visto pelos fregueses embriagados e expectantes de uma noitada de luxúria, mostra-se recoberto de brilho sedutor. Esse exemplo é sintomático do modo como o autor trabalha com diferentes medidas a sua matéria, ao mesmo tempo em que a mimetiza na forma, através de suas várias vozes e desvios narrativos que forjam a labilidade de um lugar de enunciação que se sustenta na corda bamba entre o sério e o riso. Pode-se aproximar, por esse ângulo, as memórias de Mme Pommery das *Memórias de um Sargento de Milícias*, de Manuel Antônio de Almeida, e das *Memórias Póstumas de Brás Cubas*, de Machado de Assis, e, ainda, situar o romance como o arauto de um certo tom debochado que, com Oswald de Andrade, virá à luz nos anos 1920, e fará escola durante o modernismo.

4.2. O SEXO DA SEREIA

(O Ciclo das Águas), romance de Moacyr Scliar publicado em 1977, tem como pano de fundo a experiência da imigração judaica no Brasil, circunscrevendo um episódio histórico preciso: o tráfico de prostitutas ocorrido na década de 1930, ano em que se situa a ação.

A protagonista é Esther, filha de um *mohel*[22], nascida num pequeno povoado da Polônia, onde apascentava cabras; sua família era uma típica família judaica da Europa Oriental, que vivia na pobreza e no respeito às leis da tradição. Casa-se com Mêndele, jovem da mesma aldeia, que, depois de uma estada de anos em Buenos Aires, volta para seu lugar de origem e usa o casamento como artifício para trazer a jovem esposa aos bordéis da América. Como Mme Pommery, Esther sente-se atraída pela América, mas ela se dispõe a seguir o marido movida por amor, e acaba sendo partícipe de um plano que ignora. Partem, o marido não a toca, reservando-a para ser desvirginada por outro homem em Paris, onde fazem uma parada planejada, sendo, a partir daí, definitivamente iniciada nas artes profissionais do sexo. Morre-lhe o marido a caminho de Buenos Aires, mas a moça já é esperada pela organização que a conduz ao bordel. De Buenos Aires, centro da máfia judaica do continente, vai a Porto Alegre, onde fará sua vida. Terá um filho, Marcos, que será criado por uma ama, dentro do

21. *Madame Pommery*, pp. 74-75.
22. Aquele que pratica o ritual da circuncisão.

180 ENTRE PASSOS E RASTROS

ritual judaico, Esther terá seu bordel que conduzirá com mão de ferro, alcançará sucesso e dinheiro, mas sofrerá decadência e acabará seus dias num asilo, acompanhada de seu último amante, o ladrão Gatinho, e de seu filho, já homem adulto, professor de história natural, casado com uma não-judia e pai de dois filhos.

A linearidade parafrástica que acabo de expor não equivale à maneira como o romance é construído. Recortado por uma pluralidade de vozes que soam em terceira (Esther) e primeira pessoa (Marcos)[23], os capítulos unem-se por contigüidade, rastreando uma palavra ou frase do final de uma parte para o início de outra, aglutinando no novo contexto outro sentido, enquanto a ação se direciona para outro lugar. Apoiados esses deslocamentos em distâncias narrativas e pontos de vista diversos, o que imprime à narração entrecortada uma trajetória de arabescos, resulta a construção num intrincado painel feito de implicações formais, só apreendido quando se segue cada um dos rastros. Não é aleatório o uso dos parênteses presentes no título do romance e dos capítulos, nem é aleatório o fato que seu fim seja também seu recomeço, pois é pelo título que o romance termina, iconizando na forma o moto-perpétuo representado tematicamente pelo ciclo das águas, onde a vida se devora, se transforma e se refaz. Mas o ciclo das águas é também o fluxo da linguagem, lugar onde se vive e se morre, onde ficção e mito se alimentam de detritos e, autofagicamente, de si próprios. Os parênteses marcam, talvez, essa dobra metalingüística que vinca a narrativa em espelho, delimitando a presença de outro registro que corre paralelo. Veja-se, à guisa de exemplo, essa passagem da escrita de (Marcos), que perde os parênteses quando mergulha nas águas do que é contado:

Sobre riachos falo aos alunos, mas sobre a Pequena Sereia, não: as águas que ela habita são outras. À noite, após a aula, volto para casa e tiro da gaveta a pasta azul. Folheio o que escrevi; sob meus olhos fatigados a Pequena Sereia adquire vida; descrita embora em má prosa, ela evolui em águas límpidas. Graciosa criatura![24]

A sereia acompanhará o trajeto de Esther, caracterizado, como o de Mme Pommery, pelo trânsito. Habitando duas medidas simultâneas – o alto e o baixo, o presente e o passado, o mito e seu equivalente "real" –, Esther faz o trajeto que a conduz do espaço aberto, o alto de amenas colinas da Polônia, para o aprisionamento do asilo em Porto Alegre; mas, sem abdicar do que viveu, carrega consigo a família perdida, o lugar onde nasceu, a tradição judaica a que pertence, pautando sua vida por ela, fazendo seu filho cumprir os rituais de passagem (circuncisão, *bar-mitzvá*)[25], apesar de a comunidade judaica a repudiar nos

---

23. Esses são os pontos-de-vista que prevalecem, mas há outros.
24. *(O Ciclo das Águas)*, p. 17.
25. Ritual de passagem, inicia o menino, aos treze anos, na maioridade.

ENTRE BRAÇOS E PERNAS: PROSTITUTAS ESTRANGEIRAS...   181

espaços públicos, embora a procurasse na intimidade do bordel para iniciar jovens judeus no sexo. É por um deles, Rafael, o pai de seu filho, que ela se apaixonará.

A sereia marca a vida de Esther a partir de seus doze anos, portanto, a partir de sua iniciação na maioridade, seu *bat-mitzvá*[26], quando o capitão polonês a senta sedutoramente em seus joelhos, e conta-lhe a história da Pequena Sereia. O reencontro com a Sereia se dará na Casa dos Prazeres, em Paris, onde foi desvirginada, e de onde carrega consigo um abajur com a imagem de uma sereia que a acompanhará até o fim de seus dias. Quando passa a proprietária de um bordel, Esther dá-lhe o nome de A Pequena Sereia.

O primeiro encontro faz o corte de Esther com a cultura religiosa judaica tecida por rituais, comportamentos e histórias lidas na Bíblia, introduzindo-a, pela narrativa, no mundo laico, ao mesmo tempo em que se dá a descoberta da sexualidade estimulada por um homem de fora de sua comunidade. O segundo assinala a jovem prostituída e, por isso, sua exclusão da estrutura familiar, da comunidade judaica e de seu país de origem. O terceiro releva o sucesso de sua empreitada, afinal, ela consegue "fazer a América", seguido, porém, de decadência física e fracasso econômico, representados pela sereia atada na antena de seu jipe vermelho e velho, como o porta-estandarte de uma vida feita de altos e baixos, sucessos e fracassos.

A sereia, metade mulher, metade peixe, é um dos mitos que habitam o mar. Seu papel é o de seduzir os navegadores pela beleza do rosto e pela melodia do canto, atraindo-os para a morte no oceano. Ulisses fez-se atar ao mastro de seu navio para sobreviver e ao mesmo tempo experimentar a beleza do canto, ao contrário dos remadores que o acompanhavam, que, tapando os ouvidos com cera, pagaram um alto preço por sua sobrevivência: a exclusão do contacto com o belo de suas vidas.

Imagem híbrida, a sereia apresenta na completude de sua forma a incompletude das partes de que é feita. O acabado da figura tira qualquer perspectiva de complementação das metades, o que a cerca de um halo de ambigüidade, mantida pelo fato de ser feminina, mas não ter sexo, vivendo desemparelhada de machos de sua espécie, que não existem. O romance, entretanto, forja seu meio de reprodução:

> A reprodução é assexuada, e se produz a intervalos de anos. Passa então por uma curiosa transformação! Os movimentos se entorpecem, o apetite diminui. Deitada no fundo do riacho, vê os braços se cobrirem de minúsculas escamas. Horrorizada, talvez, mas de qualquer modo impotente para deter o processo, observa as escamas se espalharem: ventre, seios, rosto aos poucos vão sumindo. Por fim, restam duas caudas unidas. Agitam-se para cima e para baixo como loucas, chegam a saltar fora d'água; até que começam a se separar – e duas pequenas sereias se revelam[27].

26. Ritual de passagem, inicia a menina, aos doze anos, na maioridade.
27. *(O Ciclo das Águas)*, p. 84.

182 ENTRE PASSOS E RASTROS

Essa figura anfíbia seduz, mas nega a posse amorosa, movendo as pulsões obscuras e primitivas do homem, chamadas a um prazer inalcançável.

No romance, a sereia metaforiza a ambivalência cultural de Esther presa ao judaísmo tradicional e à sua vivência no âmbito de uma cultura de maioria cristã, a sua condição ambígua de emigrante e imigrante, de prostituta e mãe, mas, principalmente, sua natureza feminina, espécie de arquivo que guarda o segredo daquilo que os homens desejam nas mulheres, e que não podem alcançar para continuar desejando-as.

É também possível associar a linguagem à forma anfíbia da sereia, se se pensa em seu movimento sinuoso que perfaz o caminho do dizer ao dito. Nunca há uma correspondência absoluta entre ambos, entre a incompletude do dizer e a suposta completude do dito. É só na arte que esse paralelismo se enquadra de outra maneira, por armar a palavra de uma força expressiva que a faz evocar no dito os sentidos calados. Embora Marcos busque a sereia nas águas, é na linguagem que ele a encontrará.

Mas ela está também, em sua contraface rebaixada, no bordel, entre outras prostitutas de variadas procedências, incluindo uma japonesa e uma sueca.

Sou francesa, dizia aos clientes mais curiosos. Esther Marc era agora o seu nome, não mais Esther Markowitz. Um advogado lhe providenciara novos papéis. Vestia-se bem: longos vestidos escuros, jóias. Um cabeleireiro vinha penteá-la todos os dias. Entre seus clientes estavam figuras de projeção: o deputado Deoclécio, filho do fazendeiro Mathias, vinha todas as sextas-feiras. Visitantes de outros Estados eram encaminhados à Casa; Esther recebia-os pessoalmente, oferecia-lhes bebidas, auxiliava-os na escolha das mulheres. [...] Administrava a Casa com mão de ferro[28].

Prostituta ou dona de bordel, a clientela de Esther é a mesma que freqüentava o Paradis Retrouvé, de Mme Pommery: políticos, coronéis, jornalistas, profissionais liberais, mas enquanto esta não se deixa seduzir em momento algum, Esther é mais pungente, sente prazer com o sexo e, algumas vezes, se deixa mover pela paixão. Talvez por isso a primeira seja mais bem-sucedida em seus projetos. Ambas, porém, seduzem, mas não se realizam amorosamente.

Como excluir um filho homem da sedução que Esther exerce sobre o universo masculino, de modo a não desobedecer a lei que interdita o incesto? Ele terá de lançar mão da mediação da pesquisa e, escudado por ela, fará uma viagem microscópica para investigar nas águas podres de um córrego da Vila Santa Luzia a origem mitológica da vida, de sua vida. O que ele busca na favela que se nutre do riacho e ao mesmo tempo alimenta sua contaminação ("Por que a água aqui é

28. *Idem*, pp. 78-79.

ENTRE BRAÇOS E PERNAS: PROSTITUTAS ESTRANGEIRAS... 183

limpa e mais adiante não é?"[29]) é o fundamento mítico de sua origem: sua mãe, a sereia devoradora de larvas e micróbios. E, para evitar ser devorado por ela, pagará o preço de seu sedentarismo. Ele fará as escolhas de sua vida de modo a suprimir dela o seu caráter inquietante; ao clarificar, elucidar, distinguir e separar o que não deve ser confundido, ele procura emprestar um sentido às coisas, resguardando-se da aventura de viver o sem-sentido do desejo. Por isso, o romance é narrado por ele, mas abre-se também a outros enfoques que iluminam os seus pontos de cegueira.

Como Hilário Tácito, Moacyr Scliar utiliza-se de fonte histórica para compor seu texto. De fato, a organização mafiosa Zwi Migdal existiu[30], foi fundada na Polônia e mantinha sua sede central em Buenos Aires, desde 1904, quando apareceu pública e legalmente como Sociedade Israelita de Socorros Mútuos Varsóvia. Responsável pela importação de muitas prostitutas para a Argentina e o Brasil, a sociedade atuava em várias cidades brasileiras, embora não de maneira tão imperiosa quanto na Argentina, onde o desenvolvimento da prostituição garantia altas taxas de lucro.

Mesmo que o número de moças traficadas tenha sido proporcionalmente pequeno, e, no Brasil, tudo indica que as brasileiras superavam o número de prostitutas estrangeiras, o fenômeno teve repercussões amplas, a ponto de se associar o termo "polaca" a "prostituta", principalmente no Rio de Janeiro e em São Paulo.

Se, por um lado, registra-se uma exploração anti-semita da presença de prostitutas judias no Brasil[31], argumento fartamente mobilizado durante o Estado Novo, por outro, o apelo do exotismo e da valorização da estrangeira enquanto figura da modernidade, em oposição à negra escrava do passado colonial, dará relevo às polacas. Mário Praz[32] observa que, enquanto Mérimée, em meados do século XIX, criava Carmen, mulher fatal proveniente da Espanha, no final desse mesmo século o tipo da mulher fatal estava na Rússia, onde o erótico e o exótico passam a caminhar juntos. Como a mulher judia combinava o exótico ao místico no imaginário social, pois além de vir de longe – o que já era a promessa de um contacto diferente e

29. *Idem*, p. 53.
30. Cf. Margareth Rago, *op. cit.*, "O Tráfico de Escravas Brancas". Nesse capítulo, a autora trata do tráfico de prostitutas estrangeiras para o Brasil e para o Continente de modo mais amplo, dedicando uma parte à Organização Zwi Migdal. Ver. pp. 291-309. Cf., ainda, o livro de Beatriz Kushnir, *O Baile de Máscaras*, dedicado a estudar o tráfico de "polacas" ao Brasil e a tentativa dessas mulheres de sair do lugar de exclusão, refazendo no dia-a-dia a referência que lhes dava sentido e direção: sua condição religiosa e sua herança cultural.
31. Cf. Jeffrey Lesser, *Pawns of the Powerful. Jewish Immigration to Brazil, 1904-1945*.
32. Mário Praz, "A Bela Dama sem Misericórdia".

184 ENTRE PASSOS E RASTROS

excitante – ela professava num país de maioria cristã um credo religioso estranho e minoritário, a combinação devia funcionar de modo considerável.

Embora Moacyr Scliar tenha se cercado de informações históricas, elas são ficcionalizadas. No intervalo entre ficção e história, entre duas culturas, também Scliar, como sua personagem, se faz representar simbolicamente pela sereia, não só porque ela junta suas metades diversas, mas também porque, como escritor, ele une-se a ela em seu canto.

4.3. SEXO EM JAPONÊS

"O Mistério da Prostituta Japonesa" é um conto de Valêncio Xavier[33], inserido em *O Mez da Grippe e Outros Livros*[34], de 1998.

A ação se passa em São Paulo, bairro da Liberdade, onde se concentra uma comunidade japonesa já em terceira geração[35], tomando como referência os imigrantes que aqui aportaram no início do século XX. O bairro, embora tenha perdido muitas de suas características originais, ainda guarda rastros da comunidade que o constituiu, perceptíveis na comida típica, nos cinemas (ainda que mais ativos na década de 1970, quando se projetavam filmes exclusivamente japoneses), num tipo de ornato visível na decoração de interiores e de algumas ruas, na cerâmica e louça utilitária de bares e restaurantes, nas academias onde se praticam lutas trazidas do Japão. É nesse bairro, num hotelzinho barato, que se dará o encontro entre a prostituta japonesa e seu cliente brasileiro.

Integram o conto: o desenho de uma mão com versos do poeta surrealista Robert Desnos nela inscritos, uma planta do quarto onde a prostituta e o narrador protagonista têm o encontro, e escritos caligráficos japoneses. É curiosa a perspectiva com que a planta do quarto é construída, pois ela representa o espaço situando aquele que vê (o

33. Valêncio Xavier nasceu em São Paulo, em 1933, e vive em Curitiba. Como ficcionista publicou, além de *O Mez da Grippe e Outros Livros*, *Minha Mãe Morrendo e o Menino Mentido*, São Paulo, Companhia das Letras, 2001. Sua produção estende-se também para o cinema e para o vídeo.

34. Todos os textos incluídos contêm ilustrações ou outros recursos gráficos, pensados pelo autor como elementos integrantes da narrativa. A primeira versão do conto foi publicada no nº 117 da revista *Quem*, de Curitiba, em agosto de 1984.

35. O japonês-brasileiro, ou seja, o descendente de japonês é atualmente denominado *nikkei*, não importa a que geração pertença. Essa denominação está sendo utilizada desde a Convenção Panamericana Nikkei, ocorrida em 1985, em São Paulo, que adotou essa terminologia para todos os descendentes de japoneses nas Américas, substituindo a terminologia anterior, *nisei* para os descendentes dos imigrantes, e *sansei* para os descendentes de terceira geração. Cf. Célia Sakurai, *Romanceiro da Imigração Japonesa*.

leitor) numa posição externa e verticalmente acima dele, apesar de o relato em primeira pessoa dirigir-se a um "tu", o leitor, indicando proximidade. O hotelzinho de *rendez-vous* é labiríntico, precário e pobre, não dispõe de água quente, os móveis atravancados se comprimem num espaço exíguo, em descompasso com as dimensões do ambiente que os contém. Os quartos são cubículos que impedem uma disposição planejada tanto dos móveis que têm de estar onde cabem, como das pessoas, que têm de se dirigir ao pequeno banheiro ou ficar sobre a cama, porque não há área de circulação. O olhar à espreita do leitor acompanha a japonezinha caminhando no escuro com passos ligeiros adiante de seu parceiro, por caminhos obscuros, passando por portas fechadas, num longo corredor estreito, cortado por escadarias e por outros corredores, o que leva a supor sua familiaridade com o mapa desse espaço revisitado.

O cenário do quarto é o de um hotel de encontros, onde não falta a luz vermelha ambiente, nem a colcha de tecido brilhante, também vermelha, cheirando a mofo devido à falta de ventilação. No quarto, o homem e a mulher iniciam um diálogo e, aí, surge a surpresa: a mulher fala em japonês, e o texto é grafado em caracteres japoneses –, o que exclui o interlocutor e o leitor do entendimento de sua fala. Assim, o leitor é lançado outra vez ao escuro do corredor, mas sozinho, pois o homem não se espanta, não se surpreende diante da mulher que se dirige a ele em idioma estrangeiro. Há um certo automatismo nas falas casuais que funcionam como pretexto para a frágil sustentação do diálogo. O automatismo estende-se aos gestos, à procura do comutador de luz, ao olhar neutro do homem que vê a mulher se lavando no bidê, à mulher imóvel como uma fotografia estendida ao seu lado na cama, ao movimento da mão que afaga e apalpa o corpo. Em seguida, o sexo mudo e imediato, os clichês ditos após o coito, o dinheiro pago conforme o combinado, o caminho de volta pelos corredores que os leva à portaria, o pagamento da comissão que o chinês da portaria faz à prostituta por ter escolhido aquele hotel e não outro.

O que salta à vista é o aprisionamento dos protagonistas desse episódio, cada um atado à camisa-de-força de uma mitologia herdada de que se auto-alimentam, mas que os transforma em agentes de sua reprodução. Por isso, não importa o que a japonesa diz, nem importa se seu idioma é desconhecido do homem e vice-versa, pois, em verdade, cada uma fala para si. Também a aura de mistério que envolve a japonesa é feita do clichê da mulher oriental. Qual sua idade? "Nem moça, nem velha. Não sei dizer. Difícil dizer a idade das mulheres orientais. [...] Não sei o que ela sentiu. Permaneceu, permanece silenciosa e não sei para onde olha. [...] Mas teria mesmo gozado?"[36]

36. Valêncio Xavier, *O Mez da Grippe...*, pp. 188-189.

186 ENTRE PASSOS E RASTROS

Os corpos convertidos em mecanismos são frases dobradas sobre si mesmas cujo sentido se evapora. Movendo-se no interior de um erotismo solitário, confinados a uma espécie de auto-sexualidade, homem e mulher se perdem neles mesmos, cerco autofágico de esterilidade e morte. O protagonista narrador reitera a pergunta, "teria ela gozado?" A inquietação construída sobre o alcance de sua masculinidade permanece sem resposta, mas entra no rol de questões guardadas no arquivo de fábulas e clichês, em que o homem precisa acreditar que provocou o orgasmo na mulher, enquanto ela finge tê-lo atingido. Mas, ao mesmo tempo, essa pergunta incide sobre a possibilidade de ruptura do cerco narcísico, através do sexo. Mas, alheados, cada um segue seu caminho, neutralizados pelas máscaras que estampam as marcas da vida contemporânea.

O conto se fecha com a manifestação de que o narrador-personagem se deixa fisgar pelo mistério da prostituta japonesa:

> Muitas vezes dormi com outras prostitutas no mesmo quarto do hotelzinho barato, mas sei que nunca mais verei a prostituta japonesa, nem saberei se ela sentiu prazer comigo naquela noite escura. Às vezes penso que sim; às vezes, penso que não. Nunca encontrarei uma resposta que me satisfaça[37].

Fazendo o conto dialogar com o desenho inscrito no alto da página, onde uma mão vazia e aberta é atravessada por um poema disposto em versos grafados sobre quatro dedos,

> tanto sonhei contigo
> tanto amei tanto falei
> tanto amei tua sombra
> que nada mais me resta de ti

tem-se a indicação de um rebaixamento, de uma queda irônica do amor e do desejo intensos que se exaurem no ato mesmo de amar, para uma espécie de imitação vazia do sexo, em que a mão estendida, que poderia ser lida como desejosa de contacto, conota também sua impossibilidade.

A sentença do vazio é marcante para o homem, porque a prostituta japonesa integra, com certeza, a mitologia da mulher diferente, portadora de mistérios ancestrais, desenhando no imaginário masculino a figuração diferencial do outro, que estimula o desejo a desenfrear a rédea da fruição para atingir um gozo estrangeiro. O amor, o desejo, a mulher são símbolos de uma aspiração maior. Mas é na clausura do quarto de hotel que o homem tem de se haver com o rebaixamento e com a intangibilidade da fantasia. Preso a um movimento pendular que oscila de alto a baixo, cujo desenho não consegue desfazer nem

37. *Idem*, p. 191.

ENTRE BRAÇOS E PERNAS: PROSTITUTAS ESTRANGEIRAS... 187

imprimir-lhe nova direção, o protagonista insiste em continuar na companhia da prostituta:

> Quer tomar alguma coisa? Vamos num barzinho aqui por perto?
> Antes da resposta, sai sozinha do hotel outra prostituta. Não é japonesa. Tem mais jeito de turca, síria, qualquer coisa assim. Meio velhusca, formas roliças, peitos, barrigas e nádegas querendo romper o vestido justo. [...] As duas se conhecem, devem ser muito amigas. Riem, se tocam e falam rapidamente, risos, a voz de uma encobrindo a da outra. [...]
> – Vamos?[38]

Já se afastavam as duas amigas, quando o protagonista lhe estende a mão aberta, que permanece suspensa (é nela que se inscreve o poema do surrealista Robert Desnos). Mas a mulher recusa o convite. O dinheiro é, talvez, o dique que barra a intimidade indesejável com o homem, circunscrevendo a relação possível entre eles. Caberá ao homem ruminar a dúvida sobre o mistério da mulher. Quem é ela? O leitor não sabe, porque está acima e fora da cena, mas não sabe também estando dentro, pois acompanha-a refratada pelo olhar do narrador-protagonista, que deixa no final, a descoberto, o ponto-de-fuga que assinala o centro de seu desamparo.

4.4. CRUZANDO CAMINHOS

Da arrivista e premeditada Mme Pommery, personagem de uma *belle époque* tropical regada a champanhe, cuja atuação representou um dos móveis das transformações modernizantes da cidade de São Paulo, à silenciosa prostituta japonesa sem nome, atuando num hotel barato de bairro da mesma cidade, mero ponto de passagem e não mais espaço de sociabilidade, muita água correu. Embora a ação do conto não seja datada, tudo indica tratar-se das últimas décadas do século XX, quando a imigração externa maciça estancou seu fluxo e mudou de direção. São os brasileiros filhos e netos de japoneses que voltam ao Japão para escapar do desemprego e conseguir ganhar a vida. Lá, eles são os imigrantes que deverão apagar os traços do país de origem, reduzindo seu corpo a braço de trabalho. Quanto às prostitutas estrangeiras, em relação a elas ainda restam os ecos de um imaginário ativo, embora sob o impacto de novas formas ainda difíceis de se discernir.

As respostas à relação antagônica que opõe desejo, prazer a trabalho, lei, desenham diferentes caminhos. Nos três textos apresentados, o corpo feminino, "pernas vagabundas", é mercadoria que aglutina trabalho, lucro e prazer, não se confundindo nunca o feminino

38. *Idem*, p. 190.

com o sexo anatômico. Ao contrário, alia-se, à fábula da qual não se sai, a história individual e coletiva, a cultura, e o modo como o sujeito negocia com esses esquemas, a eles se adapta e os reproduz, ou então os contorna, supera, ultrapassa, atravessa, para alcançar ou jamais chegar a alcançar algum ponto carente de medo e remorso, onde algo simplesmente se move, como as aquarelas sobre papel de Cézanne, que têm um poder de irradiação da luz a partir do vazio.

O processo de fragmentação a que se submetem as representações artísticas está ligado ao desenvolvimento técnico que data de fins do século XIX. O impressionismo é o primeiro exemplo de arte urbana por excelência, não porque descobre a cidade como paisagem, mas principalmente porque vê o mundo com olhos urbanos. A versatilidade, o ritmo nervoso, as impressões súbitas, agudas, efêmeras da vida urbana, a transformação da duração em momento, do perfeito em inacabado. Da metáfora em metonímia. Parte. Mas parte que conserva o elo de contigüidade espacial e temporal com a seqüência mais longa na qual se insere. Parte "contaminada" porque só se completa na extensão dos elementos de que se constitui para a realidade que lhe é contígua. Fragmento que surge como resultado de um processo de desarticulação do mundo mas se completa positivamente pelo elogio dessa desarticulação. A parte remete ao todo. É o dinamismo, a tecnologia que está por trás desse procedimento: a ideologia do progresso.

Circula pelo romance *Madame Pommery*, particularmente no bordel que funciona como as entranhas de uma cidade progressista, uma euforia regada a bebidas, estimulada pela descoberta de novos modos de vida e de lazer. É o tom de deboche e ironia do autor/narrador que impede que essa afirmação seja absoluta, mas o livro, ao mostrar o progresso, aponta para um horizonte de expectativas, em medida nacional, onde o arrivismo e o "favor" têm lugar de destaque. Já em *(O Ciclo das Águas)*, porque escrito nos anos 1970, a empatia com o progresso técnico se desfaz. Embora a ação do romance se inscreva nos anos 1920-1930, o autor se insere num contexto não mais de expectativas, mas de realidade. Por isso, o mesmo parcelamento da realidade é oferecido com as tintas do desencanto. E o bordel, aí, refrata o moto placentário que autentica a passagem do tempo, a vida e a morte, o rebaixamento do mito, e uma vontade da forma voltada para o desejo de fixar o corpo da mãe, entendê-lo, explicá-lo, e neutralizá-lo. No conto "Mistérios de uma Prostituta Japonesa", o bordel transforma-se num hotel de encontros isolado, espécie de "ato mudo" em meio à cidade penetrada pela palavra, um lugar equivalente a tantos outros, lugar de passagem, que se multiplica em escadarias e corredores labirínticos e que, ao contrário da estrutura de encaixe (*mise en abîme*) de *(O Ciclo das Águas)*, no qual o trânsito em círculos das personagens reproduz a circularidade da forma do romance, e de *Madame Pommery*, cujo bordel se organiza como o microcosmo da cidade, arma-se através de uma estrutura que faz por eliminar a profundidade, algo como uma *mise en plateau*, onde o abismo é a superfície uniforme e repetitiva do dia-a-dia, que desmancha qualquer aparência de totalidade.

Tudo somado, nos três textos, nem "pernas" nem "braços" apresentam a possibilidade de ganhar corpo, e é em torno dessa ausência de totalidade que as narrativas se expandem.

Referências Bibliográficas dos Autores e Obras Analisados

OBRAS DE CLARICE LISPECTOR

Perto do Coração Selvagem. Rio de Janeiro, A Noite, 1944.
Laços de Família. 2ª ed., Rio de Janeiro, Ed. Francisco Alves, 1960.
A Maçã no Escuro. Rio de Janeiro, Paz e Terra, 1974.
A Legião Estrangeira. Rio de Janeiro, Editora do autor, 1964.
A Paixão Segundo G. H. 5ª ed., Rio de Janeiro, José Olympio, 1977.
A Paixão Segundo G. H. Paris/Brasília, Association Archives de la littérature latino-américaine, des Caraïbes et africaines du XXe siècle/CNPq, 1988 (col. Arquivos, vol. 13; ed. crítica coord. Benedito Nunes.)
Felicidade Clandestina. Rio de Janeiro, José Olympio, 1971.
Água Viva. 10ª ed., Rio de Janeiro, Nova Fronteira, 1979.
A Via Crucis do Corpo. Rio de Janeiro, Artenova, 1974.
Onde Estivestes de Noite. Rio de Janeiro, Artenova, 1974.
A Hora da Estrela. Rio de Janeiro, Francisco Alves, 1997.
Um Sopro de Vida. 8ª ed., Rio de Janeiro, Nova Fronteira, 1978.
A Descoberta do Mundo. 2ª ed., Rio de Janeiro, Nova Fronteira, 1984.
A Mulher que Matou os Peixes. 7ª ed., Rio de Janeiro, Nova Fronteira, 1983.

OBRAS DE SAMUEL RAWET

Contos do Imigrante. Rio de Janeiro, José Olympio, 1956.
Abama. Rio de Janeiro, Edições GRD, 1964.
Viagens de Ahasverus à Terra Alheia em Busca de um Passado que não Existe porque é Futuro e de um Futuro que já Passou porque Sonhado. Rio de Janeiro, Olivé Editor, 1970.

192 ENTRE PASSOS E RASTROS

Os Sete Sonhos. 2ª ed., Rio de Janeiro, Arquivo Editora, 1971.

OBRAS DE MOACYR SCLIAR

A Guerra no Bom Fim. Rio de Janeiro, Expressão e Cultura, 1972.
O Exército de um Homem Só. 2ª ed., Rio de Janeiro, Expressão e Cultura, 1974.
Os Deuses de Raquel. Rio de Janeiro, Expressão e Cultura, 1975.
A Balada de um Falso Messias. São Paulo, Ática, 1976.
(O Ciclo das Águas). Porto Alegre, Globo, 1977.
Os Voluntários. Porto Alegre, L&PM, 1980.
O Centauro no Jardim. Rio de Janeiro, Nova Fronteira, 1980.
A Estranha Nação de Rafael Mendes. Porto Alegre, L&PM, 1983.
Cenas da Vida Minúscula. Porto Alegre, L&PM, 1991.
A Orelha de Van Gogh. São Paulo, Companhia das Letras, 1995.
A Majestade do Xingu. São Paulo, Companhia das Letras, 1997.
A Mulher que Escreveu a Bíblia. São Paulo, Companhia das Letras, 1999.

OBRAS DE MOACIR AMÂNCIO

Do Objeto Útil. São Paulo, Iluminuras, 1992.
Figuras na Sala. São Paulo, Iluminuras, 1996.
O Olho do Canário. São Paulo, Musa, 1997.
Colores Siguientes. São Paulo, Musa, 1999.
Contar a Romã. São Paulo, Globo, 2001.

OUTROS AUTORES E OBRAS

AIZIM, Lúcia. *Cânticos*. Rio de Janeiro, Sette Letras, 2000.
AJZENBERG, Bernardo. *Variações Goldman*. Rio de Janeiro, Rocco, 1998.
APPELFELD, Aharon. "Berta". In: *O Novo Conto Israelense*. São Paulo, Símbolo, 1978 (org., trad. e notas Rifka Berezin).
CYTRYNOWICZ, Roney. *A Vida Secreta dos Relógios e Outras Histórias*. São Paulo, Página Aberta, 1994.
GUINSBURG, Jacó. *O que Aconteceu, Aconteceu*. São Paulo, Ateliê Editorial, 2000.
REIBSCHEID, Samuel. *Memorial de um Herege*. São Paulo, Ateliê Editorial, 2000.
TÁCITO, Hilário. *Madame Pommery*. São Paulo, Ática, 1998.
XAVIER, Valêncio. *O Mez da Grippe e Outros Livros*. São Paulo, Companhia das Letras, 1998.

Referências Bibliográficas dos Autores e Obras Citados

ABREU ESTEVES, Martha de. *Meninas Perdidas (Os Populares e o Cotidiano do Amor no Rio de Janeiro da Belle Époque)*. Rio de Janeiro, Paz e Terra, 1989.

ADORNO, Theodor W. *Teoria Estética*. São Paulo, Martins Fontes, 1988 (trad. Artur Morão).

_____. *Minima Moralia*. Madri, Taurus, 1987.

_____. "Wörter aus der Fremde". In: *Noten zur Literatur in Gesammelte Schriffen*, II. Frankfurt, Suhrkamp Verlag, 1974, pp. 216-232.

_____. "Über den Gebrauch von Fremdwörten". In: *Noten zur Literatur in Gesammelte Schiffen*, II. Frankfurt, Suhrkamp Verlag, 1974, pp. 640-646.

ADORNO, Theodor e HORKHEIMER, Max. "Conceito de Iluminismo". In: *Os Pensadores*. São Paulo, Abril, 1975 (trad. Zeljko Loparic).

ALVES, Castro. "Ahasverus e o Gênio". In: *Espumas Flutuantes. Obra Completa*. Rio de Janeiro, Nova Aguilar, 1976, pp. 86-87.

AMÂNCIO, Moacir. *Dois Palhaços e Uma Alcachofra*. São Paulo, Nankin, 2001.

ANDERSON, Benedict. *Nação e Consciência Nacional*. São Paulo, Ática, 1983.

ANDRADE, Mário de. *Amar, Verbo Intransitivo*. 3ª ed., São Paulo, Martins Fontes, 1962.

_____. *Macunaíma: O Herói sem Nenhum Caráter*. 2ª ed., Paris, Association Archives de la littérature latino-américaine, des Caraïbes et africaines du XXe. siècle, 1996 (col. Arquivos; ed. crítica coord. Telê Ancona Lopes).

ARÊAS, Vilma. "Un Poco de Sangre. (Observaciones sobre *A Hora da Estrela* de Clarice Lispector)". *Escritura*, XIV, 28, Caracas, jul.-dez., 1989.

ARENDT, Hannah. "O que é Tradição?". In: *Entre o Passado e o Futuro*. São Paulo, Perspectiva, 1976.

ASSIS, Machado de. "Viver!". In: *Obra Completa*. Vol. 2, Rio de Janeiro, Nova Aguilar, 1991, pp. 563-569.

194 ENTRE PASSOS E RASTROS

_____. *Memórias Póstumas de Brás Cubas*. In: *Machado de Assis, Obra Completa*. Vol. 1, Rio de Janeiro, Aguilar, 1962.

ATLAN, Henri. *A tort et à raison. Intercritique de la science et du mythe*. Paris, Seuil, 1986.

BABEL, Isaac. "Guedali". In: *A Cavalaria Vermelha*. Rio de Janeiro, Civilização Brasileira, 1969 (trad. Berenice Xavier).

BAKHTIN, Mikhail. *Marxismo e Filosofia da Linguagem*. São Paulo, Hucitec, 1979.

BARTH, Fredrik. *Los Grupos Étnicos y sus Fronteras: La Organización Social de las Diferencias Culturales*. México, Fondo de Cultura Económica, 1976.

BAUMAN, Zygmunt. *Modernidade e Ambivalência*. Rio de Janeiro, Jorge Zahar, 1999 (trad. Marcus Penchel).

BENJAMIN, Walter. *Obras Escolhidas – Magia e Técnica, Arte e Política*. São Paulo, Brasiliense, 1985.

BEREZIN, Rifka. "Projeções da *Bíblia* na Literatura Hebraica: O Midrash Moderno". In: LEWIN, Helena (org.). *Judaísmo, Memória e Identidade*. Vol. I, Rio de Janeiro, Univ. do Estado, 1997.

BHABHA, Homi. *The Location of Culture*. Londres, Routledge, 1994.

BLANCHOT, Maurice. *Le livre à venir*. Paris, Gallimard, 1959.

BORELLI, Olga. *Clarice Lispector: Esboço para um Possível Retrato*. Rio de Janeiro, Nova Fronteira, 1981.

BORGES, Jorge Luis. *El Aleph*. Barcelona, Editorial Planeta, 1969.

BUARQUE DE HOLANDA, Sérgio. *Raízes do Brasil*. 21ª ed., Rio de Janeiro, José Olympio, 1989.

CÂMARA CASCUDO, Luís da. *Dicionário do Folclore Brasileiro*. 2ª ed., Rio de Janeiro, INL, 1962.

CAMINHA, Adolfo. *O Bom Crioulo*. Rio de Janeiro, Edições de Ouro, 1964.

CAMPOS, Augusto de. "Introdução". In: *John Cage*. São Paulo, Hucitec, 1985, p. XII.

CANDIDO, Antonio. *A Educação pela Noite e Outros Ensaios*. São Paulo, Ática, 1989.

_____. *Vários Escritos*. São Paulo, Duas Cidades, 1970, pp. 125-131.

CAPELA, Carlos Eduardo Schmidt. "Representações de Migrantes e Imigrantes: O Caso de Juó Bananére". *Revista da Biblioteca Mário de Andrade*, vol. 52, 1994.

_____. "O Industrial e a Prostituta no País dos Coronéis" (inédito).

CELAN, Paul. *Gesammelte Werke in fünf Bänden*. Vol. 3, Frankfurt a M., Suhrkamp, 1986, p. 104.

CONDE, Ronaldo. "A Necessidade de Escrever Contos" (entrevista com Samuel Rawet). *Correio da Manhã*, 07 dez. 1971.

COUTINHO, Edilberto. *Criaturas de Papel: Temas de Literatura & Sexo & Folclore & Carnaval & Futebol & Televisão & Outros Temas da Vida*. Rio de Janeiro/Brasília, Civilização Brasileira/INL, 1980.

CYTRYNOWICZ, Roney. *Memórias da Barbárie – A História do Genocídio dos Judeus na Segunda Guerra Mundial*. São Paulo, Edusp, 1990.

DANIEL, Cláudio. "Resenha do livro de Moacir Amâncio, *Colores Siguientes*". *O Estado de S. Paulo*, 15 abr. 2000 (suplemento de cultura).

DANZIGER, Itzhak. *Makom*. Hakibutz Hameuchad Publishing House, 1977.

DELEUZE, Gilles. *Crítica y Clínica*. Barcelona, Anagrama, 1996.

REFERÊNCIAS BIBLIOGRÁFICAS DOS AUTORES E OBRAS CITADOS 195

DERRIDA, Jacques. *El Monolinguismo del Otro*. Buenos Aires, Manantial, 1997.

DIDIER-WEIL, Alain. *Invocações*. Rio de Janeiro, Companhia de Freud, 1999.

DOUGLAS, Mary. "As Abominações do Levítico". In: *Pureza e Perigo*. Lisboa, Edições 70, s/d (trad. Sônia Pereira da Silva do orig. *Purity and Danger*).

EAGLETON, T. *Ideologia*. São Paulo, Unesp, 1997.

EDELMANN, R. "Ahasuerus, the Wandering Jew: Origin and Background". In: HASAN-ROKEM, Galit e DUNDES, Alan (eds.). *The Wandering Jew*. Bloomington, Indiana University Press, 1986.

ENCICLOPÉDIA JUDAICA. Rio de Janeiro, Tradição, 1967.

ECYCLOPAEDIA BRITANNICA. Vol. V, Londres, 1976.

ENCYCLOPAEDIA JUDAICA JERUSALEM. 4ª ed., Keter Publishing House, Jerusalem, 1978.

FAUSTO, Boris (org.). *Fazer a América*. 2ª ed., São Paulo, Edusp, 2000.

FERNANDEZ RETAMAR, Roberto. "Caliban: Notes towards a Discussion of Culture in our America". *Massachusetts Review*, 1974, pp. 7-72.

FONSECA, Maria Augusta. "A Carta pras Icamiabas". In: ANDRADE, Mário de. *Macunaíma: O Herói sem Nenhum Caráter*. 2ª ed., Paris, Association Archives de la littérature latino-américaines, des Caraïbes et africaines du XXe. siècle, 1996, pp. 329-345 (col. Arquivos; ed. crítica coord. Telê Ancona Lopes).

FREUD, Sigmund. "O Estranho". In: *Obra Completa*. Vol. 17, São Paulo, Standard, p. 275.

FRIEDMAN, Edward H. "Theory in the Margin: Latin American Literature and the Jewish Subject". In: *The Jewish Diaspora in Latin America (New Studies on History and Literature)*. Nova York/Londres, Garland Publishing, 1996.

FRY, Peter. *Para Inglês Ver*. Rio de Janeiro, Zahar, 1982.

FUKS, Betty B. *Freud e a Judeidade: A Vocação do Exílio*. Rio de Janeiro, Jorge Zahar, 2000.

GAGNEBIN, Jeanne Marie. *Walter Benjamin*. São Paulo, Brasiliense, 1982.

GOTLIB, Nádia Battella. *Clarice: Uma Vida que se Conta*. São Paulo, Ática, 1995.

GRÜN, Roberto. "Construindo um Lugar ao Sol: Os Judeus no Brasil". In: FAUSTO, Boris (org.). *Fazer a América*. 2ª ed., São Paulo, Edusp, 2000, pp. 353-382.

GUINSBURG, Jacó. "Os Imigrantes de Samuel Rawet". *Paratodos*, ano II, nº 30, ago. 1957.

_____. *Aventuras de uma Língua Errante*. São Paulo, Perspectiva, 1996.

HADDAD, Gerard. *O Filho Ilegítimo*. Rio de Janeiro, Imago, 1993 (trad. Davi Bogomoletz).

HALBWACHS, Maurice. *La mémoire collective*. Paris, PUF, 1968. (trad. bras. *A Memória Coletiva*. São Paulo, Vértice, 1990).

HARTMAN, Geoffrey. *The Longest Shadow: In the Aftermath of the Holocaust*. Bloomington/Indianápolis, Indiana UP, 1996.

_____. "On Traumatic Knowledge and Literary Studies". In: *New Literary History*. Vol. 26, nº 3, 1995, pp. 537-563.

HASAN-ROKEM, GALIT e DUNDES, Alan (eds.). *The Wandering Jew: Essays in the Interpretation of a Christian Legend*. Bloomington, Indiana University Press, 1986.

196 ENTRE PASSOS E RASTROS

HEIDEGGER, Martin. "Letter on Humanism". In: KRELL, David (ed.). *Basic Writings of Heidegger.* São Francisco, Harper Books, 1993, pp. 217-218.

HELENA, Lúcia. *Nem Musa, nem Medusa (Itinerários da Escrita em Clarice Lispector).* Rio de Janeiro, Ed. UFF, 1997.

———. "Um Texto Fugitivo em *Água Viva*". *Brasil/Brazil*, nº 12, vol. 7, 1994.

HILL, Amariles G. "Referencias Cristianas y Judaicas em *A Maçã no Escuro* e *A Paixão Segundo G. H.*". *Revista Anthropos*, Barcelona, Extra 2, 1997.

HUTCHEON, Linda. *Uma Teoria da Paródia.* Lisboa, Edições 70, 1985.

IANNI, Octavio. *Enigmas da Modernidade-Mundo.* Rio de Janeiro, Civilização Brasileira, 2000.

IGEL, Regina. *Imigrantes Judeus/Escritores Brasileiros: O Componente Judaico na Literatura Brasileira.* São Paulo, Perspectiva, 1997.

JABÈS, Edmond. "Judaïsme et écriture". In: MOSCOVICI, Marie e REY, Jean-Michel (orgs.). *L'écrit du temps.* Paris, Minuit, 1984.

———. *Le seuil et le sable.* Paris, Gallimard, 1990.

JANOVITCH, Paula Ester. *O Menir de Pommery: A Cidade de São Paulo na Literatura (1890-1920),* PUC-SP, (dissertação de mestrado).

KASTEIN, Josef. *Historia y Destino de los Judios.* Buenos Aires, Claridad, s/d.

KINOSHITA, Dina Lida. "O ICUF como uma Rede de Intelectuais". *Revista Universum*, nº 15, 2000, Universidade de Talca, pp. 377-398.

KIRSCHBAUM, Saul. *Samuel Rawet: Profeta da Alteridade.* FFLCH-USP, 2000 (dissertação de mestrado).

KOHL BINES, Rosana. "Escrita Diaspórica (?) na Obra de Samuel Rawet". *Vértices*, nº 2, 2000, São Paulo, Humanitas/FFLCH-USP.

KUSHNIR, Beatriz. *Baile de Máscaras.* Rio de Janeiro, Imago,1996.

LANG, Berel (org.). *Writing on the Holocaust.* Nova York/Londres, Holmes & Meier, 1988.

LESSER, Jeffrey. *O Brasil e a Questão Judaica (Imigração, Diplomacia e Preconceito).* Rio de Janeiro, Imago, 1995 (trad. Marina Sanematsu).

———. *Welcoming the Undesirables: Brazil and the Jewish Question.* University of California Press, 1995.

———. *Pawns of the Powerful. Jewish Immigration to Brazil, 1904-1945.* New York University, 1989 (inédito).

LÉVINAS, Emmanuel. "Entrevista com Emmanuel Lévinas". *Cadernos de Subjetividade*, São Paulo, 5 (1): 9-38.

LEWIN, Helena. "DOPS: O Instrumental da Repressão Política". *Cadernos de Literatura Hebraica*, nº 3 (no prelo).

LLOVET, Jordi. *Por una Estética Egoísta (Esquizosemia).* Barcelona, Anagrama, 1978.

LÖWY, Michel. *Redenção e Utopia (O Judaísmo Libertário na Europa Central).* São Paulo, Companhia das Letras, 1989.

LYOTARD, Jean-François. "Figure forclose". In: MOSCOVICI, Marie e REY, Jean Michel (orgs.). *L'écrit du temps.* Paris, Minuit, 1984.

———. *Moises y la Religión Monoteísta.* Vol. XXIII, Buenos Aires, Amorrortu Editores, 1989.

MAFFESOLI, Michel. *A Sombra de Dionísio.* Rio de Janeiro, Graal, 1985.

MARCHAND, Jean-Jacques. *La Letteratura dell'Emigrazione (Gli Scrittori di Lingua Italiana nel Mondo).* Turim, Edizioni della Fondazione Giovanni Agnelli, 1991.

REFERÊNCIAS BIBLIOGRÁFICAS DOS AUTORES E OBRAS CITADOS   197

MARGARIDO, Alfredo. "A Relação Animais-Bíblia na Obra de Clarice Lispector". *Revista Colóquio Letras*, nº 126-127, jul.-dez. 1992.

MAURA, Antonio. "Resonancias Hebraicas en la Obra de Clarice Lispector". *Anthropos*, Barcelona, Extra 2, 1997.

MELMAN, Charles. *Imigrantes: Incidências Subjetivas das Mudanças de Língua e País*. São Paulo, Escuta, 1992.

MEYER, Marlyse. *Folhetim*. São Paulo, Companhia das Letras, 1996.

MICELI, Sérgio. *Intelectuais e Classe Dirigente no Brasil (1920-1945)*. São Paulo, Difel, 1979.

MICHAELIS DE VASCONCELOS, Carolina. "O Judeu Errante em Portugal". *Revista Lusitana*, I (1): 34-44, 1898.

_____. "O Judeu Errante em Portugal". *Revista Lusitana* II (1):74-76.

MONEGAL, Emir R. *Borges: Uma Poética da Leitura*. São Paulo, Perspectiva, 1980.

MOREIRA DA COSTA, Flávio. "Depoimento de Samuel Rawet". *Escrita*, ano I, nº 2, 1975.

MOREIRA LEITE, Míriam. *A Condição Feminina no Rio de Janeiro (Século XIX)*. São Paulo, Hucitec/Edusp/INL/Fundação Nacional Pró-Memória, 1984.

NORA, Pierre. *Les lieux de la mémoire*. Paris, Gallimard, 1984.

NUNES, Benedito. *Leitura de Clarice Lispector*. São Paulo, Quiron, 1973.

_____. *O Dorso do Tigre*. São Paulo, Perspectiva, 1976.

ORLANDI, Eni P. *As Formas do Silêncio/No Movimento dos Sentidos*. Campinas, Ed. Unicamp, 1992.

OUAKIN, Marc-Alain. *Le livre brûle: lire le Talmude*. Paris, Lieu Commun, 1983.

PAIXÃO, Fernando. "Orelha". In: AMÂNCIO, Moacir. *Do Objeto Útil*. São Paulo, Iluminuras, 1992.

PEREZ ESCRICH, Henrique. *O Martyr do Golgotha*. Porto, Companhia Portuguesa Editora, s/d (Tradições do Oriente, vol. 3).

PERLONGHER, Néstor. *O Negócio do Michê*. São Paulo, Brasiliense, 1987.

PESSANHA, José Américo. "Clarice Lispector: O Itinerário da Paixão". *Remate de Males* (9), Campinas, IEL/Unicamp, 1989 (orgs. Vilma Arêas e Berta Waldman).

PIRES FERREIRA, Jerusa. "O Judeu Errante: A Materialidade da Lenda". *Olhar*, ano II, nº 3, maio 2000, pp. 24-30.

POMIAN, Krzysztof. "De l'histoire, partie de la mémoire, à la mémoire, objet de l'histoire". *Révue de métaphysique et de morale: mémoire, histoire*, nº 1, mars 1998, Paris, PUF.

PONTIERI, Regina Lúcia. *Clarice Lispector: Uma Poética do Olhar*. São Paulo, Ateliê Editorial, 1999.

PRADO JÚNIOR, Plínio. "O Impronunciável". *Remate de Males* (9), IEL/Unicamp, 1989 (orgs. Vilma Arêas e Berta Waldman).

PRAZ, Mário. "A Bela Dama sem Misericórdia". In: *A Carne a Morte e o Diabo na Literatura Romântica*. Campinas, Ed. Unicamp, 1996 (trad. Philadelpho Menezes).

RAGO, Margareth. *Os Prazeres da Noite*. Rio de Janeiro, Paz e Terra, 1991.

RATTNER, Henrique. *Tradição e Mudança (A Comunidade Judaica em São Paulo)*. São Paulo, Ática, 1977.

RAWET, Samuel. "Kafka e a Mineralidade Judaica ou a Tonga da Mironga do Kabuletê". *Escrita*, ano II, nº 24, set. 1977.

198 ENTRE PASSOS E RASTROS

ROBERT MORAES, Eliane. "Apresentação". In: TÁCITO, Hilário. *Madame Pommery*. São Paulo, Ática, 1998.

SÁ, Olga de. *Clarice Lispector – A Travessia do Oposto*. São Paulo, Annablume, 1993.

SAFRAN, Alexandre. *A Cabalá: Lei e Misticismo na Tradição Judaica*. São Paulo, Colel Torá Temimá do Brasil, 1995.

SAKURAI, Célia. *Romanceiro da Imigração Japonesa*. São Paulo, Fapesp/Idesp/ Ed. Sumaré, 1993 (série Imigração, vol. 4).

SAYAD, Abdelmalek. *A Imigração ou os Paradoxos da Alteridade*. São Paulo, Edusp, 1998 (trad. Cristina Murachco).

SCHOLEM, Gershom. *A Mística Judaica*. São Paulo, Perspectiva, 1972.

_____. *Les grands courants de la mystique juive*. Paris, Payot, 1977.

_____. *Les origines de la Kaballe*. Paris, Aubier-Montaigne, 1966.

_____. *Sabatai Tzvi: O Messias Místico*. 3 vols., São Paulo, Perspectiva, 1995.

SCLIAR, Moacyr. *Caminhos da Esperança (A Presença Judaica no Rio Grande do Sul)*. Porto Alegre, Riocell/Instituto Cultural Judaico Marc Chagall, s/d.

SENKMAN, Leonardo. "Los Judios y la Construcción de la Modernidad Latinoamericana: Continuidad, Discontinuidad, Conflictos. Notas sobre el Caso Brasileño". *Cadernos de Língua e Literatura Hebraica*, nº 3 (no prelo).

SENPRUN, Jorge. *L'écriture ou la vie*. Paris, Gallimard, 1994.

SHAKESPEARE, William. "A Tempestade". In: *Obra Completa*. Vol. II, Rio de Janeiro, Aguilar, 1989.

SOARES, Luis Carlos. *Rameiras, Ilhoas, Polacas...* São Paulo, Ática, 1992.

SORJ, Bernardo. "Sociabilidade Brasileira e Identidade Judaica". In: *Identidades Judaicas no Brasil Contemporâneo*. Rio de Janeiro, Imago, 1997.

SZKLO, Gilda Salem. *O Bom Fim do Shtetl: Moacyr Scliar*. São Paulo, Perspectiva, 1990.

TORGA, Miguel. *Bichos*. 7ª ed., Coimbra, Gráfica de Coimbra, s/d.

TUCCI CARNEIRO, Maria Luiza. *O Anti-Semitismo na Era Vargas*. São Paulo, Perspectiva, 2001.

_____. "Cumplicidade Secreta: O Governo Brasileiro diante da Questão dos Refugiados Judeus (1933-1948)". *Cadernos de Literatura Hebraica*, nº 3 (no prelo).

VERGER, Pierre Fatumbi. *Orixás (Deuses Iorubás na África e no Novo Mundo)*. São Paulo, Círculo do Livro, 1981.

VIDAL SEPHIHA, H. "Langues juives, langues calques et langues vivantes". *La linguistique*, vol. 8, fev. 1972.

VIEIRA, Nelson. *Jewish Voices in Brazilian Literature: A Prophetic Discourse of Alterity*. University Press of Florida, 1995.

_____. *Welcoming the Undesirables: Brazil and the Jewish Question*, University of California Press, 1995.

_____. "A Expressão Judaica na Obra de Clarice Lispector". *Remate de Males*, (9), IEL/Unicamp, Campinas, 1989 (orgs. Vilma Arêas e Berta Waldman).

_____. "Hibridismo e Alteridade: Estratégias para Repensar a História Literária". *Cadernos do Centro de Pesquisas Literárias*. Porto Alegre, PUC-RS, vol. 4, nº 2, nov. 1998.

WIRTH-NESHER, Hana. *What is Jewish Literature?*. Filadélfia/Jerusalém, The Jewish Publication Society, 5754/1994.

REFERÊNCIAS BIBLIOGRÁFICAS DOS AUTORES E OBRAS CITADOS 199

YERUSHALMI, Yossef Hayim. *Zakhor: Jewish History and Jewish Memory.* Washington, University of Washington Press, 1982 (trad. bras. *Zakhor: História Judaica e Memória Judaica.* Rio de Janeiro, Imago, 1992).

_____. "Réflexions sur l'oubli". In: *Usages de l'oubli.* Paris, Seuil, 1988.

LITERATURA NA PERSPECTIVA

A Poética de Maiakóvski
Boris Schnaiderman (D039)

Etc... Etc... (Um Livro 100% Brasileiro)
Blaise Cendrars (D110)

A Poética do Silêncio
Modesto Carone (D151)

Uma Literatura nos Trópicos
Silviano Santiago (D155)

Poesia e Música
Antônio Manuel e outros (D195)

A Voragem do Olhar
Regina Lúcia Pontieri (D214)

Guimarães Rosa: As Paragens Mágicas
Irene Gilberto Simões (D216)

Borges & Guimarães
Vera Mascarenhas de Campos (D218)

A Linguagem Liberada
Kathrin Holzermayr Rosenfield (D221)

Tutaméia: Engenho e Arte
Vera Novis (D223)

O Poético: Magia e Iluminação
Álvaro Cardoso Gomes (D228)

História da Literatura e do Teatro Alemães
Anatol Rosenfeld (D255)

Letras Germânicas
Anatol Rosenfeld (D257)

Letras e Leituras
Anatol Rosenfeld (D260)

O Grau Zero do Escreviver
José Lino Grünewald (D285)

Literatura e Música
Solange Ribeiro de Oliveira (D286)

América Latina em sua Literatura
Unesco (E052)

Vanguarda e Cosmopolitismo
Jorge Schwartz (E082)

Poética em Ação
Roman Jakobson (E092)

Que é Literatura Comparada
Brunel, Pichois, Rousseau (E115)

Imigrantes Judeus / Escritores Brasileiros
Regina Igel (E156)

Barroco e Modernidade
Irlemar Chiampi (E158)

Escritos Psicanalíticos sobre Literatura e Arte
George Groddeck (E166)

Entre Passos e Rastros
Berta Waldman (E191)

Poder, Sexo e Letras na República Velha
  Sérgio Miceli (EL04)

Relações Literárias e Culturais entre Rússia e Brasil
  Leonid Shur (EL32)

O Romance Experimental e o Naturalismo no Teatro
  Émile Zola (EL35)

Leão Tolstói
  Máximo Górki (EL39)

Textos Críticos
  Augusto Meyer e João Alexandre Barbosa (org.) (T004)

Panorama do Movimento Simbolista Brasileiro
  Andrade Muricy – 2 vols. (T006)

Ensaios
  Thomas Mann (T007)

Caminhos do Decadentismo Francês
  Fulvia M. L. Moretto (org.) (T009)

Aventuras de uma Língua Errante
  J. Guinsburg (PERS)

Termos de Comparação
  Zulmira Ribeiro Tavares (LSC)

Impresso nas oficinas da
Gráfica Palas Athena